转让定价风险管理之本
同期资料准备与审核

易奉菊　李时◎著

立信会计出版社

LIXIN ACCOUNTING PUBLISHING HOUSE

图书在版编目(CIP)数据

转让定价风险管理之本:同期资料准备与审核 / 易奉菊,李时著.—上海:立信会计出版社,2021.6(2023.4重印)

ISBN 978 - 7 - 5429 - 6853 - 1

Ⅰ.①转… Ⅱ.①易… ②李… Ⅲ.①转让价格—税收管理—中国 Ⅳ.①F812.42

中国版本图书馆 CIP 数据核字(2021)第 126322 号

策划编辑　　张巧玲
责任编辑　　张巧玲

转让定价风险管理之本:同期资料准备与审核

ZHUANRANG DINGJIA FENGXIAN GUANLI ZHIBEN TONGQI ZILIAO ZHUNBEI YU SHENHE

出版发行	立信会计出版社	
地　　址	上海市中山西路 2230 号	邮政编码　200235
电　　话	(021)64411389	传　真　(021)64411325
网　　址	www.lixinaph.com	电子邮箱　lixinaph2019@126.com
网上书店	http://lixin.jd.com	http://lxkjcbs.tmall.com
经　　销	各地新华书店	

印　　刷	固安华明印业有限公司	
开　　本	710 毫米×960 毫米	1/16
印　　张	19	插　页　1
字　　数	301 千字	
版　　次	2021 年 6 月第 1 版	
印　　次	2023 年 4 月第 2 次	
书　　号	ISBN 978 - 7 - 5429 - 6853 - 1/F	
定　　价	79.00 元	

如有印订差错,请与本社联系调换

序 言

2004年,我进入某会计师事务所(四大会计师事务所之一)税务部工作,开始深入接触转让定价。最初我主要协助一些外商投资企业准备同期资料,基本上每个项目都是在重复访谈、行业分析、找可比公司、写报告等一系列标准流程,看似十分常规和无趣。然而,随着所做项目不断增多,我逐渐意识到准备同期资料的每一个环节都有很多有趣的技术点。比如,行业分析对选取可比公司有什么影响、选取可比公司时应该如何确定筛选标准、应该使用哪一种转让定价方法、应该使用哪一个利润指标等,对这些问题选择不同的处理方式可能导致一些完全不同的答案,然而我们最终提交给客户的只是一份看上去平淡无奇的同期资料,结论大都是企业的转让定价符合独立交易原则。那么,企业如何能知道和了解其中的曲折,如何了解可能面临的风险并做好应对的准备呢?

有一次,在服务某客户的过程中,我们出具了一份结论为"企业利润率位于合理区间"的报告,然而我觉得客户的实际利润率偏低,风险较大。经过分析,我意识到客户支付给境外关联方的特许权使用费比较高,就另外准备了一份管理建议书,详细说明客户在转让定价方面可能存在的风险,以及税务机关可能对企业关联交易定价的质疑点,提醒客户及早准备。几年过去,在我已经离开该会计师事务所创办了自己的税务咨询公司后,这个客户的财务总监辗转找到我,因为他们被税务局发起转让定价调查,而税务局质疑的重点正是几年前我提示他们的风险点。之后几年,我们一直协助该企业从各种角度进行分析、测算、抗辩,我们依据转让定价理论,和税务机关在一个个技术细节上针锋相对，引经据典，努力说服对方，但关注的焦点始终没有脱离特许权使用费。这一事件让我意识到认真准备转让定价同期资料实际上是企业管控转让定价风险之本。

2013年，我入选了国家税务总局首批税务领军人才，作为为数不多的几个中介机构的入选学员，和来自全国各地税务局的国际税收精英同窗学习。彼时李时还在某市国税局担任处长，负责辖区内的转让定价管理工作。我和李时都喜欢研究技术问题，如果在转让定价调查过程中相遇，估计一定会站在各自的立场争执不休。但是税务领军班为我们提供了一个平台，使我们可以放下彼此的立场，纯粹站在技术角度更加客观地讨论这些问题。2017年，结束领军班学习时，我们决定在转让定价领域合作出版一本著作。最初的计划是针对转让定价调查与调整过程中的一些技术性难题分别阐述税务机关、纳税人和中介机构的典型观点，找出其中的关键分歧点并加以分析。促使我们将写作重点从转让定价调查与调整改变为转让定价同期资料的一个原因是开始构建提纲之后，我们发现单纯分析转让定价调查与调整过程中的技术问题，就像无源之水、无本之木，因为其中涉及很多基础概念，如果不先将其解释清楚，就很难深入讨论。恰逢当时市场上缺少一本系统介绍转让定价同期资料的专著，最终我们决定结合对同期资料的准备，穿插分析转让定价调整过程中一些最具争议性的问题。另一个原因则是被调查的企业数量较少，而需要准备同期资料的企业较多。遗憾的是，虽然我国实施同期资料制度已有10年，但企业准备的同期资料在质量上并没有很大的进步。一方面，可能是企业对同期资料了解得不多，不知道好的同期资料是什么样的；另一方面，可能是企业认为准备同期资料只是花钱满足税务机关的要求，不了解准备同期资料对于企业管控转让定价风险的重要意义，纯粹是出于应付的心理准备同期资料。然而实际上，准备同期资料是管控转让定价风险的基础，企业花在准备同期资料上的时间和精力越多，将来花在应对税务机关转让定价调查上的时间和精力就会越少，甚至完全不需要经历转让定价调查与调整的痛苦。我们希望,通过这本书可以改变企业的一些认识,提高企业准备同期资料的积极性,增强企业对高质量转让定价同期资料的辨识力,促进企业提升同期资料的质量。

本书共分九章,全面介绍企业应该如何准备和审阅同期资料。为了帮助读者全面深入地了解同期资料的方方面面,我们专门设计了一个综合性案例,此案例贯穿本书的前七章,通过还原某企业准备同期资料的过程,系统介绍同期资料每一部分的相关理论,并在每章的结尾部分,给出该企业同期资料的示范报告,将各章节结尾的案例示范组合起来,就是该企业简化的同期资料报告。在完整全面呈现同期资料准备过程与结果的同时,本书对转让定价领域具有深度的问题,在相关章节以“问答”方式呈现,旨在帮助企业更好地认识同期资料报告结论背后存在的不确定性,为企业应对转让定价调查与调整过程中可能存在的争议做好准备。本书的最后两章主要介绍特殊事项文档,分别是资本弱化特殊事项文档与成本分摊协议特殊事项文档。尽管目前国内需要准备特殊事项文档的企业较少,实务中也缺少具体的案例,但为了本书的完整性,我们仍然选择进行比较深入的介绍。

本书的写作开始之后不久,李时和我都因为家庭和工作等多重原因,没能按照原来的写作计划去推进本书的编写工作。转眼三年过去了,就在我们龟速写作期间,国内先后有几本介绍同期资料的著作问世,如古成林编著的《关联交易同期资料和国别报告准备与审核实务指南》、彭启蕾主编的《最新关联申报和同期资料管理实用手册:国家税务总局公告2016年第42号解析》,这两本书从不同的角度介绍了如何准备和审核关联交易同期资料,填补了这一领域专著的空白。这两本书出版之后,我们也曾犹豫是否有必要继续我们的写作,最终还是决定按原方案推进,毕竟前几本书的作者都是税务机关的工作人员,更多的是站在税务机关的角度考虑问题。而我们希望能够站在企业的角度,以新的形式从新的视角丰富这一领域的著作,为读者提供更多的选择。

时间转眼到了 2020 年，全球接近两百万人在这一年因为新型冠状病毒感染的肺炎疫情失去生命，断航、隔离等抗疫措施改变了我们的生活。所幸在这段时间中，我们静下心来，集中精力完成了前几年一直未能如期进行的写作计划，并利用其后的几个月的时间两度修改，最终于 2020 年底将稿件交付出版社。

感谢立信会计出版社在出版过程中的支持，也感谢中弘传智的各位同事悉心服务客户，你们让我可以从日常工作中抽身，完成文稿的编写，并且在后期协助审阅和校对文稿过程中，从标题到内容提出了很多的好建议。

在 2021 年的第一天写下这篇序言，满怀欣喜地送走难忘的 2020 年，希望在新的一年里，世界能够回归正常！大家都健康平安！

易奉菊

2021 年 1 月 1 日于奥克兰

目录

第1章 同期资料:不可忽视的义务 ··········· 1

1.1 同期资料的概念与起缘 ··········· 3

   1.1.1 同期资料的概念 ··········· 4

   1.1.2 同期资料的起缘 ··········· 4

1.2 同期资料的最新发展:BEPS行动计划有关内容 ··········· 8

1.3 同期资料在中国 ··········· 9

1.4 企业准备同期资料的必要性 ··········· 11

第2章 国别报告 ··········· 17

2.1 国别报告的出现 ··········· 18

2.2 需要报送国别报告的企业范围 ··········· 19

2.3 国别报告的内容 ··········· 21

2.4 国别报告的报送时间 ··········· 26

2.5 国别报告的交换机制 ··········· 27

2.6 国别报告的作用与限制 ··········· 28

2.7 应用国别报告进行风险识别与评估 ··········· 31

2.8 纳税人准备国别报告应当注意的问题 ··········· 32

2.9 案例:MNE SA集团国别报告分析评估 ··········· 34

第3章　主体文档 ······· 38

　3.1　需要准备主体文档的企业范围 ······· 38

　3.2　主体文档的主要内容 ······· 39

　　3.2.1　组织架构 ······· 39

　　3.2.2　企业集团业务 ······· 41

　　3.2.3　企业集团的无形资产 ······· 43

　　3.2.4　融资活动 ······· 47

　　3.2.5　财务与税务状况 ······· 49

　3.3　企业准备主体文档应该注意的问题 ······· 50

第4章　本地文档：总览 ······· 52

　4.1　需要准备本地文档的企业 ······· 52

　4.2　本地文档的结构 ······· 53

　4.3　企业概况 ······· 55

　　4.3.1　企业基本信息 ······· 56

　　4.3.2　组织结构 ······· 56

　　4.3.3　管理架构 ······· 56

　　4.3.4　业务描述 ······· 57

　　4.3.5　财务数据 ······· 58

　　4.3.6　无形资产与重组事项 ······· 58

　4.4　关联关系与关联交易 ······· 59

　　4.4.1　关联方信息 ······· 59

　　4.4.2　关联交易 ······· 61

　　4.4.3　价值链分析 ······· 64

　　　　4.4.4　对外投资 ••• 64

　　　　4.4.5　关联股权转让 ••••••••••••••••••••••••••••••••••••• 66

　　　　4.4.6　关联劳务 ••• 67

　　　　4.4.7　预约定价安排与其他税收裁定 ••••••••••••••• 68

　　4.5　可比性分析与转让定价方法的选择和使用 ••••••••••• 69

第5章　本地文档:行业分析 ••••••••••••••••••••••••••••••••••• 71

　　5.1　同期资料的行业分析与其他行业分析的区别 ••••••• 71

　　5.2　行业分析基础理论 ••••••••••••••••••••••••••••••••••••• 72

　　　　5.2.1　PEST分析法 ••••••••••••••••••••••••••••••••••••• 72

　　　　5.2.2　波特的五力分析模型 ••••••••••••••••••••••••• 73

　　　　5.2.3　行业生命周期理论 ••••••••••••••••••••••••••• 75

　　5.3　同期资料行业分析框架 ••••••••••••••••••••••••••••••• 76

　　5.4　行业分析的步骤 ••••••••••••••••••••••••••••••••••••••• 80

　　5.5　案例:盛大公司的行业分析 ••••••••••••••••••••••••••• 81

　　　　5.5.1　全球市场概况 ••••••••••••••••••••••••••••••••• 82

　　　　5.5.2　中国医药制造业的发展 ••••••••••••••••••••• 82

　　　　5.5.3　医药行业现有竞争者的竞争程度 ••••••••• 84

　　　　5.5.4　医药行业的价值链构成 ••••••••••••••••••••• 85

第6章　本地文档:功能风险分析 ••••••••••••••••••••••••••••• 88

　　6.1　功能风险分析简介 ••••••••••••••••••••••••••••••••••••• 88

　　　　6.1.1　功能分析 ••••••••••••••••••••••••••••••••••••••• 88

　　　　6.1.2　风险分析 ••••••••••••••••••••••••••••••••••••••• 90

　　　　6.1.3　资产分析 ••••••••••••••••••••••••••••••••••••••• 91

6.2 功能风险分析的步骤与方法 ·········· 92

  6.2.1 进行功能风险分析需要了解的信息 ·········· 92

  6.2.2 进行功能风险分析的步骤 ·········· 94

6.3 企业承担功能的分析 ·········· 94

6.4 企业承担风险的分析 ·········· 102

  6.4.1 转让定价相关重要风险 ·········· 102

  6.4.2 风险控制 ·········· 106

  6.4.3 风险承担 ·········· 108

  6.4.4 风险分析的步骤 ·········· 109

6.5 企业使用的资产分析 ·········· 113

  6.5.1 技术型无形资产的辨识 ·········· 116

  6.5.2 营销型无形资产的辨识 ·········· 118

6.6 典型的功能风险分类 ·········· 121

  6.6.1 生产制造企业：全功能制造商、合同制造商、合约加工商 ·········· 122

  6.6.2 销售企业：全功能销售企业、有限功能销售企业、销售服务提供商 ·········· 124

6.7 案例：盛大公司的概况与功能风险分析 ·········· 126

  6.7.1 盛大公司的概况 ·········· 126

  6.7.2 盛大公司的关联关系与关联交易 ·········· 128

  6.7.3 盛大公司的功能风险分析 ·········· 128

第7章 本地文档：转让定价方法选择与使用 ·········· 133

7.1 转让定价不是科学，而是艺术 ·········· 133

7.2 常见的转让定价方法 ·········· 135

　　　　7.2.1　独立交易原则 ·· 135

　　　　7.2.2　可比性分析 ·· 136

　　　　7.2.3　转让定价方法 ·· 138

　　7.3　转让定价方法的选择与使用:经济分析 ·············· 151

　　　　7.3.1　选择转让定价方法 ······························· 152

　　　　7.3.2　交易净利润法的应用步骤 ···················· 154

　　　　7.3.3　交易净利润法应用过程中的重要问题 ········ 156

　　7.4　案例:盛大公司的转让定价经济分析 ··············· 169

第8章　特殊事项文档:资本弱化 ··························· 172

　　8.1　资本弱化的定义 ·· 172

　　8.2　中国的资本弱化管理 ·· 173

　　8.3　资本弱化同期资料与贷款定价的经验借鉴 ········ 176

　　　　8.3.1　美国的资本弱化同期资料管理 ············· 177

　　　　8.3.2　OECD 对于金融交易的规定 ··············· 180

　　　　8.3.3　商业银行贷款利率定价方法 ················ 187

　　8.4　资本弱化同期资料 ··· 190

　　　　8.4.1　贷款合同 ·· 191

　　　　8.4.2　资本弱化同期资料报告 ·························· 191

　　8.5　案例:应用可比非受控价格法分析关联贷款的合理利率 ····· 196

第9章　特殊事项文档:成本分摊协议 ·················· 199

　　9.1　成本分摊协议的定义 ·· 200

　　　　9.1.1　OECD 对成本分摊的定义 ··················· 200

　　　　9.1.2　美国对成本分摊的定义 ·························· 201

9.1.3 成本分摊安排的类型 ································· 203

9.2 成本分摊安排的管理 ······························· 203

9.2.1 我国对成本分摊的管理规定 ················· 203

9.2.2 美国对成本分摊的管理规定 ················· 204

9.3 成本分摊同期资料 ································· 207

9.3.1 我国对成本分摊的资料要求 ················· 207

9.3.2 OECD 对成本分摊同期资料的建议 ··········· 208

9.3.3 美国对成本分摊安排的资料要求 ·············· 210

附录 1 MNE SA 集团国别报告 ························· 214

附录 2 MNE SA 集团国别报告分析表 ················· 224

附录 3 国家税务总局关于完善关联申报和同期资料管理有关事项

的公告 ································· 232

附录 4 国家税务总局关于明确同期资料主体文档提供及管理有关

事项的公告 ······························ 243

附录 5 OECD：Transfer Pricing Documentation and Country-by-Country

Reporting ································· 245

↓

第1章

同期资料：不可忽视的义务

2020年7月，盛大制药公司（以下简称盛大公司）财务总监张某正在办公室里审阅公司半年度财务报表，公司里负责税务的专员小李走进他的办公室，急匆匆地对他说："张总，我们刚刚接到市税务局的通知，要求我们在30天内提交公司过去5年的关联交易同期资料给市税务局，如果30天内不提供同期资料，将按照《中华人民共和国税收征收管理法》（以下简称《税收征收管理法》）进行处罚。"

张总听到这里，不耐烦地说："税务局要什么东西，按要求提供就是了，这个不需要和我说。"

"张总，我们没有准备同期资料，没有办法提供给税务局呀！"

"没有！这怎么可能？我们的财务资料和税务资料都是很齐全的，不可能没有税务局要求的资料。"

"张总，我们真没有同期资料。2014年，我们公司的关联交易金额超过2亿元的时候，我们曾讨论过这个问题，当时您说我们暂时不用准备，等税务局要求提供的时候再说。"

说到这里，张总隐约想起2015年税务部曾经写过的报告，公司的关联交易金额超过了2亿元，按照税法的规定，需要准备关联交易同期资料，如果请中介机构准备，费用大概在8万元左右，以后每年更新同期资料的费用也需要好几万元。张总当时问过税务部，税务部的同事说按照税法规定，同期资料准备好之后，并不需要立即提交给税务局，而是税务局要求企业提交时再交。考虑到准备同期资料的费用比较高，而且不需要马上提交，张总指示税务部的同事暂时不需要准备同期资料，等过几年一起准备,或者到税务机关要求交的时候再准备。转眼 5 年过去,其间并不曾有税务机关要求提交同期资料,张总都把这件事忘记得差不多了。如今税务机关突然要求公司提交同期资料,和税务机关打了多年交道的张总倒也镇定自若,他指示小李:"你们按照税务机关的要求,准备好相关资料交给税务局就行了"。

"张总,我们没有准备过同期资料,不知道应该怎么准备呀。"

"那就请个中介机构准备吧,你们联系一下帮我们做汇算清缴的税务师事务所不就行了。"张总心中有些不悦,这些下属,怎么就不会想办法解决问题呢? 什么事情都靠问上级来处理。

小李看出张总心中不悦,怯怯地说:"我们已经联系过帮我们做汇算清缴的税务师事务所了,他们说这一块业务他们没有做过,没有经验,不知道应该如何准备。"

"那不会找其他事务所吗?"张总心里不以为然。

"我们也另外联系了几家税务咨询机构,大部分都说没有做过,有一家说可以协助准备,但是要价比较高,说是正常每年的费用要 8 万元,5 年加起来是 40 万元。我们今年的预算里面没有这一笔支出计划,支付这么大一笔费用需要总部特别批准。而且,税务咨询机构说一般准备一份同期资料报告至少需要一个月以上,一次性准备 5 年的,时间紧张,如果需要在税务局规定的时间内准备好,服务费要提高 50%,一共需要60 万元。"

听到这里,张总开始意识到问题的严重性。是呀,按照集团总部的规定,超过 10 万元的预算外支出,必须要得到集团总部的批准,按照以往的经验,至少需要一个月的时间才能得到总部的批准,而且要向总部详细解释为什么会有这样一笔预算外支出。如果总部追究之前为什么没有按照中国税法的规定准备同期资料,那自己可真是要吃不了兜着走了。而且如果等到总部批准下来,税务咨询机构再去准备同期资料的话,那是绝对没办法在税务机关规定的期限之前递交资料了。

虽然心里有点儿紧张,但张总毕竟是一位经验丰富的财务总监,他略一沉吟，问小李道："税务机关对同期资料有什么具体要求吗？是否一定要中介机构来准备？资料的详细程度有明确规定吗？"

小李说："国家税务总局 2016 年公布关于同期资料准备的 42 号公告①，其中有列出同期资料的要点，但对于如何准备同期资料、资料的翔实程度等，并没有具体的要求。"

听到这里，张总说："那你们先按照 42 号公告的要求准备一份资料，万一到时候来不及请中介准备资料，先把你们准备的提交上去吧。"

看着小李一脸愁容地离开自己的办公室，张总心里也不轻松，他的心中并不确定自己的安排是否得当，税务局到底为什么要公司提交同期资料？到底要不要请中介协助准备同期资料？如果自己随便准备一些资料交给税务局，会不会产生什么不好的结果呢？他随即拨通了自己多年老友——某国际知名会计师事务所审计合伙人 Charles 的电话，向 Charles 咨询有关转让定价同期资料的事宜。然而，Charles 作为审计部门的合伙人，对于税务的相关规定并不是很熟悉，对于张总的问题，也回答不出来。但是，Charles 主动提出，帮助张总尽快约见税务部的合伙人李博士，为张总解答相关的疑问。

1.1　同期资料的概念与起缘

当天下午，在会计师事务所的办公室，张总见到了李博士，几句寒暄之后，张总了解到李博士的专业是经济学，此前在税务局工作过 8 年，后来在该会计师事务所的税务部工作了 5 年，专门负责转让定价业务，在协助企业处理转让定价问题方面有丰富的经验。李博士为张总详细介绍了什么是同期资料，同期资料是如何出现的，以及与同期资料有关的最新发展趋势。

---

① 42 号公告指《国家税务总局关于完善关联申报和同期资料有关事项的公告》（国家税务总局公告 2016 年第 42 号），详见附录 3。

1.1.1 同期资料的概念

同期资料来自英文 contemporaneous documentation，同期资料又称同期文档、同期证明文件，是指根据各国和地区的相关税法规定，纳税人在关联交易发生当年准备、保存、提供的转让定价相关资料或证明文件。

为什么税务机关会要求企业准备转让定价同期资料？要回答这个问题，就必须了解同期资料是如何出现的。

1.1.2 同期资料的起缘

最早开始要求企业准备转让定价同期资料的是美国。20 世纪是美国经济快速发展的时期，其间，国际化是美国经济发展的一个重要特征，美国出现了一大批跨国公司。这些公司在全球各地设立子公司，利用各国的优势资源进行生产，并在全球市场上销售，获取了巨额的利润。伴随着业务的全球化，跨国企业利用各国的税率差异，通过人为调整关联交易定价，将利润转移、堆积到低税率地区，不分配回美国。由于美国税务局无法对跨国企业海外获得的利润征收企业所得税，这些跨国企业的实际税负远低于单纯在美国境内经营的企业，这就会导致不公平竞争。因此，美国在 20 世纪不断出台和修订有关转让定价管理的规定，这些规定最终集中在美国国内收入法典的第 482 条及相关规定中，俗称"482 条款"。482 条款授权美国国内收入署（Internal Revenue Service，以下简称 IRS）调整关联纳税人的收入、支出、抵免额等，以防止纳税人通过转让定价避税。①

482 条款对于美国税务机关加强转让定价管理，对跨国企业开展转让定价调查与调整起了重大的作用，但也存在不少问题。IRS 曾经在 1988 年发布转让定价白皮书（以下简称美国白皮书），分析 482 条款在执行中存在的问题并探讨其改进方向。美国白皮书认为，482 条款在执行过程中，遇到一

---

① Legal Information Institute. 26 U. S. Code §482. Allocation of income and deductions among taxpayers[EB/OL]. [2020-11-24]. https://www.law.cornell.edu/uscode/text/26/482.

个很大的问题——调查人员很难从纳税人那里获得与转让定价有关的信息。当调查人员要求纳税人提供相关信息时，纳税人往往无故拖延，特别是在涉及境外公司相关信息时，很多美国公司会以不了解等理由拒绝提供信息，这使得转让定价调查案件只能在信息不足的情况下结案。负责转让定价调查的官员普遍反映，绝大多数纳税人无法解释他们的关联交易是如何定价的。纳税人在关联交易发生的当期，没有注意关联交易定价的合理性，没有科学的分析，更没有记录转让定价是否符合独立交易原则。当 IRS 在若干年后对纳税人发起转让定价调查时，纳税人很难提供充分的资料证明转让定价的合理性，提出的观点和理由无法说服调查人员，最后往往使自己陷入与 IRS 旷日持久的争议当中。美国白皮书提出，要解决 482 条款执行过程中所遇到的问题，应该在税法中针对因转让定价调查调整的企业所得税，对被调整企业处以民事罚款①。因此，美国国会在 20 世纪 90 年代初立法，在国内收入法典中增加了 6662(e) 和 (h) 条款，规定因 IRS 对纳税人的关联交易定价进行调整导致纳税人补税的，对纳税人另外征收应补税款的 20% 或者 40% 作为罚款。1993 年，美国国会修订了上述条款，修订后的条款规定如果纳税人准备了同期资料，可以证明转让定价的合理性，并且在 IRS 要求提供同期资料后能够在 30 天内提供的，可以免除上述转让定价调整所对应的罚款，以此提高企业内部准备好转让定价相关资料的积极性②。IRS 在 1994 年就如何执行以上规定，颁布了暂行规程，并于 1996 年颁布了正式的管理规程。根据以上法规，准备了同期资料的纳税人在被 IRS 调查之后，可以免除按照 6662(e) 和 (h) 条款规定应该缴纳的罚款。以上就是同期资料最初出现的背景和过程。

实践证明，要求企业准备同期资料对美国税务机关加强转让定价管理

---

①　Treasury Department & Internal Revenue Service "Study of Intercompany Pricing"，[EB/OL].(1988-10-18)[2019-06-04]. https://archive.org/stream/studyofintercomp00unit/studyofintercomp00unit_djvu.txt.

②　U.S. Code §6662-Imposition of accuracy-related penalty on underpayments [EB/OL].[2019-06-05]. https://www.law.cornell.edu/uscode/text/26/6662.

起了重要作用：一是为税务机关开展转让定价风险分析、确定合适的调查对象提供更准确的信息；二是提升纳税人对转让定价的认识，促使纳税人在为关联交易定价时，充分考虑定价的合理性；三是为税务机关开展转让定价调查提供充分的信息，帮助税务机关在调查时确定企业的转让定价是否符合独立交易原则。因此，美国实施同期资料制度之后的 20 多年里，各个国家纷纷跟进立法，将同期资料作为转让定价管理的措施。著名跨国公司 GE 的负责人宣称在 20 世纪 90 年代，公司每年只需准备 10 份左右的同期资料，而到了 2007 年，该公司在全球范围内每年需要准备 2 000 份不同的同期资料。①

一叶知秋，GE 的经历从侧面说明同期资料管理制度在全球的快速发展。不过，虽然各国的立法都将之称为同期资料，但在具体内容上却有很大的差异：有的国家仅是原则性的规定；有的国家仅要求企业保存与关联交易定价相关的内部资料，如合同、邮件等；有的国家规定了同期资料的一般格式；有的国家详细规定了同期资料的具体格式。如此千差万别的规定，一方面导致纳税人提供的同期资料参差不齐，很难满足日常管理要求，而且往往资料里找不到税务机关最需要的信息；另一方面导致纳税人遵从成本很高，要按照不同国家的规定准备不同的同期资料，由于关联交易种类和规模不断扩大，纳税人准备同期资料的工作变得日益复杂。因此，经济合作与发展组织（Organization for Economic Cooperation and Development，OECD）财政事务委员会在 2011 年成立了第六工作组，研究如何简化和统一同期资料的要求。在广泛调查研究的基础上，该工作组在 2013 年 7 月发布了《同期资料白皮书（征求意见稿）》（以下简称 OECD 白皮书）②。OECD 白皮书介绍了各国同期资料管理的实践，分析了现行同期资料管理制度存在的问

---

① MCWILLIAMS，R.，GE Counsel Details Transfer Pricing Documentation Challenges，Tax Management Transfer Pricing report［R］，BNA（April 2007）.

② OECD. White paper on transfer pricing documentation［R/OL］.Transfer Pricing（2013-07-30）［2018-10-04］. http://www.oecd.org/ctp/transfer-pricing/white-paper-transfer-pricing-documentation.pdf.

题,并提出了解决问题的措施与建议。OECD 白皮书指出,各国现行的同期资料主要存在以下问题:一是各国的同期资料要求在详细程度、资料形式、提交时间等方面都存在很大差异,企业的遵从成本很高;二是同期资料对于受控交易的分析大多是单边的,只关注本国的实体和本国的税务处理,往往不了解交易对方的信息;三是大多数同期资料并不能提供与企业关联交易相关的集团信息,税务机关无法了解企业集团在全球与关联交易直接或间接相关的资料。

早在 OECD 之前,欧盟就意识到各国转让定价同期资料要求的差异与企业遵从成本之间的矛盾。为了缓解这一矛盾,欧盟试图将同期资料标准化,因此,其在 2006 年出台了欧盟的转让定价同期资料行为准则(Code of Conduct on Transfer Pricing Documentation for Associated Enterprises in European Union, EUTPD)①,此行为准则并非欧盟立法,也不要求所有的欧盟企业必须按此准则执行,但选择执行此准则的企业应当在欧盟范围内的所有国家按照同一标准准备同期资料。欧盟同期资料准则的核心内容是建议企业在集团层面准备同期资料的核心部分,即主体文档(Master File),主体文档是与跨国公司每一个成员企业相关的信息,如关于企业和企业战略的一般描述,与欧盟成员国有关的关联交易和定价政策的一般性描述、无形资产所有权、预约定价、成本分摊,以及其他预先裁定的签署情况。主体文档提供给企业集团发生关联交易的所有成员国。同期资料的另一部分是各国的本地文档(The Country-specific Documentation),包括一套与当地国家的关联交易相关的标准信息,如与单个国家相关的交易金额、可比交易(企业)的情况、集团的转让定价政策在该国家执行等情况。本地文档只提供给与该交易相关的国家。

---

① EUROPEAN UNION. Resolution of the Council and of the representatives of the governments of the Member States, meeting within the Council, of 27 June 2006 on a code of conduct on transfer pricing documentation for associated enterprises in the European Union (EU TPD)[R/OL].(2006)[2018-10-05]. https://eur-lex.europa.eu/legal-content/EN/TXT/? uri = CELEX%3A42006X0728%2801%29.

1.2　同期资料的最新发展：BEPS 行动计划有关内容

为了提高税务机关对企业信息的掌握程度，同时降低企业的合规成本，OECD 的《税基侵蚀与利润转移行动计划》（以下简称 BEPS 行动计划）第 13 项行动计划提出制定相应的转让定价文档规则，要求跨国企业根据统一的模板向相关政府提供其在全球范围内的收入、经济活动，以及纳税分配情况。根据这一提议，第 13 项行动计划的成果报告（详见附录 5）设计了转让定价文档的三层标准结构：主体文档、本地文档和国别报告。

主体文档主要是跨国企业集团业务的概述，包括企业集团在全球的业务性质、集团整体转让定价政策，以及集团在全球的收入及经济活动的分布情况。主体文档的信息可以协助税务机关在了解跨国企业集团整体的经济、法律、财务以及税收背景下考虑其转让定价安排。主体文档不需要提供详尽的细节内容（如列出集团成员所拥有的全部专利权），但是如果缺少了某些信息会影响转让定价结果的可靠性，这些信息就是重要的信息，应该被包含在主体文档中。纳税人可以根据经验谨慎地判断信息提供的详细程度，若通过引用其他文档可以完全满足主体文档要求，则引用相关文档可被认为符合主体文档的要求。

主体文档的信息主要由五部分组成：

（1）跨国企业集团全球组织架构。

（2）跨国企业业务描述。

（3）跨国企业的无形资产情况。

（4）跨国企业内部融资活动。

（5）跨国企业的财务与税务情况。

本地文档主要提供有关具体关联交易的详细信息，侧重于对本地企业与其他国家关联企业之间发生的，对当地税收有重大影响的关联交易进行转让定价分析。本地文档所含信息包括具体关联交易的相关财务信息、可比性分析以及最合适的转让定价方法的选择与应用。

国别报告要求提供跨国企业集团有运营的所有税收管辖地范围内与全球收入分配、纳税情况，以及相关税收管辖地经济活动指标相关的信息。具体来说，需要列示跨国企业集团内所有成员实体的名单及其财务信息、所属税收管辖地、注册地，以及主要经营活动的性质。国别报告不但有助于转让定价风险初步评估，还可协助税务机关评估其他与 BEPS 行动计划相关的风险，适当情况下还可用于经济分析及数据统计分析。然而，国别报告所披露的信息不属于结论性证据，不能单独凭借国别报告信息就认定转让定价安排合理，对具体关联交易定价合理性的判断应基于完整的功能分析与可比性分析。为了降低跨国企业的合规成本，BEPS 第 13 项行动计划成果报告建议，如果集团在上一财务年度合并收入少于 7.5 亿欧元或者自 2015 年 1 月起与 7.5 亿欧元基本等值的本地货币金额，可以免于在当年申报国别报告。据 OECD 估计，从数量来看，有 85%～90% 的跨国企业集团可免于申报国别报告，但需要申报国别报告的跨国企业集团仍控制着全球大约 90% 的企业收入，充分体现了纳税人的申报负担与税务机关的效益之间的适度平衡。

为了指导各国企业更加充分、准确、统一地准备同期资料，OECD 成果报告以附录的形式列出了主体文档、本地文档与国别报告的建议内容与形式，并在《OECD 转让定价指南（2017 年版）》中增加了相关的内容。

可以看到，OECD 组织的 BEPS 行动计划基本吸收了欧盟 EUTPD 的成果，采用了多层标准架构，并在 EUTPD 的基础上有所发展，增加了国别报告的要求。需要注意的是，BEPS 第 13 项行动计划成果报告本身并无法律效力，只是给出了同期资料管理的指导原则，各国还要通过国内立法或者行政程序予以实施。自 BEPS 第 13 项行动计划报告公布之后，各国纷纷修改本国的转让定价法规，以适应 BEPS 行动计划的要求。

1.3 同期资料在中国

中国在 20 世纪 90 年代开始加强对关联交易转让定价的管理。国家税务总局 1998 年制定的《关联企业间业务往来税务管理规程（试行）》要求外商投资企业和外国企业在纳税年度终了后 4 个月内向主管税务机关报送《中华人民共和国国家税务总局外商投资企业和外国企业与其关联企业业务往来情况年度申报表》，并规定主管税务机关在调查企业与其关联企业间业务往来情况时，有权要求企业提供有关交易的价格、费用标准等资料。但当时的管理对象仅限于外商投资企业和外国企业，也不需要企业在纳税年度结束后准备详细的转让定价同期资料。

2007 年，中国进行企业所得税改革，统一内外资企业的所得税制度，制定了新的《中华人民共和国企业所得税法》（以下简称《企业所得税法》）和《中华人民共和国企业所得税法实施条例》（以下简称《企业所得税法实施条例》）。《企业所得税法实施条例》第 114 条规定："企业应当在税务机关规定的期限内提供与关联业务往来有关的价格、费用的制定标准、计算方法和说明等资料。关联方以及与关联业务调查有关的其他企业应当在税务机关与其约定的期限内提供相关资料。"可以看到，《企业所得税法实施条例》提出了企业要在税务机关规定期限提供与关联业务往来有关资料的原则性要求。

2008 年 12 月，《国家税务总局关于印发〈中华人民共和国企业年度关联业务往来报告表〉的通知》（国税发〔2008〕114 号，以下简称 114 号文件）要求企业向税务机关报送年度企业所得税纳税申报表时，附送企业年度关联业务往来报告表。关联业务报告表中需填报企业当年所发生的关联交易的性质与金额。

随后，2009 年 1 月，《国家税务总局印发〈特别纳税调整实施办法（试行）〉的通知》（国税发〔2009〕2 号，以下简称 2 号文件）正式提出了同期资料这一概念，要求企业应根据《企业所得税法实施条例》第 114 条的规定，按纳税年度准备、保存、并按税务机关要求提供其关联交易的同期资料。企业应在关联交易发生年度的次年 5 月 31 日之前准备完毕该年度同期资料，并自税务机关要求之日起 20 日内提供。这是同期资料这一概念首次正式出现在我国的税收法规中，从此同期资料管理成为我国转让定价管理制度的重要组成部分。

2016 年，为了与 BEPS 第 13 项行动计划《转让定价文档和国别报告》相衔接，并履行我国签订的《转让定价国别报告多边主管当局间协议》中规定的自动交换转让定价国别报告的义务。国家税务总局修订了 2 号文件中与同期资料相关的内容，出台了《国家税务总局关于完善关联申报和同期资料管理有关事项的公告》（国家税务总局公告 2016 年第 42 号，以下简称 42 公告），废除了 2 号文件中与关联申报和同期资料管理制度的相关内容。

42 号公告不仅适应 BEPS 行动计划的最新要求，修改同期资料的内容，将同期资料分为三种，即主体文档、本地文档和特殊事项文档，企业满足其中哪种文档的准备条件就需要准备该种同期资料文件。42 号公告还明确了国别报告的报送主体和报送内容，既衔接了 BEPS 第 13 项行动计划报告，也奠定了中国参与《转让定价国别报告多边主管当局间协议》的国内法基础。此外，42 号公告还针对前几年中国实施同期资料管理制度中存在的问题，修订了有关同期资料准备的一些具体规定，如修订了关联关系的认定标准，增加了关联交易的类型等。

1.4　企业准备同期资料的必要性

听完李博士的介绍，张总暗自感叹，李博士果然是转让定价领域的专家，从国外讲到国内，把同期资料的历史介绍得清清楚楚。看来同期资料就是税务机关防止纳税人通过不合理的关联交易定价来转移利润而采取的管理措施，对税务局反避税是很有效果的。可对于企业来说，准备同期资料只是单纯增加了企业的成本，对企业并没有什么好处呀？企业何必费时费力去准备同期资料呢？不如随便准备些资料交差了事。李博士看出张总的心思，告诉张总说，的确很多企业在准备同期资料时希望以最低的成本、最低限度完成税法规定的义务，并没有像当初制度设计者所希望的那样，利用准备同期资料的机会，自检公司转让定价政策的合理性。这种情况不仅在中国很常见，就是在实施同期资料管理制度很多年的国家也普遍存在。之所以会出现这些问题，是因为这些企业没有认识到，认真准备同期资料对企业自身是很有必要的。

第一，准备同期资料是我国《企业所得税法》规定的义务，对于达到了税法规定标准的、需要准备同期资料的企业，这是一项法定义务。该义务的履行情况，对判断企业的纳税遵从程度、内控制度的完善性等都有影响。比如，一些在美国上市的中国公司，在接受年度审计时，需要进行 Fin48① 的审计，要求企业将所有不确定的税项进行评估，其中因转让定价导致的税务不确定性是审计的重点之一。审计师会审计企业是否存在关联交易，是否做过转让定价分析，是否有准备转让定价同期资料，是否已根据转让定价分析的结果足额计提预估所得税（Tax Provision for Income Tax）②。企业如果有完备的转让定价分析，可以帮助证明公司所计提的预估所得税是充足的。

第二，准备同期资料的过程中，可以较早发现公司在转让定价方面存在的风险并及时纠正，避免未来被税务机关调查调整，造成双重征税。特别是一些外商投资企业，与集团内公司之间的关联交易定价政策主要是由集团总部确定的，本地的管理层并没有什么发言权，也不了解交易价格到底是如何确定的。集团总部根据其全球布局制定的定价政策，可能使我国境内的子公司面临巨大的风险。但通过准备同期资料，系统分析转让定价政策，辨析境内子公司可能面临的转让定价风险并将情况向集团总部汇报，为子公司的管理层提供契机——可以与总部讨论关联交易定价政策，修正不合理

---

① 美国财务会计准则委员会（FASB）颁布的第 48 号释义——《所得税不确定性会计处理方法》（以下简称 FIN 48），释义要求企业对所有不确定的税项进行评估，如果某税项有 50% 以上的可能性需要缴纳的话，那么就必须量化此税项并在财务报告中作为预估税项处理，并评估此预估税项可能面临的罚款和滞纳金，这就无疑会增加企业年度报告中的税务成本。同时，FIN 48 还要求企业对这些预估税款、罚款等在财务报告中作详细陈述。

② 预估税项（tax provision）就是对企业未来可能要缴纳的税项进行评估后的预计值，有些财务报告准则要求企业在财务报告中列示预估税项，表明公司未来可能需要缴纳的税项，避免企业利润被高估。税务局对企业进行转让定价调查，可能会调整企业未来应该缴纳的所得税，因此，可能影响预估所得税金额。

的定价，降低未来被税务机关调查的风险。在准备同期资料的过程中，往往会有中介机构或咨询公司介入，可以借助咨询机构的专业知识与经验，使境内子公司与集团总部的沟通更加顺畅。

第三，如果企业在准备同期资料的过程中，发现存在一些风险指标，提示本企业容易成为税务机关调查的对象，但通过与总部的沟通，发现并非企业的转让定价政策有问题，而是存在一些特殊的原因，企业可以相应地准备资料，证明公司转让定价政策的合理性，并在同期资料报告中有针对性地加以说明。当税务机关进行转让定价风险分析选取调查对象时，往往会调取企业的同期资料，如果同期资料准备得好，就可以在风险评估阶段解除税务人员心中的疑惑，让税务机关了解企业转让定价风险指标异常的真正原因，从而避免将其选为调查对象。

第四，就算集团总部出于总体考虑，没有修订不合理的转让定价政策，导致子公司最终被税务机关发起调查。企业与集团总部在准备同期资料过程中的沟通，也会帮助总部了解子公司可能面临的转让定价风险，这样也能让集团总部在税务局对子公司发起转让定价调查时，不至于大吃一惊，责怪本地的管理层。而且，在准备同期资料过程中，由于已经与中介和总部讨论过本公司的转让定价政策，在应对税务机关的检查时，子公司的管理层也可以做到心中有数，进退有度。对合理的定价政策可以提供充分的资料证明，对不太合理的地方也可以努力解释，争取相对有利的处理，不至于惊慌失措。

第五，准备同期资料最直接最明显的好处，就是准备了同期资料的企业在被税务机关调查并对应纳税所得额和应纳税额做出调整后，只需要按同期人民币贷款基准利率缴纳利息，而不用多缴纳被调增的应纳税额的5%的罚息。

第六，准备同期资料可以保证财务报告的准确性。对于上市公司而言，保证财务报告的准确性是很重要的目标。如果企业因为转让定价问题被税务机关调查，往往会被要求补征巨额税款，这笔税款如果记作结案当年的成本，会大大影响当年的财务结果。对上市公司来说，利润陡降可能导致股价波动，这是股东和管理层都不愿意看到的。如果此前已经根据转让定价分析的结果提取了足额的预估税项，就算企业因为税务机关的特别纳税调整缴纳了大量税款，也不会引起利润和股价的大幅波动。

李博士总结说，正是因为以上原因，认真准备同期资料，对于企业来说也是很有益的，作为财务负责人，应该重视同期资料的准备。在全球对转让定价管理越来越严格的今天，如果对同期资料准备义务置之不理或随便应付，只会给企业和企业的财务负责人带来更大的麻烦。

李博士的话深深地引起了张总的共鸣，真是"不经一事，不长一智"，来自总部的责备、对财务报表和本地管理层业绩的影响，这些正是张总目前最担心的问题。张总心里有点后悔自己之前对同期资料不够重视，可是，难道准备同期资料就是有百益而无一害的吗？之前听一个朋友说，他们聘请中介准备的同期资料显示，企业的利润率不在规定区间内。结果税务机关拿着同期资料，说企业自己都承认转让定价不合理，直接要求企业按照同期资料的利润率进行调整。最终企业补了几百万元的税。因此，这个朋友之前和张总说起同期资料，都会抱怨说准备同期资料是给自己挖坑，没什么好处。张总和李博士分享了这个朋友的故事。没想到李博士说："你朋友的故事，正好说明了重视同期资料准备，以及聘请高水平的中介机构来实施这项工作的重要性。如果企业及所聘请的中介机构都不理解准备转让定价同期资料的目的，只是依葫芦画瓢，随便应付应付，没有真正分析企业面临的转让定价风险，既没有对存在的转让定价风险做出合理解释，也没有改变企业不合理的转让定价政策，而只是单纯应付了事，就会出现这样的情况。"

张总听了李博士所说，心里暗暗称是。"但是，什么样的同期资料才是准备得比较充分的同期资料呢？此次提交给税务局的同期资料究竟应该准备到什么程度才算合格呢？资料需要有多详细？对于以上问题，法规有没有明确的规定呢？"张总一股脑地把心中的问题都倒了出来。

李博士说："对于同期资料具体采用什么形式、需要有多详细才算合格，中国的法规并没有明确的规定。2号文件和42号公告只是大概列出了同期资料需要包括的信息。但是对关联交易的信息披露要有多详细、是否只要和关联交易相关的信息事无巨细都要披露、在分析定价的合理性时要有多深入等,这些都没有明确的规定。实际上,由于各个企业的情况不同,要想统一规定同期资料的具体内容,几乎是不可能的。不论是2号文件还是42号公告,都只是规定企业准备了同期资料可以免除罚息。但是,某些国家,如加拿大的税法就规定,如果企业的同期资料不够完整和充分,企业就无法免除罚款。至于什么情况属于不完整、不充分,主要由法官根据具体情况判断。比如,在2014年的Marzen Artistic Aluminum Ltd. v. The Queen案例中,税务机关判定纳税人的关联交易不符合独立交易原则,需要补征税款,并要处以补征税款的10%的罚款。纳税人声称自己已经准备并提供了同期资料给税务机关,应该可以免于罚款。而税务机关认为,纳税人仅提供了与关联交易相关的合同、交易方就交易的某些要素进行沟通的邮件及咨询公司就纳税人采取的税务筹划架构所出具的意见,资料不完整。法官最终判决纳税人提供的这些资料不符合法规的要求,因此不能被免除罚款。"①

李博士猜想张总之所以问这些问题,大概是想自己随意准备资料,先提交给税务局应付燃眉之急。因此,李博士对张总说,虽然中国没有类似加拿大的规定与案例,企业只要提交了与关联交易相关的资料,应该就可以争取免除5%的罚息。但是,像张总公司这样的情况,应该是税务机关对企业开展转让定价风险评估,企业提交同期资料后,税务机关对同期资料进行评估。如果资料过于简单,不能有效地向税务机关说明企业关联交易的合理性,企业被税务机关调查的可能性会很高。最好还是认真应对,系统深入地准备同期资料。

张总觉察到自己内心的想法被李博士看透了,有点儿不好意思。但是,嘴上并不愿意承认,连忙说:"是是是,是应该认真准备,不过准备同期资料,不一定需要请中介吧,企业的财务人员对本企业的情况更了解一些,由自己内部来准备是不是更好一些呢?"

作为一名经验丰富的咨询顾问，李博士并不直接回答张总的问题，只是问张总："由企业自己准备是可以的，但是，您了解什么是功能风险分析，什么是经济分析吗？了解通常有哪些方法可以证明或验证转让定价的合理性吗？"张总一怔，不知如何回答。李博士并不追问，只是说："转让定价分析虽然也属于税务领域，但研究框架与研究方法主要是经济学的方法，与企业财务和税务人员平时工作中所熟悉的分析思路与框架完全不同。一般企业的财务与税务人员并不了解转让定价的研究框架与研究方法，准备的同期资料很难具有说服力，甚至可能会披露对企业不利的信息，出现无法挽回的局面。"

张总暗想，不就是交易定价吗？我们企业管理人员经常接触的，难道你们做税务咨询的，还会比我们更熟悉？不过，他仍不动声色地与李博士告别，并请李博士准备一份报价，由自己和总部讨论之后再确定下一步工作如何开展。

第 2 章

国 别 报 告

次日回到公司之后，张总第一时间拨通了位于 T 国的集团亚太总部 MNE Holdings（T）Co 财务总监 Angela 的电话，将最新了解到的情况向 Angela 进行了汇报，并告知 Angela 自己已经想好的对策，就是让公司的税务主管根据公司现有的资料，先准备一套文件出来，交给税务机关应付过关。

让张总没有想到的是，Angela 不但一口否决了自己的建议，而且指示张总要重视税务局要求提交同期资料的通知，尽快聘请专业人士协助处理，哪怕成本再高，也要在税务局要求的时间之前请专业咨询机构准备好转让定价报告。

除此之外，Angela 还告诉张总，集团总部此前已经准备了国别报告和主体文档，自己已通过邮件将相关资料发给张总，请他认真研究，并在确定咨询机构之后，将国别报告和主体文档交给咨询机构，请他们根据这些资料，一起评估中国子公司可能面临的转让定价风险，并制定应对的策略。Angela 还嘱咐张总，公司未来与税务局就转让定价事宜进行的沟通，都要及时向总部汇报。

放下电话不到 5 分钟，张总就收到了集团总部的邮件。里面有两份附件，一份是集团填写的国别报告，另一份是集团准备的主体文档。张总先打开国别报告，发现是三张表格，内容并不复杂，里面是集团在全球的实体分布情况。张总看了半个小时，也没看出有什么玄机，因此，张总又拨通了李博士的电话，一方面询问他服务报价准备得怎么样了，另一方面请他继续给自己讲解一下国别报告和主体文档是怎么回事。

李博士详细地向张总讲解了国别报告。

2.1　国别报告的出现

国别报告（Country-by-Country Reporting，以下简称 CbC Reporting）是落实 BEPS 第 13 项行动计划关于信息透明度建设的要求，由跨国公司对其全球经济活动进行申报的一项制度。BEPS 行动计划对其申报的内容、格式都有详细的规定，供各国参照执行。同时 BEPS 行动计划明确，国别报告申报的信息应当通过情报交换方式交换给跨国公司投资的其他国家或者地区，实现信息共享，以提高对跨国公司的国际监管水平。关于国别报告，OECD 先后出台了以下纲领性的文件：

（1）发布于 2015 年的《BEPS 第 13 项行动计划最终报告》（报告内容见附件 5）。

（2）发布于 2017 年 9 月的《BEPS 第 13 项行动计划国别报告——正确使用国别报告所含信息指南》（以下简称《国别报告信息使用指南》）。

（3）发布于 2017 年 9 月的《BEPS 第 13 项行动计划国别报告——有效执行手册》（以下简称《国别报告执行手册》）。

（4）发布于 2017 年 9 月的《BEPS 第 13 项行动计划国别报告——有效税收风险评估手册》（以下简称《国别报告风险评估手册》）。

（5）发布于 2017 年 11 月的《BEPS 第 13 项行动计划——国别报告实施指南》（以下简称《国别报告实施指南》）。①

国别报告制度对各国税务机关的转让定价管理具有重大意义。首先，信息的获取范围从国内扩展到国际，各国税务机关不再像过去那样，只能看到纳税人在本国、本地区的收入、利润、缴税情况等信息，还可以看到集团在其他国家的经济活动情况及集团整体经济活动的安排，如集团在哪些国家或地区从事生产活动、研发活动、金融活动，集团在各国实现的收入、利润情况等，从整体上可以看出跨国集团在全球的经济安排和结果。其次，国别报

---

① 以上报告均可在 http://www.oecd.org/tax/beps/beps-actions/action13/下载。

告制度促进各国提高转让定价管理的技术水平,提高对大规模数据的收集和处理能力。一些国家已经开始在已有的税收监管系统中加入国别报告信息内容和分析指标,进一步扩大了对跨国公司数据收集和分析的广度和深度。

国别报告制度对跨国公司的影响更为显著。以往由于税收管辖权的限制,一国税务机关只能看到跨国公司在本国的收益水平和纳税状况,因此纳税人可以通过一些税收安排降低在全球的税收负担,如在避税港或低税率地区设置子公司,通过安排与该子公司之间的交易,将利润从高税收国家或地区转移到低税率的国家或地区。但是实施国别报告制度后,这些跨国税收安排的结果会清晰地呈现在税务机关面前,有可能会受到有关国家的质疑并启动反避税调查。因此,国别报告制度实施后,对纳税人全球经营活动的合规性、合理性的要求进一步提高,纳税人不能仅考虑满足交易或投资活动的某一方所在辖区的税收合规性要求,还需要对交易各方在所属辖区的税收合规性做出全面的考虑,税收遵从成本大大提高。

2.2 需要报送国别报告的企业范围

BEPS 第 13 项行动计划提出,跨国公司的最终控股企业每年向其居民国税务机关申报集团内各经营实体的收入、所得与经营活动,并由居民国税务机关向有关辖区税务机关自动交换跨国公司申报的信息。因此,国别报告的主要申报人为跨国公司中编制合并会计报表的主体,即合并财务报告的控股方,也可由控股方指定其子公司作为申报主体。

BEPS 行动计划所确定的申报门槛为 7.5 亿欧元,具体而言,如果跨国企业集团在上一财务年度的集团合并收入少于 7.5 亿欧元或者自 2015 年 1 月起与 7.5 亿欧元基本等值的本地货币金额,则本财务年度可免于报送国别报告。例如,某一跨国企业集团的财务年度与公历年度相同,其 2015 年度的集团合并收入为 6.25 亿欧元,则该集团可免于向任何国家报送截至 2016 年 12 月 31 日财务年度的国别报告。各国关于国别报告的立法基本上是参照这一标准来制定的。美国要求上一财政年度集团合并收入超过 8.5 亿美元的跨国公司向美国 IRS 申报国别报告；加拿大规定收入金额超过 7.5 亿欧元的企业需要申报国别报告。

如果最终控股企业所在的国家不要求提交国别报告，导致最终控股企业在其居民国没有提交国别报告，替代机制将被启用，即国别报告将由集团内的成员实体按照当地国家的法律规定进行本地提交。当跨国企业在某一税收管辖区有多个子公司时，跨国企业可指定其中一个子公司作为代表提交国别报告。跨国企业也可指定一个代理控股企业代表最终控股企业提交国别报告。

中国基本参照 OECD 规定的国别报告准备门槛确定跨国企业提交国别报告的标准。42 号公告规定，上一会计年度合并财务报表中的全球各类收入金额合计超过 55 亿元的跨国公司需要提交国别报告。但是 42 号公告对构成全球收入的范围及确认原则等没有进行更多的解释。执行中，对于 42 号公告中未明确的内容，可以借鉴《国别报告实施指南》中的解释和说明。比如，在确定合并收入金额时，通常是应当包括各种投资收益和营业外收入，但是如果编制合并财务报表的主体所在地区的会计准则要求按净余额列示投资收益或营业外收入，则以净余额作为合并收入的基础。①

此外，42 号公告第 8 条规定，尽管企业不属于第 5 条规定填报国别报告的范围，但其所属跨国企业集团按照其他国家有关规定应当准备国别报告，且符合下列条件之一的，税务机关可以在实施特别纳税调查时要求企业提供国别报告：

（1）跨国企业集团未向任何国家提供国别报告。

（2）虽然跨国企业集团已向其他国家提供国别报告，但我国与该国尚未建立国别报告信息交换机制。

（3）虽然跨国企业集团已向其他国家提供国别报告，且我国与该国已建

---

① OECD. Guidance on the Implementation of Country-by-Country Reporting BEPS ACTION 13 updated December［EB/OL］.2019：7（2019-12）［2019-12-20］. https：//www. oecd. org/ctp/guidance-on-the-implementation-of-country-by-country-reporting-beps-action-13.pdf.

立国别报告信息交换机制,但国别报告实际未成功交换至我国。

2.3　国别报告的内容

BEPS 第 13 项行动计划成果报告制定了国别报告的申报模板,包括三张表格,具体申报要求由不同国家在各国的法律制度中进行明确。

这三张表格分别是:

(1)表一:所得、税收和业务活动国别分布表。

(2)表二:跨国企业集团成员实体名单。

(3)表三:附加说明表。

第一张表为所得、税收和业务活动国别分布表,具体如表 2-1 所示。

表 2-1　国别报告——所得、税收和业务活动国别分布表

跨国企业集团名称:

会计年度:　　年　月　日至　　年　月　日

国家(地区)	收入			税前利润(亏损)	已缴纳企业所得税(收付实现制)	本年度计提的企业所得税	注册资本	留存收益	雇员人数	有形资产(除现金及现金等价物)
	非关联方	关联方	总计							
1	2	3	4 = 2 + 3	5	6	7	8	9	10	11

此表反映跨国集团经营活动的全球收入分配、利润水平、雇员人数、有形资产和企业所得税计提与缴纳情况。这些信息有助于初步判断跨国企业全球运营的税收风险状况，如根据关联交易收入规模、利润水平和注册资本规模判断企业是否通过关联交易转移利润；根据利润与税收、资产和雇员人数的匹配情况判断企业的利润分布是否合理。

第1列"国家（地区）"：填报跨国企业集团成员实体作为居民企业所属的国家（地区）。跨国企业集团成员实体包括实际已被纳入跨国企业集团合并财务报表的任一实体，和实际未被纳入跨国企业集团合并财务报表，但跨国企业集团持有该实体的股权按公开证券市场交易要求应被纳入跨国企业集团合并财务报表的任一实体、仅由于业务规模或者重要性程度而未被纳入跨国企业集团合并财务报表的任一实体或者独立核算并编制财务报表的常设机构。

第2列"收入——非关联方"：填报跨国企业集团在第1列填报的国家（地区）所有成员实体与非关联企业交易取得的收入总和。

第3列"收入——关联方"：填报跨国企业集团在第1列填报的国家（地区）所有成员实体与关联企业交易取得的收入总和。

需要注意的是，表中"收入"包括销售收入、劳务收入、特许权使用费收入、利息收入及其他各类收入。仅仅是从其他成员实体收取的股息不计入收入。

第5列"税前利润（亏损）"：填报跨国企业集团在第1列填报的国家（地区）所有成员实体取得的税前利润（亏损）总和。

第6列"已缴纳企业所得税（收付实现制）"：填报跨国企业集团在第1列填报的国家（地区）所有成员实体实际缴纳的企业所得税总额。已缴税款包括成员实体从其他企业（关联企业及非关联企业）收取的款项在其他企业所属国家（地区）已代扣代缴的预提所得税。

第7列"本年度计提的企业所得税"：填报跨国企业集团在第1列填报的国家（地区）所有成员实体依据应纳税所得额计提的当期所得税总额。当期所得税费用仅反映相关会计年度的经营活动，不包含因或有事项计提的递延所得税。

第 8 列"注册资本":填报跨国企业集团在第 1 列填报的国家(地区)所有成员实体的注册资本总额。

第 9 列"留存收益":填报跨国企业集团在第 1 列填报的国家(地区)所有成员实体的留存收益总额。

第 10 列"雇员人数":填报跨国企业集团在第 1 列填报的国家(地区)所有成员实体的全职雇员人数总和,包括在经营活动中所雇佣的独立承包商人数。雇员人数可以根据年末人数、全年平均人数或其他标准填报。不同国家(地区)在雇员人数计算标准上应当保持一致,并每年均沿用相同标准填报。

第 11 列"有形资产(除现金及现金等价物)":填报跨国企业集团在第 1 列填报的国家(地区)所有成员实体的有形资产账面净值总和。常设机构有形资产应当根据其经营活动所在国家(地区)填报。此处所指的"有形资产"不包括现金及现金等价物和金融资产。

在填写国别报告表的时候,最常见的问题是控股企业与成员实体的会计年度不一致。填表说明确定成员实体信息披露期间可以从以下两种方式中选择一种:

(1) 使用成员实体的会计年度,即成员实体会计年度截止日期在最终控股企业会计年度截止日期前 12 个月内的会计年度。

(2) 使用最终控股企业会计年度。

企业一旦选定所使用的方法之后,无特殊情况不得修改。

为了保证国别报告表可以进行纵向比较,填报说明规定,企业在各年度应当使用相同的数据来源。表中所报告的收入、利润及税负情况并不要求与跨国企业集团合并财务报表完全一致。对于国家(地区)之间的会计准则不同而产生的差异,无须进行调整。

第二张表是跨国企业集团成员实体名单,具体形式如表2-2。表2-2主要列示跨国企业在各税收管辖区从事经营活动的集团成员实体名单及其所从事的经营活动。表内信息主要包括税收管辖区、作为该税收管辖

表2-2　国别报告——跨国企业集团成员实体名单

跨国企业集团名称：

会计年度：　　年　月　日至　　年　月　日

国家（地区）	该国家（地区）的成员实体名称	成员实体注册成立地	主要业务活动												
			研发	持有或管理无形资产	采购	生产制造	销售、市场营销或分销	行政、管理或支持服务	向非关联方提供劳务	集团内部融资	金融服务	保险	持有股份或其他权益工具	非营运企业	其他
1	2	3	4	5	6	7	8	9	10	11	12	13	14	15	16

注：如果"主营业务活动"勾选"其他"，请在《国别报告——附加说明表》中说明跨国集团成员实体的具体业务活动。

区居民企业的成员实体、成员实体注册成立地（如果与其被认定为居民企业的税收管辖区不一致）、主要经营活动（包括研发、持有或管理无形资产、采购、生产制造、销售、市场营销或分销、行政、管理和支持服务、向非关联方提供劳务、集团内部融资、金融服务、保险、持有股份或其他权益工具、非营运企业、其他)。从表2-2中可以看到跨国集团在不同管辖区的成员实体的主要经营活动,以便于进一步对各成员实体进行功能风险分析,结合其他关联申报表中各成员实体业务活动中承担的功能、使用的资产、利润的创造、税收的缴纳和业务往来的主要类型、业务往来的主要对象,尤其是与国内业务往来、特殊业务对象的业务往来,考察各个不同管辖区实体成员是否存在与集团总体、集团实体成员间存在较大差异的情况,通过各种数据的比对和年度间的变化等,分析可能存在的转让定价风险。

第三张表是附加说明表,如表2-3所示。用以填写国别报告信息中需要考虑的补充信息和解释说明。企业可以在这个表中添加任何有助于解读前两张表的信息,比如对使用的数据来源进行简要说明。如果数据来源较以往年度有所变化,解释说明变化原因及其影响。

表 2-3　国别报告——附加说明表

跨国企业集团名称:

会计年度:　　年　月　日至　　年　月　日

请简要提供有助于理解"国别报告"中的补充信息或者解释说明。

按照 OCED 的构想，尽量不要因为准备国别报告而增加纳税人的税收遵从负担，企业可以从现有的合并财务报表和内部统计资料中直接得到国别报告需要的信息数据，不需要为填写国别报告单独准备信息。国别报告能够从宏观上提供各成员实体在经营活动中的主要业务、承担的功能和风险、营业收入、在所在管辖区实现的利润、缴纳的企业所得税等主要指标，并且可以通过这些指标发现不同管辖区内成员实体的经济活动、承担功能、价值创造和税收贡献的一致性和差异性。各管辖区税务机关借助上述主要信息资料，洞察和发现本管辖区内纳税人在关联集团内外部经济活动中可能存在的不符合独立交易定价原则的转让定价风险，为进一步进行转让定价的调查、调整和磋商提供指引。

我国在 42 号公告中确定了国别报告申报内容为三张表格，即跨国企业集团收入分配、纳税情况及经营活动概况（以税收管辖地为划分基础）、跨国企业集团成员实体名单（以税收管辖地为划分基础）及附加信息，与 BEPS 行动计划中所要求的模板内容一致。这三张表作为中华人民共和国企业年度关联业务往来报告表中的一部分，在企业进行年度关联业务申报时，由达到申报标准的企业填写。42 号公告的附件 2，对如何填写三张表格也有较详细的说明。

2.4　国别报告的报送时间

OECD 要求跨国公司的最终控股公司在纳税年度结束后，不超过 12 个月内向居住地税务机关报送国别报告，收到国别报告的税务机关需要在 15 个月内（首次执行为 18 个月）与集团成员实体所在地税务机关交换相关信息。

根据 42 号公告的规定，国别报告是《中华人民共和国企业年度关联业务往来报告表（2016 年版）》中的组成部分，而《中华人民共和国企业年度关联业务往来报告表（2016 年版）》是作为企业所得税年度纳税申报表的附表被一起报送的，因此企业应于每个纳税年度终了后次年的 5 月 31 日前进行申报。也就是说在我国,企业集团的首份国别报告应于 2017 年 5 月 31 日前报送完毕。

2.5　国别报告的交换机制

BEPS 行动计划中所倡议的国别报告制度最显著的特点是跨国公司的全球经营信息会与各个经营实体所在管辖区共享。国别报告将由最终控股企业提交给其居民国税务机关,并依据政府间合作协议,通过自动情报交换在国与国之间共享。作为替代机制,在特定情况下,控股母公司也可以指定国别报告的报送企业,即国别报告由子公司提交给其所在国税务机关。政府合作协议包括《转让定价国别报告多边主管当局间协议》、双边税收协定或税收情报交换协议。其中,《转让定价国别报告多边主管当局间协议》是由 OECD 组织制定的旨在推进国别报告自动交换的多边工具。签订了多边主管当局间协议的国家,相互之间无须再签订双边协定,就可以实现国别报告的自动交换。根据 OECD 公布的信息,截至 2021 年 3 月,已经有 89 个国家签署了《转让定价国别报告多边主管当局间协议》①。

实施国别报告交换的前提是各税收管辖区已存在生效的法律要求成员实体针对相关财务年度报送国别报告的规定,并且各税收管辖区彼此之间有已经生效的国别报告交换协议。在多边主管当局间协议、欧盟指令、双边税收协定等各种方式的支持下,截至 2020 年 11 月,全球已经有超过 2 500 多对国别报告自动交换关系生效,OECD 网页设置的国别报告专栏会定期更新有关国别报告交换信息的最新数据。②

目前,我国实施国别报告信息交换的依据是国家税务总局王军局长于 2016 年 5 月 12 日签署的《转让定价国别报告多边主管当局间协议》。截

---

① OECD. Activated exchange relationships for country by country reporting[EB/OL]. [2021-05-08]. http://www.oecd.org/tax/beps/country-by-country-exchange-relationships.htm.

② OECD. Activated exchange relationships for country by country reporting[EB/OL]. [2021-05-08]. http://www.oecd.org/tax/beps/country-by-country-exchange-relationships.htm.

至 2021 年 3 月底,已经有 78 个税收管辖区向中国自动交换国别报告,中国要向 62 个税收管辖区交换国别报告。这两个数据之间之所以有差别,是因为有些税收管辖区与其他地区签订的是非互惠协定,这些国家只向其他国家(或地区)交换信息,而不要求其他国家(或地区)向其交换国别报告。①

从实施进程看,2018 年是国别报告制度建立以后的首个申报年度,一些国家已经陆续获取了国别报告信息并与相关国家实施了国别报告信息交换。

需要注意的是,尽管信息可以在不同税收管辖区的税务机关之间自动交换,但是这些交换的信息仍属于保密信息,所交换的全部信息均受公约的保密规则及其他安全条款的保护,并且仅可用于协议规定的用途,即用于转让定价的风险评估,而不能用于其他方面。

2.6　国别报告的作用与限制

长期以来,国际税收管辖权存在的限制为跨国公司在全球范围内进行税收筹划提供了便利条件,如通过在一些国家或地区成立基金公司、合伙企业等特殊实体的方式,隐藏跨国企业之间存在的关联关系,将关联交易行为变成独立企业之间的交易,摆脱税务机关的监管,或者在低税率地区设立没有任何职能活动的空壳公司,将企业无形资产转移给空壳公司,通过空壳公司来收取特许权使用费,将收入转移给空壳公司,降低跨国企业集团整体税收成本。国别报告信息在各国之间共享后,各国税务机关就可以了解跨国公司集团在各国的实际利润情况、纳税情况及各国资源分布情况等信息,并判断企业是否存在转让定价问题。因此,国别报告将为税务机关实施高层面转让定价风险评估,或者为评价其他税基侵蚀和利润转移风

---

① OECD.Activated exchange relationships for country by country reporting[EB/OL].[2021-05-08]. http://www.oecd.org/tax/beps/country-by-country-exchange-relationships.htm.

险提供信息框架。

国别报告之所以有以上功能,是因为国别报告的信息具有以下特征:

(1)顶层化。国别报告的信息是由最终控股公司准备并申报的。这些最终控股公司本身拥有整个集团最完整最全面的信息,由它们提供整个跨国集团的信息并交换至各税收管辖区。相对之前各国税务机关分别向各经营实体索取信息而不得的情况,可以说是事半功倍。

(2)标准化。OECD 规定了国别报告的标准形式及交换方式,高度标准化的信息为各国税务机关了解跨国企业集团的业务规模和性质提供了良好的基础。

(3)透明化。国别报告与各国税务机关每年收到的申报信息不同,国别报告被提交给税务机关之后,都会在规定的时间内被交换,可以说是"存在就是为了交换",因而属于高度透明的信息。

综上,国别报告突破了过去在跨国公司信息获取方面存在的税收管辖权屏障,各国税务机关通过国别报告不仅可以看到跨国公司在本国的投资经营税收等情况,还可以看到跨国公司在其他国家的投资运营状况,从而更加全面地认识和了解跨国公司整体的经济活动安排、收入分配、资产分布、税收缴纳、雇员投入等内容。因此,尽管《OECD 转让定价指南(2017 年版)》明确说明国别报告不能成为税务机关实施纳税调整的依据,但是国别报告所披露的信息可以让各国税务机关了解到税收与经济活动在各国的分布状态,发现避税的端倪,对于与低税率地区之间的交易,很有可能启动调查,要求对低税地区税收利益重新分配。纳税人提交资料、应对调查、磋商、诉讼成本有可能会增加。此外,由于税务机关可以更全面地了解跨国集团价值链信息,其他转让定价方法(如利润分割法、公式分配法)的使用程度将有所增加。

但是国别报告的信息也具有相当的局限性,比如:

(1)国别报告所反映的各项经济指标为一国投资的合并数据信息,并不能看出收入来源的具体经济活动、与收入相匹配的职能活动,以及相应税款缴纳情况。

（2）国别报告并不能详细反映跨国公司内部的具体交易情况，无法对具体交易和定价实施完整的功能风险分析及可比性分析。仅仅根据国别报告信息进行纳税调整是不合理的。

（3）国别报告信息是基于财务报表、管理报告等数据编制而成的，会计与税收的差异并未被考虑进去。

（4）国别报告涉及的关联交易数据并未进行内部交易的抵销处理，数据的口径存在不一致的问题。

（5）各国之间的税收制度差异，使国别报告中所反映的各管辖区数据信息在口径上存在不一致的问题。

因此，国别报告提供的信息主要是作为初步风险识别的信息来源，向税务机关提示风险，是进行深入调查分析的基础，不能仅根据国别报告进行转让定价调整。各国税务机关需要结合主体文档、本地文档等内容，运用独立交易原则判断关联交易定价的合理性。为了强调这一点，《转让定价国别报告多边主管当局间协议》特别规定：

"通过交换获得的信息将进一步限制在本条款允许的范围内使用。具体而言，国别报告信息交换所获取的信息将用于初步评估转让定价风险及其他与 BEPS 行动计划相关的风险，以及在适当的情况下用于经济分析及数据统计分析。各税收管辖地同意对于具体交易和定价的详细转让定价分析应基于完整的功能分析及可比性分析，通过国别报告信息交换所获取的信息不能代替上述分析。"

"各税收管辖地承认国别报告所披露的信息不能单独构成认定转让定价安排是否合理的结论性证据，因此，转让定价调整不会仅基于国别报告所披露的信息进行。如果地方税务机关违背本条款做出了不合理的调整，其主管税务机关在任何相关的主管税务机关磋商程序中将对此项调整做出让步。尽管如此，并不禁止各税收管辖地依据国别报告所披露的信息对跨国企业集团的转让定价安排或者其他税务事项展开进一步的税务调查，并可能针对某一成员实体的应纳税所得额做出适当的调整。"

2.7　应用国别报告进行风险识别与评估

为了帮助各国税务机关更好地使用国别报告中的信息进行风险识别与评估，OECD 专门发布了《国别报告：有效税收风险评估手册》[①]，从中我们可以了解到税务机关会如何利用国别报告中的信息进行转让定价管理。这些信息可以在不同阶段被应用。

税务机关在初期进行高层面风险评估的时候，可以利用国别报告进行以下风险评估：

（1）税务机关利用国别报告信息，将在本国仅有少量活动的跨国企业排除，不再做进一步的分析。

（2）对于国别报告中显示的本税收辖区内收入利润与经营活动不配比的跨国公司，税务机关可以要求纳税人提交主体文档和本地文档进行下一步分析。

（3）对于风险较大的跨国企业，可以依据国别报告的信息制定检查计划，拟订下一步需要了解的问题。

（4）最终控股企业所在地的税务机关可以计算不同辖区的有效税率，从而发现受控外国企业（Controlled Foreign Corporations，以下简称 CFC）的疑点。

国别报告中的信息也可用于转让定价中层面和更深入的风险评估过程，主要用来计算具体的转让定价风险比率。可以在集团内不同地区之间进行横向比较也可以在不同集团之间进行横向比较，还可以在同一个集团内进行纵向比较，从中发现可能的疑点。国别报告中的以下信息都可以帮助税务机关进行风险评估：

（1）集团在某辖区的营业规模大小。

[①] OECD. Handbook on Effective Tax Risk Assessment[EB/OL].(2017-09)[2019-05-06]. https://www. oecd. org/tax/beps/country-by-country-reporting-handbook-on-effective-tax-risk-assessment.pdf .

（2）集团在某辖区的经营活动仅限于低风险的活动（如仅为控股公司）。

（3）某辖区的成员实体关联交易规模很大或占比很高。

（4）某辖区成员实体的财务指标与可能的可比企业（集团内其他税收辖区实体或同行业其他企业）有差异。

（5）集团某辖区的经营成果与市场趋势相背离。

（6）某辖区有大量的利润但是没有多少实质性的经营活动。

（7）某辖区有大量的利润但是只有缴纳或计提少量的税款。

（8）某辖区有大量的活动但是只有很少的利润（甚至处于亏损）。

（9）某集团在避税地有经营活动。

（10）某集团在低税率地区有流动性强（如股权、知识产权、采购、销售等类型）的经营活动。

（11）某集团有重组活动。

（12）知识产权的所有权与集团内开发知识产权相关的活动分离。

（13）集团在关键市场以外的辖区有营销活动。

（14）集团在关键生产区域以外有采购活动。

（15）实际缴纳的所得税持续小于计提的所得税。

（16）集团内有实体是双重税收居民。

（17）集团内有实体不是任何辖区的税收居民。

（18）集团国别报告披露的信息与之前成员实体提供的信息不一致。

以上信息都可提示税务局跨国集团在全球运营中可能存在的避税行为，至于这些疑点是否真的有问题，有待税务局通过进一步的调查确认。

2.8　纳税人准备国别报告应当注意的问题

从前面的分析可以看出，国别报告可以给各地的税务机关提供很重要的信息。跨国集团的最终控股企业或指定提交国别报告的最终控股企业所属实体（子公司）必须高度重视国别报告信息的合理性，并执行 BEPS 行动计划阐述的一致性、透明度和实质性原则要求。过去由于信息屏蔽及不透明,跨国企业集团任意分割、分配跨国企业利润和税款的方式,尤其是在避税地建立基地公司,通过与高税区成员实体进行交易以在避税地累积利润等做法现在已经难以为继了。这就要求跨国集团最终控股企业在功能分配、业务安排、交易定价与利润分割上遵循现有 BEPS 行动计划相关报告的指引,充分考虑经济活动发生地的利益,特别是在高税国进行的实质性经济活动与利润水平的一致性;尊重高税国的合理税收分配要求,安排好全球范围内业务活动及税款分配。跨国集团必须审视集团内关联企业间的关联交易活动与安排,评估国别报告可能暴露的税务风险,根据 BEPS 行动计划的指引及时改变现有的交易安排。

纳税人应当注意的是,国别报告准备或提交的主体主要是跨国集团的最终控股企业,所提交的信息既要考虑满足国别报告报送的要求,又要注意信息披露可能会导致跨国集团在他国引发不当的转让定价调查与调整。因此要适当披露全球经营信息,减少遭受他国转让定价调查的可能。

此外,跨国企业集团应该注意未来税务机关将可获取三个文档(国别报告、主体文档和本地文档),纳税人的三个文档应该阐述一致的转让定价立场,几个文档的内容不能相互矛盾,否则会成为税务机关关注的重点。

听到这里,张总突然觉得手里的那三张表格沉甸甸的,结合张总此前对集团业务分布和流程的了解,张总突然害怕起来,自己公司向集团 K 国某公司支付的特许权使用费、向集团 T 国某公司支付的利息是不是都有避税的风险呢? 税务机关是不是已经收到了总部此前提交的国别报告,并且已经觉察到什么,才让公司提交同期资料、本地文档的呢? 想到这里,张总告知李博士自己已经收到集团发送过来的国别报告,请求李博士帮忙评估一下国别报告的风险。在双方签订保密协议后,张总将国别报告中的部分敏感信息隐藏之后,再将其提供给李博士。

2.9 案例：MNE SA 集团国别报告分析评估①

李博士看了张总提供的集团国别报告，以张总手中的国别报告为例向张总介绍了税务机关是如何使用国别报告中的数据来进行风险评估的。

MNE SA 是集团的最终控股企业，主要生产和销售药品。MNE SA 是欧洲 A 国的税收居民，集团在 26 个税收管辖区有 34 个实体，其中 A、B、C、D、E、F、G、H、I、J、K 都在欧洲，L、M、N、O、P、Q 在美洲，R、S、T、U、V、W、X、Y、Z 在亚太区。其中 V 国代表中国。中国有一个生产制造企业，就是盛大公司，另外还有一个销售公司。

MNE SA 集团 2016 会计年度和 2017 会计年度的国别报告具体见附件 1。

税务机关在风险评估过程中，可能采取以下步骤进行分析：

（1）审阅附表 1-1 至附表 1-4 中的原始数据。

（2）计算 2016 年和 2017 年表中各项数据的变化。

（3）用 2016 年和 2017 年相关的数据计算得出主要的风险指标。

（4）计算（3）得出的各主要风险指标的变化。

（5）基于以上结果识别 MNE SA 集团的可能风险。

以上第（2）至（4）步的主要计算结果如附件 2。根据以上步骤进行初步风险评估，结果如下。

（1）2017 年集团的高层面分析：

① 大多数欧洲国家的销售利润率在 10%～14%，但是 H 国的利润率只有 2%，该地区的企业是集团新增的企业。

② 美洲地区的销售利润率是 9%～11%。

（2）除了 U 国和 Z 国之外，亚太区的销售利润率大多在 3%～5%，U 国的销售利润率为 58%，Z 国的销售利润率为 29%，U 国和 Z 国的数据比

---

① 此部分内容根据《国别报告风险评估手册》中的案例改编而成。

较特殊,可能意味着集团内某些关联交易的税务风险较高。

①U 国和 Z 国的销售利润率远远高于亚太区其他地区。

②U 国和 Z 国的有效税率远远低于亚太区其他地区。

③U 国和 Z 国关联交易的比例都很高,U 国为 95%,Z 国为 98%。

④U 国实体是一个采购公司。Z 国实体的业务活动是销售、营销和分销。但从雇员等数据来看,Z 国实体实际可能并不从事销售,仅从事营销和分销。需要解释为什么在 U 国和 Z 国成立采购和营销公司。

⑤2017 年与 2016 年比较,亚太区除 U 国、Z 国外的其他实体,收入增长了 15%～55%,税前利润增长了 2%～9%;U 国的收入增长了 23%,税前利润增长了 29%;Z 国的收入增长了 9%,利润增长了 15%。其他地区利润率下降的同时,U 和 Z 国的利润率是增长的。

李博士告诉张总,如果盛大公司与 Z 国、U 国有关联交易,这些关联交易可能成为税务局关注的重点。税务局会向企业索取更多有关 U 国和 Z 国实体的信息。张总向李博士坦陈,公司进口的原材料主要是从 U 国实体进口,并且出口都是卖给 Z 国实体。

(3) 集团位于 Q 国的无形资产持有公司可能存在无形资产转移行为。2016 年的集团实体名单中,K 国和 Q 国的实体功能都包括持有无形资产。2017 年的名单中,不再有 Q 国。Q 国的实体可能已经被转让或被清算。

李博士告诉张总,Q 国的税务机关下一步可能深入调查 Q 国实体究竟是如何处理所持有的无形资产的,交易价格是否公允,转让收益或损失的税务处理是否适合? K 国的税务机关可以关注 Q 国实体持有的无形资产是否被转让给了 K 国的实体,未来这些无形资产收取的特许权使用费是否被准确定价?

(4) K 国 2016 年与 2017 年的收入、税前利润、已缴纳的企业所得税和本年度计提的企业所得税费用变化很大。

相比 2016 年,2017 年 K 国的收入增长了 44%,税前利润增长了 106%,应计所得税费用增长了 52%,销售利润率从 10% 增长到 14%。

李博士告诉张总,K 国税务机关下一步的行动是需要获取更多的信息来了解变化是否是因为一些无形资产从 Q 国被转移到了 K 国。集团在 K 国的有效税率从 21% 下降到 16%，是否是因为享受了 K 国的无形资产优惠政策，相关无形资产是否符合享受优惠政策的条件。

李博士同时告诉张总，由于 MNE SA 集团在 K 国的有效税率较低（16%）而销售利润率较高（14%），盛大公司如果有向 K 国的 IP 公司支付特许权使用费，也会成为主管税务局关注的对象。张总也只能向李博士承认盛大公司每年都向 K 国某公司按产品销售收入的 5% 支付特许权使用费。

（5）H 国的新实体利润率很低。

2017 年的国别报告中，新增了 H 国，有可能是新设立的，也有可能是外购的，H 国的销售利润率只有 2%，远低于欧洲区的平均销售利润率。

H 国的税务机关的下一步的行动：会索取更多的信息，来了解销售利润率低到底是因为企业开创期所发生的额外成本，还是因为并购过程中的额外成本，抑或是因为特殊的税务安排。

（6）I 国的收入增加但是利润率大幅下降。

2017 年，I 国的收入增加了 313%，但税前利润仅增长 44%，结果销售利润率从 11% 降至 4%。

I 国的税务机关的下一步的行动：会索取更多的信息，了解销售利润率下降的原因，特别要了解 I 国实体是否被当作导管公司①使用。

（7）T 国的收入和利润增加，但是有效税率下降。

MNE SA 集团在 T 国有三个实体，分别从事控股、集团金融和集团服务活动。2016 年，T 国的销售利润率是 16%，有效税率是 13%；2017 年，T 国的销售利润率升到 33%，但有效税率降至 5%。T 国的交易总额中，有 90% 为关联交易。

李博士告诉张总，T 国的税务机关会收集信息，了解有效税负下降的原

---

① 导管公司是指通常以逃避或减少税收、转移或累积利润等为目的而设立的公司。这类公司仅在所在国登记注册，以满足法律所要求的组织形式，而不从事制造、经销、管理等实质性经营活动。关于哪些公司属于导管公司，以及如何通过导管公司避税的具体方法，参见易奉菊所著的《国际税收：理论、实务与案例》。

因。其他国家的税务机关也会关注本国实体与 T 国实体之间的交易,看是否存在通过关联交易避税的行为,特别需要关注的是否存在通过混合性金融工具避税①的情况。

李博士提醒张总,如果盛大公司和 T 国实体之间有交易,也会成为税务局关注的焦点,需要提前作好应对。张总不好意思地告诉李博士,盛大公司每年支付给 T 国某实体的各种 IT 费、财务服务费等费用都有几千万元。另外,还要向 T 国另一间公司支付利息。

(8) 低税率地区有很高的利润。

从 MNE SA 集团整体来看,C、N、T、U、Z 等五个国家的利润率是除 K 国以外最高的,收入、税前利润等雇员、有形资产的比例也是最高的,同时关联交易的比例也是最高的。

与这五个国家的实体有关联交易的实体的税务机关的下一步的行动:会关注本国实体与这些实体交易的金额大小、交易定价是否合理,是否导致本国的税基侵蚀与利润转移。

李博士告诉张总,仅仅是根据 2016 年和 2017 年国别报告所做的初步审阅就可以发现 MNE SA 集团以上一系列疑点。发现上述疑点之后,税务机关往往会向企业索取同期资料主体文档和本地文档。如果同期资料披露的信息不能消除税务机关的怀疑,税务机关就有可能向企业发起正式的转让定价调查。盛大公司的主管税务机关很可能是看到国别报告中的资料,发现了盛大公司与集团位于低税率地区的实体有一系列的交易,希望通过同期资料了解更多的信息,因此,对盛大公司来说,结合国别报告和主体文档,认真准备同期资料是十分重要的。

---

① 混合性金融工具是指既具有债权投资性质,又有股权(权益)投资性质的金融工具。关于常见的混合金融工具,以及通过混合金融工具避税的具体方法,参见易奉菊所著的《国际税收:理论、实务与案例》。

第3章

主 体 文 档

李博士走后,张总又打开总公司发过来的主体文档认真阅读起来。如果说,国别报告让张总瞥见集团在全球范围内的大致业务分布,主体文档则让张总第一次全面了解集团在中国以外各地区的业务状况。因为报告很长,张总也不好意思找李博士讲解,就自己查阅相关资料并对照 42 号公告了解相关信息。

3.1 需要准备主体文档的企业范围

42 号公告明确规定,符合下列条件之一的企业,应当准备主体文档:

(1)年度发生跨境关联交易,且合并该企业财务报表的最终控股企业所属企业集团已准备主体文档。

(2)年度关联交易总额超过 10 亿元。

从上述规定可以看出,在中国,需要准备主体文档的企业有两类:一类是境内企业作为子公司,其最终控股的母公司已经达到了当地法规准备主体文档的标准,需要准备主体文档;另一类是年度关联交易总额超过 10 亿元的境内企业。

OECD 对应当准备主体文档的跨国公司范围并没有给出一个明确的标准,这也许意味着 OECD 认为所有的跨国公司都应该准备主体文档,或许是想将这一决定权交由各个参与国。实际上,随着 BEPS 行动计划逐步推进,各个国家都规定了本国居民企业需要准备主体文档的标准,企业是否需要准备主体文档,更多地取决于所在辖区的转让定价法规。例如,丹麦规定的准备主体文档条件为集团丹麦雇员人数超过 250 人,并且年度收入超过 2.5 亿丹麦克朗。德国准备主体文档条件是集团内德国纳税实体的收入超过 1 亿欧元。

3.2　主体文档的主要内容

主体文档主要披露最终控股企业所属企业集团的全球业务整体情况。42 号公告基本参考了 OECD 成果报告中对主体文档的要求。主体文档具体包括五个部分的内容,分别是组织架构、企业集团业务、无形资产、融资活动和财务与税务状况。这五部分的内容都可帮助税务机关进一步评估跨国公司的 BEPS 风险,但其又是各辖区税务机关最难掌握与了解情况的部分。国别报告和主体文档有效地解决了税务机关信息不足的问题。

3.2.1　组织架构

跨国公司的组织架构往往错综复杂,很多集团在全球范围内有几十个甚至几百个实体,很多实体出于特殊目的而被设立。国别报告表 2-2 用列表的形式列示了所有实体的名称,42 号公告则要求主体文档以图表形式说明企业集团的全球组织架构、股权结构和所有成员实体的地理分布,更加清晰地披露了表 2-2 中所有实体的持股关系,是国别报告表 2-2 的具体化、明细化、图示化。显而易见,企业在准备主体文档时,必须与国别报告中的口径保持一致。

成员实体是指企业集团内任一营运实体,包括公司制企业、合伙企业和常设机构等。42 号公告的要求是列出所有的成员实体,不能有遗漏。也就是说,不管实体规模大小、组织形式如何,只要属于集团成员企业,就需要披露。然而,在真正着手准备相关图表时,可能会碰到下面的问题。

问题一:是否只要集团企业持有权益,不管权益大小都需要披露?

一般来说,集团在准备审计报告时,都需要披露集团内实体的信息,但在披露时有一定的范围，一般仅披露合并报表范围内的实体。42号公告需要披露的实体，是否与审计报告要求范围一致呢？如果是一致的话，那么究竟按哪里的财务准则去判断实体是否应该被列入合并范围内？关于这个问题，BEPS第13项行动计划中所附的《多边税务主管当局协议》中对于国别报告中的"成员实体"这一概念有明确规定，即"成员实体"是指：

（1）跨国企业集团内根据财务报告准则，被纳入合并财务报表中的任一独立商业实体，或者该独立商业实体的股票在公开市场进行交易时，其财务数据需要被纳入集团编制合并财务报表的范围。

（2）仅由于企业规模或者重要性①程度而未被纳入集团合并财务报表中的任一独立商业实体。

（3）上述（1）或（2）中涵盖的跨国企业集团内任一商业实体的常设机构，且该常设机构出于财务报告、法律监管、税务报告或内部管理控制等目的准备单独的财务报表。

列入主体文档披露范围的企业应该大于国别报告披露的实体范围，除了按照财务报告准则来确定应该纳入合并报表范围的实体，还要包括那些因为重要性程度未被纳入合并报表范围的实体，以及一些常设机构。至于具体是参照当地的财务报告准则还是国际财务报告准则（International Financial Reporting Standards，IFRS），BEPS报告并未明确。但是OECD的《国别报告实施指南》明确了下面的原则：

（1）如果编制合并报表的最终控股企业的股票在证券市场上发生交易，那么采用集团现在已经使用的合并准则。

（2）如果编制合并报表的最终控股企业的股票并非在证券市场上发生交易，则集团可以选择采用最终控股企业当地的财务报告准则或国际财务报告准则，但是应该在各会计年度间保持一致。

---

① 重要性原则（Materiality）是指在会计核算过程中对交易或事项应区别其重要性程度，采用不同的核算方式，而对某些不重要的会计事项可以采取灵活的方法进行处理。

问题二：在解释什么是成员实体时，42 号公告指出成员实体是任一运营实体，到底什么是运营实体呢？

42 号公告及其解读并没有给出清晰的解释。有人根据字面意义理解运营实体，认为其是有实际经营活动的实体，投资主体、中间控股公司等不包括在内。我们认为，这种理解是不正确的。所谓运营实体并不一定要有生产、销售等传统意义上的经营活动，投资实体、中间控股公司、甚至休眠公司等都应该要列明，否则税务机关没有办法全面了解集团的整体情况，也容易为纳税人选择性地披露信息提供机会。

问题三：中间开业或注销的公司是否需要披露？

一般来说，集团组织结构只是披露某一时点的状况。这样，年中被注销的公司就不在披露范围之内。某些重要的公司，可能因为年中注销而不被披露，存在隐藏相关信息的风险。不过，主体文档虽然未必披露相关信息，税务机关可对比不同年度的国别报告或主体文档，比较年度之间发生的变化，从而发现和关注年中注销或成立的企业。

总体来讲，结合国别报告和主体文档的信息，不同地区的税务机关可以了解企业集团的组织架构和股权结构，分析境内企业在整个集团中所处的位置、同类企业的数量和利润水平、关联交易对方的主要信息等，从而更好地从宏观上评价跨国企业的转让定价风险。

3.2.2　企业集团业务

42 号公告要求从以下方面描述企业集团的业务：

（1）企业集团业务描述，包括利润的重要价值贡献因素，也就是要分析企业的利润驱动因素（Drivers of Business Profit），主要是生产、销售、技术开发、营销，以及其他因素。

（2）企业集团营业收入前五位及占营业收入超过 5% 的产品或者劳务的供应链及其主要市场地域分布情况。42 号公告特别说明供应链情况可以采用图表形式进行说明。

供应链描述产品和劳务从供应商抵达最终客户之间的各种组织和活动形成的链条。供应链的各种定义当中，几乎都包括三个主要功能：提供原材料给制造商，制造商将原材料转换为中间产品和成品，将成品发售到最终用户的销售网络。在描述供应链时，究竟需要描述得有多详细，具体采用什么样的图表形式，这些都没有统一的规定，企业应该根据自己的实际情况，简洁清晰地说明集团的供应链构成。

（3）企业集团除研发外的重要关联劳务及简要说明，说明内容包括主要劳务提供方提供劳务的胜任能力、劳务分配成本，以及确定关联劳务价格的转让定价政策。在这一部分中，企业只需要披露重要的关联劳务。至于什么是重要关联劳务，OECD 和 42 号公告都没有给出定量或者定性的标准，留由企业自行判断。

（4）企业集团内各成员实体主要价值贡献分析，包括执行的关键功能、承担的重大风险，以及应用的重要资产。这一部分是站在集团的角度说明不同实体的主要功能和风险。以往，税务机关只能看到本地企业提交的同期资料，里面仅描述本地企业执行的功能与承担的风险，如研发功能与风险。很多中国企业只披露本地企业没有承担重要的研发职能，且不承担研发风险。但是，这些职能到底是由境外哪个企业承担的，研发风险是由哪个实体承担的，企业支付的特许权使用费是否真正给了无形资产经济上的所有者，这些税务机关都不清楚。

主体文档披露整个集团的价值链构成，企业在披露功能与风险时，必须综合考虑不同地区实体承担的功能与风险，避免功能交叉、重复或虚置。通过审阅主体报告，税务机关对企业集团各实体的功能、风险定位，可以形成更全面的认识，明悉利润是否在经济活动发生地和价值创造地形成并缴税。

（5）企业集团会计年度内发生的业务重组，产业结构调整，集团内企业功能、风险或者资产的转移。

（6）企业集团会计年度内发生的企业法律形式改变，债务重组，股权收购，资产收购、合并、分立等。

OECD 的主体文档要求中并没有将业务重组和企业重组分开列示,没有特别强调功能、风险和资产转移等业务重组。但是 42 号公告将企业的业务重组与企业重组分开列示,有可能是为了和国内增值税法规与企业所得税法规中区分业务重组与企业重组的处理保持一致;也有可能是想特别关注在实体不变的情况下,业务团队或业务流程等发生改变而导致的利润转移。实际上,由于各类重组交易往往影响巨大,使企业后续的交易流程等发生实质性改变,影响了企业的利润分布,重组过程中的转让定价问题已是近年来国际和国内税务领域关注的重点,《OECD 转让定价指南(2010 年版)》中专门加入了"业务重组"一章,指导企业和税务机关处理业务重组过程中的转让定价问题。集团在主体文档中披露集团在上一年度主要的重组交易,可以帮助各地区税务机关全面地了解集团重组的整体状况。对于主体文档中发现的风险,税务机关还可以调阅本地文档,本地文档会描述本地企业是否参与了重组,是否受到前两年集团发生的重组交易的影响,并分析其产生的具体影响。

3.2.3　企业集团的无形资产

OECD 第 8 项行动计划重点审视了与无形资产相关的转让定价问题。该行动计划明确指出,企业仅拥有法定所有权并不能使其享有利用无形资产的收益,需要通过了解集团关联企业间的实际交易安排,来判断执行重要功能、控制重大经济风险及贡献资产的关联企业,并由这些企业享有与其价值贡献相符的适当回报。

BEPS 第 8 项行动计划还建议用以下的五个步骤的分析框架来分析关联企业间的无形资产交易:

(1) 确定关联交易中涉及的无形资产,以及与无形资产开发、价值提升、维护、保护和利用相关的重大经济风险。

(2) 了解完整的合同安排,侧重于根据法律安排的条款和条件确定无形资产的法律所有权人,包括相关的注册、授权协议,其他相关合同,其他能显示法律所有权的文件,合同中列明的权利和义务(包括合同约定的关联企业应承担的风险）。

（3）通过功能分析确定在无形资产开发、价值提升、维护、保护及利用过程中执行功能、使用资产并管理风险的企业，尤其是能对相关外包功能及特定重大经济风险实施控制的企业。

（4）确认合同安排中的相关条款是否与企业的实际行为一致，判断承担重大经济风险的企业是否对无形资产开发、价值提升、维护、保护和利用的风险进行实际控制并拥有承担风险的财务能力；根据相关注册和合同中规定的无形资产法律所有权和其他相关合同关系，以及关联企业的实际行为（包括企业的功能、资产、风险管理），准确界定与无形资产的开发、价值提升、维护、保护及利用相关的实际发生的受控交易。

（5）在可能的情况下，根据交易各方执行的功能、使用的资产和承担的风险所创造的贡献为这些受控交易确定独立交易价格。

实际上，要分析关联企业间无形资产交易，存在很多的困难，主要是因为在实施三层标准结构的同期资料之前，传统的转让定价同期资料很多不会单独分析无形资产交易，而是将分析的重点放在有形资产交易上。即使有单独分析无形资产的同期资料，也仅仅是披露境内与该无形资产交易相关的信息，如无形资产的所有者是哪一个关联企业，双方就无形资产使用支付的特许权使用费是多少，支付的无形资产使用费是否符合独立交易原则等，对于无形资产开发、价值提升、维护、保护等活动的相关信息很少。对境外关联企业是否只是无形资产的法定所有人，是否对无形资产的形成做出了相应的贡献，是否应该享有无形资产的相应权益等问题的不披露，使得本地的税务机关无法对企业是否使用无形资产安排进行避税进行准确的判断。即使是在转让定价调查过程中，各国的税务机关也只能向本地企业了解本地企业在无形资产价值开发、提升和维护过程中的功能，而有关无形资产开发与使用全过程的信息，被调查企业往往以各种理由拒绝提供，税务机关是无法了解到的。可以说是"只见树木，不见森林"，存在严重的信息不对称，很难评判交易定价的合理性。

而在同期资料三层标准结构实施之后，主体文档专门披露整个集团层面开发、拥有和维护无形资产的情况,为税务机关提供了更多的信息,可帮助税务机关摆脱信息不对称的困境。

BEPS 行动计划设计的主体文档中,涉及无形资产的部分需要包括以下信息:

(1) 企业集团开发、使用无形资产及确定无形资产所有权归属的整体战略,包括主要研发机构所在地和研发管理活动发生地及其主要功能、风险、资产和人员情况。

按照 OECD 第 8 项行动计划,要清楚界定集团内哪个关联企业执行了无形资产开发、价值提升、维护、保护和利用的重要价值创造功能,这些企业应该获得与无形资产相关的适当补偿。此处披露的信息主要是与无形资产开发相关的功能、风险与资产分配情况,通过了解这些情况,可以判断无形资产到底是由哪些关联企业开发完成的。这些企业是否能对相应风险进行控制且具备承担风险的财务能力。

(2) 企业集团对转让定价安排有显著影响的无形资产或者无形资产组合,以及对应的无形资产所有权人。

确定无形资产的法律所有权是转让定价分析的重要起点。以往,比较常见的税务筹划安排是在低税率国家(地区)成立一个无形资产(IP)公司,由 IP 公司出资,聘请集团内外部的研究机构开发新技术或新产品,双方合同约定,研发公司不承担研发失败的风险,按照全部成本的一定加成,向 IP 公司收取研发服务费。BEPS 第 8 项行动计划指出,关联企业仅是拥有无形资产的法律所有权,但这并不能使其享有利用无形资产的收益。关联企业对无形资产开发进行出资且承担相关财务风险,但不执行与无形资产开发相关的功能的,仅可以获得经过风险调整的收益;关联企业对无形资产的开发出资但不控制相关财务风险的,只能获得无风险的收益。① 以上两点对传统的 IP 筹划模式产生很大的冲击,此前通过人为拆分无形资产开发的功

---

① 国家税务总局,译.《确保转让定价成果与价值创造地相匹配—第 8-10 项行动计划》[EB/OL].2015:105〔2019-04-05〕. http://www.chinatax.gov.cn/n810219/n810724/c1836574/5083221/files/b24c72bbaf9241c0a6168570c5754180.pdf.

能与风险来避税的模式可能遭受来自各国税务机关的挑战。而税务机关通过对比主体文档中上述第(1)点与第(2)点的信息,可以很容易发现跨国公司人为拆分无形资产开发功能与风险来避税的线索。

(3) 企业集团内各成员实体与其关联方的无形资产重要协议清单,重要协议包括成本分摊协议、主要研发服务协议和许可协议等。

按照一般的商业实践,非关联方之间在重大交易之前,都会就交易细节进行谈判,并签订协议。披露企业集团内各成员实体之间签订的成本分摊协议、研发服务协议和许可协议,一方面可以帮助税务机关在初期风险评估阶段评估集团内的关联交易是否与非关联方之间的交易一样,签署有法律效力的协议;另一方面可帮助税务机关在事后的调查中,有针对性地索取相关协议进行审阅。

(4) 企业集团内与研发活动及无形资产相关的转让定价政策。

集团内是否制定有与研发活动及无形资产相关的转让定价政策,反映了集团对于无形资产转让定价的重视程度。在制定政策的过程中,集团往往会进行某种程度的转让定价分析,确保制定的政策符合独立公平交易原则。没有制定无形资产转让定价政策的企业,其利用无形资产进行利润转移的可能性会更大;制定了无形资产转让定价政策,但是实际的无形资产交易并没有按照政策去执行的企业,也存在比较大的 BEPS 风险。当地税务机关通过阅读主体文档,可以粗略评估企业集团是否有利用无形资产进行税基侵蚀和利润转移。

(5) 企业集团会计年度内重要无形资产所有权和使用权关联转让情况,包括转让涉及的企业、国家,以及转让价格等。

跨国集团利用无形资产交易进行利润转移的方法,除了由低税率地区的 IP 公司开发无形资产,向高税率地区收取特许权使用费,还有将原本一些高税率地区持有的无形资产所有权或使用权转移到低税率地区,再由这些低税率地区的企业向高税率地区的企业收取高额特许权使用费。在主体文档无形资产部分要求披露无形资产所有权和使用权转让交易,可以让税务机关重点关注跨国公司无形资产交易定价的合理性。比如,在 2.9"案例:

MNE SA 集团国别报告分析评估"中,税务机关通过审阅国别报告,关注到原来持有无形资产的 Q 国实体被注销,会关注 Q 国实体曾经持有的无形资产是如何处理的,交易价格是否公允,转让收益或损失的税务处理是否适合等问题,就可以索取集团的主体文档,并在从中初步寻找上述问题的答案。不过,如果 Q 国实体已经被注销,Q 国税务机关可能再无机会对该无形资产的转让定价发起进一步的调查。所以,除了结合国别报告审阅,税务机关应该每年就主体文档披露的无形资产交易进行认真比对,及时进行转让定价管理。

可以看出,主体文档无形资产部分的内容旨在提供上述分析框架中第(1)至第(3)步骤所需的信息,从而帮助税务机关更好地应用该分析框架判断无形资产交易定价的合理性。

3.2.4 融资活动

跨国集团除了利用有形资产和无形资产交易转移利润,还经常使用资金融通交易,通过收取利息将利润转移至低税地,降低集团的整体税负。对于经营实体所在地的税务机关来说,此前对融资交易进行转让定价调查面临着与无形资产交易同样的困难,其不了解集团融资活动的全貌,就很难判断本地企业融资活动的合理性。主体报告单独列明集团内所有的融资活动,可以帮助各辖区的税务机关对跨国集团是否利用关联融资交易进行避税作出更加准确的判断。具体来说,主体报告需要披露以下内容:

(1) 企业集团内部各关联方之间的融资安排及与非关联方的主要融资安排。这一部分系统披露集团内外部的融资安排,包括融资金额、融资币种、融资期限、融资利率、还款方式、有无担保等内容。同时,披露和关联方、非关联方之间的融资安排,这不仅能帮助税务机关了解整个集团融通资金的来源与去向,也能帮助税务机关判断是否有存在和非关联方之间的融资交易,其可以作为内部可比非受控交易。如果内部关联融资的利率与外部非关联方融资利率存在较大的差异,税务机关会关注本地文档中披露的相关信息,如果本地文档不能很好地消除以上疑问,该融资交易很有可能成为进一步调查的对象。

（2）企业集团内提供集中融资功能的成员实体情况，包括其注册地和实际管理机构所在地。为了降低集团的整体税负，一些大型跨国企业往往在避税地，如荷兰、瑞士等地设立专门负责集团融资的企业，该企业从金融机构获得贷款后，将资金提供给集团内其他企业，一方面可以利用该融资企业所在国与金融机构所在国和贷款企业所在国的税收协定降低利息应该支付的预提所得税；另一方面可以享受某些国家（地区）为融资企业提供的税收优惠政策，从而降低集团的整体税负。[①] 这类集团融资企业已经引起各国的关注，欧盟曾对英国的集团融资企业免税政策发起调查。[②] 披露集团内提供融资功能的成员实体的注册地和实际管理机构所在地，可以让税务机关更好地分析集团融资活动安排是否存在税基侵蚀与利润转移的可能性。

（3）企业集团内部各关联方之间融资安排的总体转让定价政策。集团关联方之间融资安排是否有统一的转让定价政策，关联方之间的融资交易是否遵循了既定的转让定价政策，体现了企业集团是否重视转让定价政策的合理性，在融资定价方面是否遵循了统一的准则。

企业集团内的转让定价，应该和独立企业之间的融资交易定价可比，独立企业之间在进行融资交易时，会根据对资金需求方的信用评级和自身发生的成本来确定合适的贷款利率。在对资金需求方进行信用评级时，往往需要考察需求方的财务状况、担保情况、贷款期，以及与贷款相关的其他条件。企业集团内的关联贷款，也应有清晰的定价政策。如果企业根本没有清晰的融资交易定价政策，税务机关会首先质疑集团间融资是否符合公平交易原则，是否存在随意定价转移利润的情况。如果企业描述的定价政策清晰，税务机关则会考量企业融资交易的定价政策是否合理，以及企业集团实际执行的定价是否符合主体文档所描述的定价政策。

① 易奉菊.国际税收：理论、实务与案例[M].上海：立信会计出版社，2017.
② PINSENT MANSONS. UK corporate tax "group financing exemption" under EU investigation［EB/OL］.［2018 - 05 - 16］. https://www. out-law. com/en/articles/2017/october/uk-corporate-tax-group-financing-exemption-under-eu-investigation/.

3.2.5　财务与税务状况

这一部分重点介绍企业集团的财务与税务状况。以往,在税务机关进行转让定价同期资料管理与审查过程中,境内企业往往以境外资料不可获得为由,选取境内企业作为验证对象,不管境外企业利润水平高低,只要境内企业达到一定的利润水平,就作出关联交易定价符合独立交易原则的结论。国别报告、主体文档、本地文档组成的同期资料三层标准结构,可以克服以往同期资料存在的信息不对称问题,税务机关可以据此更好地了解境内外企业之间是否存在税率差,境内企业的利润在集团总利润中所占的比例是否合理,与境内企业直接发生交易的境外企业的财务与税务状况如何等情况,从而更好地判断企业所采取的转让定价方法是否是最合理的方法。具体而言,主体文档要求企业披露集团以下资料:

(1)企业集团最近一个会计年度的合并财务报表。披露企业集团最近一个年度的合并财务报表,可以让税务机关了解企业集团的总收入、总利润及总的所得税费用,并可以计算出整个企业集团的利润率和税负率,税务机关可以比较境内企业与企业集团的利润率和税负率,从中寻找企业利润转移的线索。

(2)企业集团内各成员实体签订的单边预约定价安排、双边预约定价安排,以及涉及国家之间所得分配的其他税收裁定的清单及简要说明。企业集团内成员企业与各国税务机关签订的预约定价安排,都是企业与税务机关多次磋商后达成的协议,对于企业定价的合理性有比较深入的分析,了解企业集团各成员实体已经签订的预约定价安排及其他税收裁定清单,可以帮助税务机关更好地判断境内企业所采用的转让定价政策是否合理,是否与集团内同类企业的定价政策一致等。

(3)报送国别报告的企业名称及其所在地。税务机关了解集团内报告国别报告的企业名称及所在地,就可以了解该国别报告是否被交换给中国,在没有被交换给中国的情况下可以要求企业提供该信息,从而帮助税务机关更全面地了解企业的转让定价情况。

国别报告是企业集团的"全景照"，较全面地展现出企业集团的整体分布，为税务机关了解企业集团的全貌提供有用的信息。这些信息可用于转让定价风险评估、税务调查资源的有效分配，以及调查目标的确定等。主体文档的内容，则是跨国企业集团的"中景照"，展现的是企业集团的重点局部，相对于国别报告更加详细。国别报告和主体报告一起，改变了此前各国同期资料存在的单边性缺陷，帮助税务机关在进行转让定价风险评估时作出更准确的判断，从而更准确地选取调查对象，避免将时间、人力与物力浪费在转让定价风险表面上较高而实际上并不高的调查对象上，或者漏掉了表面上风险较低而实际上风险较高的企业。国别报告和主体文档共同揭示的风险，将其与本地文档再结合进行深入分析，可以大大提高税务机关转让定价管理的工作效率。

3.3 企业准备主体文档应该注意的问题

国别报告、主体文档和本地文档的三层次标准结构，可以帮助税务机关更好地觉察与调查企业的 BEPS 风险。企业在准备主体文档时，应该认真对待，避免因为主体文档披露不当引发风险。跨国公司在准备主体文档时，至少应该做到以下几点：

（1）确保国别报告、主体文档披露的信息与本地文档保持一致，任何不一致的地方都可能会引起税务机关的特别关注。

（2）按照法规要求需要准备主体文档的，应该提前准备好，避免临时准备不及而被税务机关处以罚款。

（3）每年及时更新主体文档中的相关信息，不仅是财务和税务信息，主体文档其他部分信息也在不断变化中，需要每年进行更新。

（4）确保主体文档披露的信息与企业的财务报告及其他资料保持一致。

张总了解了主体文档相关内容后，又很快查看了集团提供的主体文档，越看越感到自己此前没有认真准备同期资料是一个重大失误。盛大公司自成立以来，一直努力保持着 3%～5% 的利润率。随着规模不断扩大，企业在当地缴纳的各项税款也不断增加,企业的纳税信用一直维持在 A 级水平。张总一直认为,只要企业保持这样的状态,税务机关来开展税务调查的可能性不大。现在看来,事情并非自己想象的那样简单,自己公司每年向集团位于 K 国的一家关联企业按销售收入的 5% 支付技术使用费,金额甚至高于每年的利润总额。主体报告中对于无形资产的情况进行了比较详细的介绍,从国别报告和主体文档中可以看出,K 国公司是集团内专门出资开发无形资产的公司,实际并没有研究人员,K 国公司的利润率很高,而税负率较低。按照主体报告披露的集团内无形资产定价政策,K 国公司一般收取 3%～5% 的技术使用费,盛大公司支付技术使用费的比率位于这一区间的上限,而盛大公司生产的药品相对较传统,并非比较先进和创新的药品,这么高的比率相对难以解释。除此之外,盛大公司同时还向位于 T 国的地区总部支付 IT 服务费、财税服务费、法律服务费等,这一部分也是很难解释合理性的。想到这里,张总的心情越来越沉重了。

　　这时,张总收到了李博士的邮件,里面是协助公司准备转让定价同期资料的报价函。张总看了一下报价,觉得总价很高,然而距离税务局要求提交同期资料的日子只有 28 天了,不能再去联系其他咨询公司进行询价比较。因此,在和公司总部、中国公司的 CEO 汇报之后,张总与李博士签订了服务协议,约定由李博士的团队协助公司准备同期资料,争取在限期之前完成同期资料的准备。协议签好后李博士团队很快将一份资料清单发给了张总,请盛大公司财务部尽快协助准备,并说需要在两三天内召开一次功能风险访谈,请张总协助安排各部门的负责人员参加。

第4章

本地文档：总览

张总拿起李博士发过来的资料清单，大略看了一下。清单中列示的大多是企业的财务报表、审计报告、纳税申报表、无形资产列表、股权架构图、组织架构图等资料，与平时负责审计的会计师事务所索要的资料清单并没有太大的区别。

李博士向张总解释，本地文档主要分成两部分：第一部分是企业关联交易的概况；第二部分是对本企业关联交易定价合理性的分析。目前索取的资料主要是撰写报告第一部分所需要的资料。为了便于张总理解和配合工作，李博士又向张总介绍了有关本地文档的一些规定。

4.1 需要准备本地文档的企业

42号公告规定，年度关联交易金额符合下列条件之一的企业，应当准备本地文档：

（1）有形资产所有权转让金额（来料加工业务按照年度进出口报关价格计算）超过2亿元。

（2）金融资产转让金额超过1亿元。

（3）无形资产所有权转让金额超过1亿元。

（4）其他关联交易金额合计超过4 000万元。

42号公告将金额资产和无形资产独立出来，并规定，金融资产转让金额超过1亿元和无形资产所有权转权金额超过1亿元的企业才需要准备本地文档。而之前2号文件规定的是其他关联交易金额（包括以上两类交易）超过

4 000 万元的都需要准备同期资料。之所以做出这样的改变,可能是因为企业一旦发生金融资产和无形资产交易,往往交易金额很大,很容易触发准备同期资料的条件,提高这两类交易的门槛,可以减轻企业准备同期资料的负担。

为了减轻企业准备同期资料的负担,42 号公告沿袭了 2 号文件中的规定,明确以下两类企业无须准备同期资料:

(1) 企业执行预约定价安排的,可以不准备预约定价安排所涉及的关联交易的本地文档和特殊事项文档,且关联交易金额不计入上面规定的关联交易金额范围。也就是说,企业只有在未签订预约定价安排的关联交易金额超过 2 亿元、1 亿元和 4 000 万元的门槛时,才需要准备同期资料。

(2) 企业仅与境内关联方发生关联交易的,可以不准备主体文档、本地文档和特殊事项文档。

符合上述两类条件的关联交易,相对而言,避税风险不大,不是税务机关转让定价管理的重点。2 号文件第 15 条规定,外资股份低于 50% 且仅与境内关联方发生关联交易的企业不需要准备同期资料,并在第 30 条明确规定:"实际税负相同的境内关联方之间的交易,只要该交易没有直接或间接导致国家总体税收收入的减少,原则上不做转让定价调查、调整。"2 号文件修订时,相关条款被《国家税务总局关于发布〈特别纳税调查调整及相互协商程序管理办法〉的公告》(国家税务总局公告 2017 年第 6 号,以下简称 6 号公告)第 38 条规定替代,内容与 2 号文件的上述规定完全一样。实际上,42 号公告把握的范围比 2 号文件更加宽泛,不管企业是否有外资股份,只要没有与境外关联方发生交易,就无须准备同期资料。

4.2　本地文档的结构

对于大部分企业来说,本地文档是同期资料最核心的内容,也是税务机关最关注的内容。如果说国别报告和主体文档分别是企业关联交易的

"全景照"和"中景照"，那么，本地文档就是集团内某企业关联交易的"近景照"或"特写照"，反映本地企业关联交易的细节。本地文档对本地企业发生关联交易的对象、关联交易的性质与金额、关联交易中各方的功能与风险定位、关联交易定价的合理性等都有详细的介绍与分析。虽然本地文档一般仅介绍本地企业的情况，对集团的总体状况涉及不多，但提供了较多较准确的细节，是企业与税务机关判断与评价关联交易合理性的重要基础。

42号公告中关于本地文档的内容要求，基本与2号文件一致。根据42公告，本地文档需要包括以下内容：

（1）企业概况。主要介绍企业的组织结构、管理架构、业务描述、经营策略和财务数据等，如果有涉及本企业或者对本企业产生影响的重组或者无形资产转让，需要介绍相关情况，以及其对本企业的影响分析。

（2）关联关系。主要介绍关联方信息，关联方适用的具有所得税性质的税种、税率及相应可享受的税收优惠，以及本会计年度内企业关联关系的变化情况。

（3）关联交易。除了介绍企业当年发生的关联交易概况，如关联交易明细、关联交易流程、功能风险描述等，还要介绍企业的价值链，企业对外投资情况、关联股权转让情况，以及关联劳务情况。

（4）可比性分析。介绍可比性分析考虑的因素、可比对象的搜索方法、所选的可比交易（企业）相关信息。

（5）转让定价方法的选择和使用。重点介绍选择某一特定转让定价方法的理由，运用该转让定价方法进行分析的结果，以及关联交易定价是否符合独立交易原则的结论。

相比2号文件而言，42号公告对于本地文档的要求更加具体，特别增加了价值链分析、关联投资、关联股权转让、关联劳务等内容。近几年，税务机关越来越关注企业是否利用关联股权转让、关联劳务等交易进行避税。42号公告的变化，一方面旨在提醒企业在发生此类交易时，关注交易定价的合理性；另一方面旨在为税务机关进行转让定价风险评估提供更多的依据。

特别增加的价值链分析，也是希望税务机关在通过主体文档获得企业集团全球图景的同时，能获得与本地企业具体交易相关的信息。

以上是一般情况下企业准备本地文档所需要披露的内容。42 号公告同时还规定，企业签订或者执行成本分摊协议，应当准备成本分摊协议特殊事项文档。企业关联债资比例超过标准比例需要说明符合独立交易原则的，应当准备资本弱化特殊事项文档。

李博士告诉张总，以上这些内容是 42 号公告中规定本地文档需要披露的内容，具体应该如何披露，42 号公告并没有给出一个范本，可参照国际上转让定价同期资料文本的一般格式。上面所列前三点内容一般按照顺序逐项披露，每一小点可专列一章，也可根据情况适当合并。由于行业分析、功能与风险分析这两个因素对可比性有重大影响，在进行可比性分析之前，需要单独一章详细介绍企业所在行业，另外一章详细分析企业自身承担的功能与风险。基于前面的介绍和分析，紧跟的是转让定价方法选择与使用，通常也称为"经济分析"，在这一章中综合运用转让定价方法验证关联交易定价是否符合独立交易原则。最后一部分是结论。综上，一份完整的同期资料一般包括以下几个章节：

第一章　企业概况。

第二章　关联关系与关联交易。

第三章　行业分析。

第四章　功能风险分析。

第五章　转让定价方法选择与运用。

第六章　结论。

4.3　企业概况

结合 42 号公告的规定与企业的一般做法，企业概况部分主要介绍以下内容。

4.3.1　企业基本信息

企业基本信息包括企业的名称、工商登记与税务登记证号、注册成立时间、注册资本金额、股东构成情况、经营范围等。这些信息虽然和关联交易定价并没有直接的联系，却是我们了解一个企业的起点。而且，企业的股东构成等对于确定企业的关联关系来说是很重要的基础信息。

4.3.2　组织结构

组织结构包括企业各职能部门的设置、职责范围和雇员数量等。组织结构信息看上去与关联交易定价没有什么联系，但实际上是同期资料不可缺少的内容，最主要的原因是组织结构从侧面反映了企业承担的具体的职能。如果一个企业有一个庞大的市场营销部，却声称自己没有承担市场营销职能，那自然会引起税务机关的怀疑。在实务当中，有很多公司出于业务上的考虑，设置了一些听上去很高大上的部门，如研究发展部、市场营销部等，但事实上这些部门承担的只是一些很基础的职能，如研究发展部承担的可能只是工厂设备的维修与保养工作，市场营销部承担的可能只是销售跟单和售后服务工作。如果有这样的情况，企业在同期资料中最好详细说明各部门的人员构成和实际承担的职能，避免税务机关产生误解，因为按照经济学的一般理论，研发与营销这些职能往往对应着更大的风险，这就意味着承担这些职能的企业有机会获得更高的收益。

4.3.3　管理架构

管理架构包括企业各级管理层的汇报对象及汇报对象主要办公所在地等内容。此前的 2 号文件并没有要求在同期资料中披露管理架构，这是 42 号公告的新增要求，是 42 号公告中对同期资料要求的一个微小变化。① 增

---

① 　2 号文件正式公布之前，国家税务总局曾出台 2 号文件的征求意见稿，征求意见稿中曾要求披露企业的管理架构。

加管理架构的内容,主要是为了验证企业到底承担哪些风险。一般来说,谁做出最终的决策,谁就应该承担风险。例如,如果是境外母公司决定扩大境内子公司的产能,新设备投产之后,市场情况恶化,产品销路不好,导致企业亏损,企业的亏损就不应该由境内子公司承担。但是,如果是境内子公司管理层有决策权,境内子公司的董事会或管理层做出扩大产能的决策,那么境内子公司发生亏损的风险应由境内公司承担。

4.3.4　业务描述

业务描述既包括企业所属行业的发展概况、竞争格局、产业政策、行业限制等行业分析内容,也包括企业自身的经营策略、产业链布局等信息。

其中,行业分析在转让定价分析中是很重要的内容,因为行业特征在确定可比公司和可比交易时,起到重要的作用。通过了解企业及其所属行业的情况,我们可以了解行业的价值链、影响行业利润的主要因素、企业的主要竞争者等。这些行业因素对我们确定搜寻可比公司的行业代码、所属地域,以及确定每间公司的可比性都有重要的参考意义。基于此,同期资料一般在介绍完企业的基本情况之后,会专辟一章进行行业分析。我们也将在本书的第 5 章专门介绍如何撰写行业分析。

企业内部经营策略,包括企业各部门、各环节的业务流程安排,运营模式选择,价值贡献因素分配,市场竞争方式等。这部分内容对企业关联交易的利润水平具有直接的影响,如采用低价市场渗透策略的企业,为了获得更多的市场份额,其产品定价通常会低于竞争对手,其利润水平也往往会低于同行业的可比企业。

业务描述部分主要介绍与定价直接相关的内部业务,即产品从生产到销售过程中主要的业务环节和运营模式。通过这一部分,我们可以了解企业主要是从事生产、服务还是销售业务;如果企业主要从事生产业务,其生产链条是始于原材料还是零部件;如果企业主要从事生产服务业务,其服务是属于简单重复性服务还是复杂的创造性的服务;如果企业主要从事销售业务,企业主要是通过代理商销售还是直接销售给客户等。

4.3.5 财务数据

财务数据包括企业不同类型业务及产品的收入、成本、费用及利润。此部分主要是按照产品类型介绍企业的财务数据，大部分企业可能并没有按产品类型准备详细的财务数据，但是基本都有按产品类型区分产品销售收入与产品销售成本，因此可以从中了解各类型产品的产品销售收入、产品销售成本和毛利。至于期间费用，则不能准确分摊到每个类型的产品上，一般是按照一定的标准在各分部之间进行分摊。

财务数据这一部分披露的分部财务数据是按产品分部的，在同期资料的附件中，还有按关联交易与非关联交易分部的企业财务报表。相对按产品类型分部的财务数据，按关联交易分部的财务数据是更为重要的。

4.3.6 无形资产与重组事项

无形资产与重组事项主要披露涉及本企业或者对本企业产生影响的重组或者无形资产转让情况，以及其对本企业的影响分析。

目前，国际上越来越重视企业重组与无形资产转让过程中的转让定价研究，《OECD 转让定价指南》都专门增加了有关的章节，指导跨国企业与税务机关正确处理重组和无形资产转让过程中的转让定价管理和调查。在主体文档中披露集团在上一年度重大的重组和无形资产转让交易，同时在本地文档中介绍对本企业产生影响的重组和无形资产转让交易。税务机关综合主体文档和本地文档的资料，不但可以分析涉及本地企业的重组过程中是否有转让定价问题，重组各方的交易价格是否符合独立公平原则，而且可以分析重组前后企业的关联关系变化情况，重组是否将非关联企业变成关联企业或将关联企业变为非关联企业。

同样，税务机关不但关注无形资产转让是否属于关联交易，交易定价是否合理；而且关注无形资产转让之后，是否会对企业其他的关联交易定价产生影响。

4.4　关联关系与关联交易

4.4.1　关联方信息

关联方信息需要介绍与企业有关系的主要关联方的情况，包括直接或者间接拥有企业股权的关联方，以及与企业发生交易的关联方。关联方信息包括关联方名称、法定代表人、高级管理人员的构成情况、注册地址、实际经营地址，以及关联个人的姓名、国籍、居住地等情况。

另外，还需要介绍上述关联方适用的具有所得税性质的税种、税率及相应可享受的税收优惠，以及本会计年度内企业关联关系的变化情况。

对于如何确定企业的关联方，42号公告规定，企业与其他企业、组织或者个人具有下列关系之一的，构成公告所称关联关系，相关的企业、组织或者个人就是关联方：

（1）一方直接或者间接持有另一方的股份总和达到25%以上；双方直接或者间接同为第三方所持有的股份达到25%以上。

如果一方通过中间方对另一方间接持有股份，只要其对中间方持股比例达到25%以上，则其对另一方的持股比例按照中间方对另一方的持股比例计算。

两个以上具有夫妻、直系血亲、兄弟姐妹及其他抚养、赡养关系的自然人共同持股同一企业，在判定关联关系时持股比例合并计算。

（2）双方存在持股关系或者同为第三方持股，虽持股比例未达到上述第（1）项规定，但双方之间借贷资金总额占任一方实收资本比例达到50%以上，或者一方全部借贷资金总额的10%以上由另一方担保（与独立金融机构之间的借贷或者担保除外）。

$$借贷资金总额占实收资本比例 = \frac{年度加权平均借贷资金}{年度加权平均实收资本}$$

其中，

$$年度加权平均借贷资金 = \frac{i\,笔借入或者贷出资金账面金额 \times i\,笔借入或者贷出资金年度实际占用天数}{365}$$

$$年度加权平均实收资本 = \frac{i\,笔实收资本账面金额 \times i\,笔实收资本年度实际占用天数}{365}$$

（3）双方存在持股关系或者同为第三方持股，虽持股比例未达到上述第(1)项规定，但一方的生产经营活动必须由另一方提供专利权、非专利技术、商标权、著作权等特许权才能正常进行。

（4）双方存在持股关系或者同为第三方持股，虽持股比例未达到上述第(1)项规定，但一方的购买、销售、接受劳务、提供劳务等经营活动由另一方控制。

上述控制是指一方有权决定另一方的财务和经营政策，并能据以从另一方的经营活动中获取利益。

（5）一方半数以上董事或者半数以上高级管理人员（包括上市公司董事会秘书、经理、副经理、财务负责人和公司章程规定的其他人员）由另一方任命或者委派，或者同时担任另一方的董事或者高级管理人员；或者双方各自半数以上董事或者半数以上高级管理人员同为第三方任命或者委派。

（6）具有夫妻、直系血亲、兄弟姐妹以及其他抚养、赡养关系的两个自然人分别与双方具有上述第(1)至(5)项关系之一。

（7）双方在实质上具有其他共同利益。

以上对关联关系的定义中，并非只有控股权比例一个标准，借贷资金、经营控制、高管构成等都是考量的标准。特别是上述第(7)项"双方在实质上具有其他共同利益"在认定关联关系时采取了实质重于形式的原则，企业之间只要有实质上的共同利益，都应该被认定为关联企业。另外，第(6)项中将具有夫妻、直系血亲、兄弟姐妹及其他抚养、赡养关系的自然人之间分别与双方具有上述第(1)至(5)项关系的企业定为关联方，使得关联方的认定范围更宽泛。

4.4.2 关联交易

关联交易介绍部分要仔细梳理企业所有的关联交易,包括关联交易的类型、金额、交易流程、各方在关联交易中所承担的功能与风险。相对 2 号文件,42 号公告对关联交易的介绍,增加了不少内容,如要求描述交易各方的功能与风险,以及介绍交易定价的影响因素。特别是在交易定价影响因素部分,42 号公告引入了中国税务机关近几年在转让定价调查中经常强调的成本节约、市场溢价等因素。关联交易介绍是同期资料的重点,只有清晰全面地描述出企业的关联交易,才可以据此判断哪些企业或交易是可比的,从而确定企业转让定价的合理性。按照 42 号公告的规定,企业可以采用以下的框架描述关联交易:

(1)关联交易描述和明细,包括关联交易相关合同或者协议副本及其执行情况的说明,交易标的的特性,关联交易的类型、参与方、时间、金额、结算货币、交易条件、贸易形式,以及关联交易与非关联交易业务的异同等。

这一部分是根据合同与协议的约定介绍相关的关联交易。

(2)关联交易流程,包括关联交易的信息流、物流和资金流,以及与非关联交易业务流程的异同。

关联交易的信息流主要指与交易相关的信息如何在企业之间流动,主要是订单、发货单、入库单、发票等信息。

关联交易的物流描述销售方采购原材料或部件,生产并销售至买方过程中的实物流动过程。

关联交易的资金流描述与交易相关的资金支付过程,资金如何由关联交易的买方支付给卖方。

(3)功能风险描述,包括企业及其关联方在各类关联交易中执行的功能、承担的风险和使用的资产。

功能风险在关联交易定价中起着很重要的作用。因此,在本地文档中一般会专门有一章介绍各关联方在关联交易中执行的功能与承担的风险。在本书中也会专辟第 6 章介绍如何进行功能风险分析。

（4）交易定价影响要素，包括关联交易涉及的无形资产及其影响，成本节约、市场溢价等地域特殊因素。

除了功能风险之外，无形资产也在交易定价中起着重要的作用，拥有无形资产的一方，会在交易中要求更高的对价，以弥补无形资产开发过程中发生的费用支出。因此，辨析与关联交易相关的无形资产，并在介绍关联交易时描述无形资产是独立定价还是与其他类型关联交易一起定价，具有重要的意义。

除了无形资产以外，中国的税务机关认为地域特殊因素也会对关联交易定价产生影响。地域特殊因素应从劳动力成本、环境成本、市场规模、市场竞争程度、消费者购买力、商品或者劳务的可替代性、政府管制等方面进行分析。比如，中国的劳动力成本低、市场规模大，中国本地的生产企业应该取得因为这些特殊地域优势而带来的利润，并应该在交易定价中有所体现。联合国的转让定价指南也有一章介绍中国税务机关的观点。但是，地域特殊因素是否存在？什么时候需要考虑地域特殊因素？传统的转让定价方法是否不能消除地域特殊因素的影响？对于这些问题国际间并无共识，中国税务机关也没有提供详细的指引。

立法者之所以要求在本地文档中介绍地域特殊因素，也许是希望企业在准备同期资料的过程中，考虑本企业是否受成本节约、市场溢价等地域特殊因素的影响，从而让关联企业在定价时更加谨慎，避免将来企业因为成本节约、市场溢价等原因而被调整。但是，由于目前并没有完整公开的资料介绍成本节约和市场溢价等理论，也缺乏实务案例，企业即使希望在定价时充分考虑这些因素，也不知如何进行定量分析。因此，截至目前，在大部分企业的同期资料中，都还没有关于成本节约、市场溢价等的详细分析。

（5）关联交易数据，包括各关联方、各类关联交易涉及的交易金额。分别披露关联交易和非关联交易的收入、成本、费用和利润。不能直接归集的，应按照合理比例划分，并说明应用该划分比例的依据。

关联交易这一部分是最直接介绍关联交易的。在此部分中，首先分主体介绍各个主体涉及的关联交易和种类，然后分类别介绍各种关联交易的交易金额,以及在各类交易中所占的比例。例如,关联企业之间购销产品的交易金额,该金额在总的产品购销类交易金额中所占的比例;无形资产类关联交易金额,以及该金额在总的无形资产交易金额中所占的比例。

当然,关联交易这一部分最重要的内容是披露分部财务数据,即区别关联交易与非关联交易,分别准备不同分部的财务报告,包括收入、成本、费用和利润都要按关联交易与非关联交易区别开。鉴于境内境外关联交易对税收的影响不一样,通常还会进一步区分境内关联交易、境内非关联交易、境外关联交易、境外非关联交易,最后得到的分部报表会有四栏,行业内人士称之为"四分表"。

准备关联交易分部报告并不是一件容易的事情,因为关联交易与非关联交易之间往往有着错综复杂的关系,如从关联方采购来的产品可能卖给非关联方,从非关联方采购回来的原材料经过加工之后也可能销售给关联方。而且,一般企业在进行账务处理时,除非使用作业成本法①记录成本费用,否则是没法区分费用具体是用于关联交易还是非关联交易的,顶多只能在产品销售成本的层面区分出关联与非关联交易。因此,对于间接费用,企业往往需要依据一定的标准进行分摊。至于具体采用什么标准,主要取决于间接费用与分摊标准之间是否有内在联系,只要是合理的标准都可以,并没有限制性的规定。一般企业出于简便的目的,往往按照不同分部的产品销售成本或产品销售收入之间的比例进行分摊,但这并非最佳方法。如果可以按照与间接费用的发生直接相关的标准去分摊,会更加合理。比如,如果公司内部有分设国际市场部与国内市场部,国际市场部负责的业务全部都是境外关联销售,国内市场部负责的业务全部都是境内非关联销售,可将

---

① 作业成本法(Activity-Based Costing)是一种成本核算方法。在企业资源和企业产品之间加入核算单位——作业(Activities),制造产品或提供服务需要耗费"作业",而"作业"消耗企业资源,所消耗的企业资源构成成本。该方法的基本思想是构造一个把间接费用合理正确地分摊于企业产品、服务或其他成本标的的途径,同时为现有产品定价、新产品定价、成本降低,乃至于营运管理(如品质、产能、作业、流程等)提供可靠的决策资讯,提升企业或组织的决策品质。

国际市场部发生的相关费用全部归集到境外关联销售分部,将国内市场部发生的相关费用全部归集到境内非关联销售分部,而不是按照产品销售成本分摊。如果账务处理不足以准确区分国际市场部与国内市场部的费用,也可以以国内市场部与国际市场部的人数或工资额为标准分摊。

实际上,按照不同的标准进行间接费用分摊,对不同分部的利润额和利润率会产生比较大的影响,企业应该实事求是,寻找客观合理的分摊标准。只有这样,税务机关才能对企业关联交易的定价合理性与转让定价风险做出更加准确的评估。如果企业在准备同期资料时,只是简单地按照销售收入或成本分摊,等到税务机关发起调查时,对企业的数据提出按其他标准分摊,可能会导致企业需要补交更多的税款。

4.4.3　价值链分析

这一部分主要介绍集团的价值链,相关内容在集团的主体文档中已有所披露,企业的本地文档可在集团主体文档的基础上进一步细化。

价值链分析在转让定价分析中所起的作用越来越重要,因此,OECD 设计的同期资料三层标准结构不仅要求在主体文档中披露整个集团的价值链,还要求在本地文档中更加详细地披露与本企业相关部分的集团价值链。

4.4.4　对外投资

对外投资这一部分也是 42 号公告新增的内容。传统的同期资料并不需要特别披露对外投资,增加这一部分内容更多是为了加强对"走出去"企业的管理。在同期资料报告中披露对外投资信息,可帮助税务机关更好地掌握企业对外投资的情况,了解境外投资企业是否存在没有合理理由却不分配利润的情况,从而对企业实施受控外国企业管理。

受控外国企业管理也是新《企业所得税法》中特别纳税调整的内容,根据《企业所得税法》第 45 条的规定,由居民企业,或者由居民企业和中国居民控制的设立在实际税负明显低于《企业所得税法》第 4 条第 1 款规定税率水平的国家(地区)的企业,并非由于合理的经营需要而对利润不做分配或者减少分配的,上述利润中应归属于该居民企业的部分,应当计入该居民企业的当期收入。

为了解相关信息,执行受控外国企业管理,42号公告规定,同期资料中要披露以下的内容:

(1) 投资基本信息,包括对外投资项目的投资地区、金额、主营业务及战略规划。此部分总体介绍企业对外投资的情况,包括在哪些地区有投资,在各地区的投资金额是多少,在各地区投资企业的主营业务是什么等。

(2) 对外投资项目概况,包括对外投资项目的股权架构、组织结构,高级管理人员的雇佣方式,项目决策权限的归属。此部分是对境外投资项目的进一步介绍,可以用结构图的形式介绍项目的股权架构和组织结构。组织结构需要介绍企业的部门设置和每个部门的人员配备,以及这些人员是在当地雇佣还是由母公司派遣,各部门人员的职责与权限,特别是重要的项目决策权限是归属于境外子公司还是境内母公司。

(3) 对外投资项目数据,包括对外投资项目的运营数据。企业认为需要介绍对外投资项目的具体数据,特别是运营数据,包括营业收入、成本、费用和利润等。

企业在准备这一部分的内容时,需要了解此处披露的信息除了帮助税务机关判断境外投资项目是否属于受控外国企业,也可能会被税务机关作为预判境外投资企业是否构成境内的居民企业的线索。

居民企业是指依法在中国境内成立,或者依照外国(地区)法律成立但实际管理机构在中国境内的企业。对外投资成立的企业,虽然是在中国境外,是依照外国(地区)法律成立的,但是很多公司在当地并没有实际的业务,也没有人员实际在境外经营管理,或者虽然有个别人员但实际仍由境内的企业或个人管理和控制,则很可能被认定为中国境内的居民企业,在中国负有全面纳税义务。相对受控外国企业来说,其税务上的后果可能更加严重。因此,企业在准备同期资料这一部分内容的时候,需要特别注意相关的风险。

4.4.5 关联股权转让

企业在重组过程中通过不合理定价进行税务筹划，会对税负产生极大的影响。最新版《OECD 转让定价指南（2017 年版）》第九章专门介绍重组转让定价问题。BEPS 第 13 项行动计划要求企业在同期资料中披露企业重组的细节，42 号公告根据 BEPS 的思想，新增了披露关联股权转让的要求。具体包括以下内容：

（1）股权转让概况，包括转让背景、参与方、时间、价格、支付方式，以及影响股权转让的其他因素。本地文档首先从法律文件出发，介绍股权转让的细节，包括股权转让的合同方、股权转让的时间，双方确定的交易价格和支付方式等重组协议中的重要条款。对于非关联方之间的股权转让交易，交易各方一般都会就股权转让协议中的条款进行认真的讨论，尽可能明确双方在交易过程中的权利和义务。关联方之间发生股权转让时，交易双方对于法律条款可能没有非关联方那么重视，但无论是对于关联方还是非关联方之间的股权转让，股权转让协议这类法律文件都是了解股权转让交易的起点。

（2）股权转让标的的相关信息，包括股权转让标的所在地，出让方获取该股权的时间、方式和成本，股权转让收益等信息。股权转让标的的情况是决定股权转让价格的基础。但是，对于标的公司的一些基础信息是很难通过关联交易的法律文件获得的，如出让方最初是以什么方式取得此次转让的股权，当时付出的成本是多少，以及出让方从这次股权转让中可以获得的资本收益是多少等信息。企业在本地文档中披露这些信息，可以帮助税务机关更好地判断关联股权转让交易是否符合独立交易原则。

（3）尽职调查报告或者资产评估报告等与股权转让相关的其他信息。由于股权转让交易通常金额巨大，非关联企业在进行股权交易之前，通常会自行或委托第三方进行尽职调查，对交易标的进行全面的了解，看看是否有潜在的市场、财务及法律风险，另外还会聘请资产评估公司，由第三方对交易标的的价值进行评估。这两份报告对了解交易标的有很大的帮助。但是关联方之间的股权转让,往往不是出于投资的目的,而是出于集团内部管理调整等目的,加上同处一个集团,对相互之间的情况比较了解,企业往往不会再出资聘请第三方对标的公司进行尽职调查和资产评估。因此,这部分内容的披露是有困难的。作为普遍的商业实践,无法提供这些资料应该是可以被理解的。但是,税务机关也可能认为,如果企业对关联股权转让交易没有准备尽职调查报告和资产评估报告,这表明企业在处理关联股权交易时,没有按照非关联企业之间的实践去操作,有转让定价风险。

4.4.6 关联劳务

42 号公告发布之前,企业并未被要求单独介绍关联劳务,只需要在总体介绍关联交易时,将关联劳务的交易方与交易金额披露就可以。但是,由于跨国集团通过关联劳务转移利润的情况越来越严重,BEPS 对关联企业间的劳务越来越关注,并且要求企业在主体文档第一部分披露集团间重要的关联劳务。因应这种趋势,42 号公告也要求本地文档对关联劳务进行单独介绍,并要求包括以下内容:

(1) 关联劳务概况,包括劳务提供方和接受方,劳务的具体内容、特性、开展方式、定价原则、支付形式,以及劳务发生后各方受益情况等,如关联方之间具体存在的关联劳务交易,劳务提供方和接受方之间存在的关系,劳务提供方通过什么向劳务接受方提供劳务的方式,是否有具体的服务成果,双方对关联劳务如何定价,劳务接受方在接受劳务之后是否有什么具体的收益等信息。

以上这些信息可以协助税务机关判断企业之间提供的关联劳务是否确实发生,是否属于接受方需要的服务,接受方是否愿意向第三方购买此劳务。也就是判断交易的必要性。

(2) 劳务成本费用的归集方法、项目、金额、分配标准、计算过程及结果等。集团内的企业如果通过成本分摊或成本加成等方法决定关联劳务交易价格的,需要在同期资料中披露关联企业劳务成本费用的确定过程,包括哪些项目属于相关劳务的成本费用;成本费用发生之后,企业如何判断不同的成本对象;如何进行账务处理;如何归集同类劳务发生的成本并在相关的成员企业之间分配。

以上这些信息可以帮助税务机关了解关联劳务交易的定价是否合理。然而,在境内企业是关联劳务接受方的情况下,同期资料的本地文档通常无法提供这些信息。就算境外企业愿意配合,提供相关信息给境内企业,如果境外企业的会计系统不够强大,也很难提供准确信息。其中,很多成本势必按主观的标准被分摊,并不一定经得起税务机关的推敲。因此,准备这一部分内容确实很难。但对关联劳务交易额很高的企业来说,如果没有在同期资料报告中提供这些信息,本身就是一种风险,税务机关可能会认定企业并没有就交易定价进行认真的研究。

(3) 企业及其所属企业集团与非关联方存在相同或者类似劳务交易的,还应当详细说明关联劳务与非关联劳务在定价原则和交易结果上的异同。42 号公告要求提供这些信息的目的是帮助税务机关判断企业内部是否存在可比非关联交易,可比非受控价格法是否适用。实际上,关联方之间的劳务交易一般是很难找到可比的非关联交易的。就算是在非关联企业之间,除了简单和重复性的劳务以外,也很难找到完全可比的劳务交易,不同的劳务交易在经济环境、服务内容、服务成果、交易条件等方面多多少少都存在差异,无法直接比较。因此,本地文档即使没有提供这一部分的内容,也并不会直接引发税务机关的质疑。

4.4.7　预约定价安排与其他税收裁定

预约定价安排与其他税收裁定部分披露与企业关联交易直接相关的中国以外其他国家税务主管当局签订的预约定价安排和做出的其他税收裁定。企业与其他国家主管税务当局之间为了签订预约定价安排或作出其他税收裁定,往往会就交易的性质和定价的合理性做比较深入的分析和讨论,最终做出的决定相对合理。要求企业提供与关联交易直接相关的预约定价安排和税收裁定资料,也是为了帮助税务机关了解更多境外的情况,改变同期资料的单边性,帮助税务机关更好地判断关联交易的合理性。

4.5　可比性分析与转让定价方法的选择和使用

可比性分析与转让定价方法的选择和使用是同期资料中的核心内容,是判断交易定价合理性最重要的部分。

在进行可比性分析时,要考虑以下因素:

(1)可比性分析考虑的因素,包括交易资产或者劳务特性,交易各方功能、风险和资产,合同条款,经济环境,经营策略等。

(2)可比企业执行的功能、承担的风险,以及使用的资产等相关信息。

(3)可比对象搜索方法、信息来源、选择条件及理由。

(4)所选取的内部或者外部可比非受控交易信息和可比企业的财务信息。

(5)可比数据的差异调整及理由。

在分析转让定价方法的选择和使用时,需要包括以下因素:

(1)被测试方的选择及理由。

(2)转让定价方法的选用及理由,无论选择何种转让定价方法,均须说明企业对集团整体利润或者剩余利润所做的贡献。

(3)确定可比非关联交易价格或者利润的过程中所做的假设和判断。

(4)运用合理的转让定价方法和可比性分析结果,确定可比非关联交易价格或者利润。

(5)其他支持所选用转让定价方法的资料。

(6)关联交易定价是否符合独立交易原则的分析及结论。

不同的转让定价方法对可比性的要求不同,因此,在准备同期资料文档时,一般是在应用具体的转让定价方法时,结合具体的方法分析可比性。一般而言,越是那些关注具体关联交易价格的传统方法,如可比非受控价格法,对可比性的要求越高,在现实中通常很难实现。所以大部分同期资料在验证关联交易定价的合理性时，采用比较间接的交易净利润法，关注交易的净利润是否合理。在分析可比性时，交易净利润法主要关注交易各方承担的功能与风险。因此，本书将在第 6 章重点介绍如何进行功能风险分析。在第 7 章介绍如何应用各种定价方法。

第 5 章

本地文档：行业分析

第二天,李博士带着团队来到张总公司,正式开始为盛大公司准备同期资料。除了收集和确认前一天发给张总的资料清单里面的内容,李博士问张总,公司是否有所处行业的分析报告。作为高管,张总是看过一些行业分析报告,比如公司在投资某个项目之前,会准备可行性报告或是商业计划书,其中必然有该项目所处行业的分析。公司在制定发展战略时,也会对所处行业有一个比较深入的分析,会了解所处行业处于什么发展阶段,有哪些主要的竞争者,有什么发展机会和潜在威胁等情况。但不知道这些资料是不是李博士需要的。

5.1 同期资料的行业分析与其他行业分析的区别

李博士告诉张总,同期资料的行业分析与一般行业分析最主要的差别是目的不同。一般行业分析的主要目的是预测行业未来发展趋势,通过分析行业的发展历史、内外部环境、竞争现状,找准企业在竞争中的优劣势,结合行业未来的发展趋势,确定行业未来的发展方向,从而帮助企业制定发展策略。而同期资料行业分析的目的紧紧围绕可比性,主要是通过分析行业的特点找到影响行业定价和企业利润率的主要因素,确定寻找可比公司的行业范围,以及筛选可比公司的标准,从而保证所选可比公司或可比交易的可比性。因此,同期资料行业分析并不看重行业未来发展趋势预测,而是重点关注现状分析。

尽管存在以上不同,但同期资料行业分析与一般行业分析在本质上是一致的,因为他们关注的基本因素相同,分析应用的模型和方法也是一样的。李博士结合行业分析的一般理论,向张总介绍了如何进行同期资料的行业分析。

5.2 行业分析基础理论

在企业管理与产业经济理论中,主要应用以下几种模型进行行业分析。

5.2.1 PEST分析法

PEST分析法主要用于宏观环境分析,它提供一种思维框架,寻找企业未来可能面临的机遇和风险,并预测行业的发展趋势。PEST中的P代表政治(Politics),E代表经济(Economy),S代表社会(Society),T代表技术(Technology),政治、经济、社会和技术四个因素(以下简称PEST)并不是彼此独立的,而是相互关联和相互影响的。

(1)政治因素主要包括政治制度与体制、政局、政府的态度、政府制定的法律法规等。政治因素是影响行业长期发展的关键因素,特别是政府制定的产业政策、与产业发展相关的政策法规,对行业发展方向有直接影响。

(2)经济因素主要包括GDP增长率、利率水平、财政货币政策、通货膨胀率、失业率水平、居民可支配收入、汇率、能源供给成本、市场机制、市场需求等反映或影响经济发展的主要因素。经济因素往往决定了行业的市场规模大小、发展速度快慢与经营成本的高低。

(3)社会因素主要包括人口环境和文化背景,人口环境主要包括人口规模、年龄结构、人口分布、种族结构,以及收入分布等因素。社会因素对于行业的影响相对间接,但是对某些行业的发展也会产生巨大的影响,如对健康的日益关注极大地影响食品、娱乐等行业的发展。

(4)技术因素不仅包括科学发明,而且还包括新技术、新工艺、新材料的出现、发展趋势及应用背景。技术因素直接影响行业的进步速度和竞争态势,行业中的新技术可在降低成本、提高质量、创新产品等方面发挥作用,帮助行业中拥有新技术的竞争者形成巨大的优势。

　　PEST 分析法建立一种框架,帮助我们系统地分析外部环境中对行业和市场产生影响的因素。站在转让定价分析的角度,就是要在进行可比性分析的时候考虑宏观环境的可比性,如果两个行业或企业所处的地区,在 PEST 等方面存在较大差异,则不可比。但 PEST 四个因素十分繁杂,且很多因素属于宏观因素,只对行业竞争产生间接影响,此方法更适合对行业的宏观发展趋势做出预测,帮助企业制定发展战略。对于转让定价分析而言,除非 PEST 中有很特别的因素会影响到可比性,否则其不是转让定价行业分析的重点。PEST 的影响通常是宏观的,同一国家和地区的 PEST 会比较接近,这对于确定选择可比公司的国家和地区范围有重要意义。如果两个国家或地区之间在 PEST 等方面存在较大的差异,则两国之间同一行业运营的企业之间存在较大的差异,可比性较差。

5.2.2　波特的五力分析模型

　　五力分析模型是迈克尔·波特(Michael Porter)于 20 世纪 80 年代初提出的,主要从微观的角度分析企业的竞争环境,制定企业战略。“五力”分别是:供应商的议价能力、购买者的议价能力、潜在竞争者进入的能力、替代品的威胁、现有竞争者的竞争程度。五种力量的不同组合变化,会最终影响行业利润率。

　　(1) 供应商的议价能力(Bargaining Power of Suppliers)。行业中的供方有能力影响行业中现有企业的盈利能力与产品竞争力。供应商的议价能力越强,企业的购买成本可能越高,利润空间越小。供应商议价能力的强弱主要取决于他们所提供给买方的是什么投入要素。当供应商所提供的投入要素的价值构成购买者产品总成本的较大比例、对购买者产品生产过程非常重要或严重影响购买者产品的质量时,供应商的讨价还价能力就大大增强。比如,由于产品独特不可替代,光刻机制造商对于芯片制造商有很强的议价能力,芯片制造商对于手机和电脑制造企业也有很强的议价能力。

　　(2) 购买者的议价能力 (Bargaining Power of Buyers)。购买者主要通

过压价及要求供应商提供较高质量的产品或服务来影响行业中现有企业的盈利能力。一般来说，购买者的集中程度越高，供应商的集中程度越低，所购买的产品越标准化，购买者的议价能力也就越强。汽车零部件制造行业产品标准化程度高，且购买者集中，是属于购买者议价能力比较强的行业。

（3）潜在竞争者进入的能力（Threat of New Entrants）。行业的新进入者会与现有企业发生原材料与市场份额的竞争，最终导致行业中现有企业盈利水平降低，严重的话还有可能危及这些企业的生存。竞争者进入威胁的大小程度取决于两方面的因素，即进入新领域的障碍（"进入壁垒"）的大小与现有企业对进入者的预期反应。"进入壁垒"主要包括规模经济、产品差异、资本需要、转换成本、销售渠道、政府产业政策、技术及非技术无形资产（如商业秘密、产供销渠道、学习与经验曲线效应等）、自然资源（如冶金业对矿产的拥有）、地理环境（如造船厂只能建在海滨城市）等方面。其中，有些障碍是很难借助复制或仿造方式突破的。现有厂商对进入者的预期反应，主要是采取报复行动的可能性大小，它取决于预期反应中厂商的财力情况、报复记录、固定资产规模、行业增长速度等。总之，新企业进入一个行业的可能性大小取决于进入者主观估计进入所能带来的潜在利益、所需花费的代价与所要承担的风险。华为从电信设备制造行业进入手机、电脑等消费品行业，并迅速成为行业内领先的竞争者，就是潜在竞争者影响现有行业利润率的典型案例。

（4）替代品的威胁（Threat of Substitutes）。两个处于不同行业中的企业，可能由于各自所生产的产品互为替代品，从而在它们之间产生相互竞争行为，这种源自替代品的竞争会以各种形式影响行业中现有企业的利润。一方面，可能的替代品限制了现有企业提高产品售价及获利能力的可能性；另一方面，替代品的侵入使得现有企业必须提高产品质量、降低售价、增强产品特色来维持现有的销量，从而增加现有企业的成本。一般来说，替代品价格越低、质量越好、用户转换成本越低，对现有厂商产生的竞争压力就越强。传统电信行业、零售行业都受到现代网络服务提供商的影响，这就是现有行业受到替代品威胁的典型案例。

（5）现有竞争者的竞争程度（Rivalry among Existing Competitors）。现有企业之间的竞争直接决定了行业平均利润率的高低。现有竞争者的竞争常常表现在价格、广告、产品、售后服务等方面，其竞争强度与许多因素有关，最主要取决于行业的退出壁垒，也就是现有竞争者退出行业的障碍高低。退出壁垒主要受政府和社会的各种限制，受现有资产的专用性、退出行业的固定费用等因素影响。高投资、重资产、劳动力密集型行业的退出壁垒会远远高于低投资、轻资产型行业的退出壁垒。

五力分析模型研究影响行业内企业利润的主要因素，对同期资料中的可比性分析具有重要的作用。只有处于相同或相近"五力"影响下的企业，才适合被选为可比公司，如果"五力"中的某一种"力"存在差异，就会影响两家企业之间的可比性。

5.2.3　行业生命周期理论

行业生命周期指行业从出现到完全退出社会经济活动所经历的时间。行业生命发展周期主要包括四个阶段：幼稚期、成长期、成熟期、衰退期。行业生命周期曲线忽略了具体的产品型号、质量、规格等差异，仅仅从整个行业的角度分析问题。识别行业生命周期所处阶段的主要指标有市场增长率、需求增长率、产品品种、竞争者数量、进入壁垒及退出壁垒、技术变革、用户购买行为等。行业生命周期各阶段的特征如下：

（1）幼稚期。这一时期的市场增长率较高，需求增长较快，技术变动较大，行业中的企业主要致力于开辟新用户、占领市场，但此时技术上有很大的不确定性，在产品、市场、服务等策略上有很大的发展余地。业内企业对行业特点、行业竞争状况、用户特点等方面的信息掌握不多，优势不明显，新的企业进入壁垒较低。

（2）成长期。这一时期的市场增长率很高，需求高速增长，产品品种及竞争者数量增多，技术渐趋定型，行业特点、行业竞争状况及用户特点等已比较明朗，业内企业已经形成了一定的竞争优势，新企业进入的壁垒提高。

（3）成熟期。这一时期的市场增长率和需求增长率不高，技术上已经成熟，行业特点、行业竞争状况及用户特点非常清楚和稳定，买方市场形成，行业盈利能力下降，新产品和产品的新用途开发更为困难，行业进入壁垒很高。

（4）衰退期。这一时期的市场增长率下降，需求下降，产品品种及竞争者数目减少。

在分析行业生命周期时，需要考虑地域的因素，同一行业在不同的国家或地区可能处于完全不同的生命周期阶段。例如，传统的制造业在欧美发达国家处于成熟期或衰退期，但是在另外一些国家可能仍处于成长期，甚至幼稚期。准确分析企业所处行业的不同生命周期，对判断企业或交易的可比性起到重要的作用。

除以上三种行业分析理论，还有很多理论可以用于行业分析，比如迈克尔·波特的价值链分析理论、SWOT分析理论等。但是，在撰写同期资料时，应用以上介绍的三种理论模型，已经可以准备一份比较完整和深入的行业分析报告，因此不再对其他行业分析理论做具体的介绍。

5.3　同期资料行业分析框架

常用的行业分析框架一般包含三个部分：行业现状梳理、未来发展趋势预测、竞争格局判断。如前所述，同期资料行业分析的目的主要是帮助判断企业的可比性，而不是寻找和确定行业未来发展趋势，所以不需要分析行业发展趋势，而是重点介绍行业的现状与竞争态势。站在可比性分析的角度，同期资料中行业分析的重点在以下三个方面。

1）宏观环境

这一部分，可以应用PEST分析法，分析对目标行业产生重大影响的政治、经济、社会和技术因素。如前所述，应用PEST模型分析宏观环境时需要考虑的因素众多，各因素一般不直接对单个企业的利润率产生影响，但仍会对不同区域的企业的可比性产生影响。同期资料的PEST分析需要特别关注宏观环境中的以下方面：

一是宏观环境中的经济因素，如 GDP 增长率、人均收入水平、所处经济周期等对我们在同期资料中确定可比公司所处的国家和地区具有重要的作用。对于经济环境差异较大的国家和地区，即使是处于同一行业的企业，也不可比。举例而言，亚太地区的宏观经济环境相对比较类似，但与欧美差异较大，因此，我们在为我国公司选择可比企业时，首选我国企业。如果我国的可比企业数量不足，可以将地区范围扩大为亚太地区。在亚太地区的国家中，日本与其他国家的经济环境差异比较大，在人均 GDP、人均收入、人均工资等诸多方面与我国及其他亚太地区国家之间存在较大的差异，因此，在筛选可比公司时，尽量不选取日本公司。因为哪怕这些公司与我国公司在其他方面极为可比，在宏观环境方面存在的差异也会导致两个国家的企业在利润率方面出现较大的差距。

二是政治因素中的行业政策法规。关于政府管制与行业利润率的关系，理论界有很多研究，政府管制对利润率的影响到底是正面的还是负面的，影响到底有多大，这些都没有形成一致的结论。但是，政府管制会对行业绩效产生影响，这是很多研究都认可的。[1] 因此，我们在确定可比公司和可比交易时，必须关注行业面临的政府管制。有政府管制的行业企业既不能在没有政府管制的行业中寻找可比企业，也不能在没有政府管制的区域寻找可比企业。

三是要关注宏观环境中的特殊事件。宏观环境对行业和企业的影响一般来讲是长期的、均质的，这可以帮助我们确定可比公司的地区和行业范围。但是某些年度会发生一些特殊事件，直接影响企业的可比性。例如，2019 年年底发生的新型冠状病毒感染的肺炎疫情对我国和世界的经济均产生重大影响，很多国家和地区的企业长时间处于停工状态，收入和利润都骤降。在行业分析中分析这一特殊的社会环境因素，并在可比性分析时就此

---

[1]　PAUL I JOSKOW & NANCY I. ROSE. The Effects of Economic Regulation［M］// Handbook of Industrial Organization，edition 1，volume 2，chapter 25，（1989）：1449- 1506.［2019-06-08］. https://economics.mit.edu/files/10811.

因素的影响进行特殊因素分析,是非常有必要的。

2) 行业竞争态势分析

这一部分主要利用波特的五力分析模型分析影响行业利润率的主要因素,为选择确定可比公司和可比交易的范围与标准提供更多依据。与战略管理和投资决策所需的行业分析不同,同期资料行业分析主要关注影响企业当年和前两年利润率的因素。在五力分析模型当中,替代品的威胁,潜在竞争者进入的能力相对供应商的议价能力、购买者的议价能力,以及现有竞争者的竞争程度而言,影响较为间接,所需的时间也较长。所以同期资料行业分析的重点一般放在购买者的议价能力、供应商的议价能力、现有竞争者的竞争程度上面,特别是现有竞争者的竞争程度是重点中的重点。

举例而言,中国和亚太地区[①]的国家在宏观环境方面比较相似,但某些行业受行业竞争态势的影响,并不可比。比如,中国和亚太地区的摩托车市场,从市场环境和规模来看,有较大的相似性。但是,亚太区其他国家的摩托车企业的平均毛利率和利润率在 1999—2008 年明显高于中国的摩托车行业,且亚太地区其他国家的摩托车行业与中国摩托车行业平均的利润率在 1999—2008 年呈现出完全不同的发展趋势(见图 5-1、图 5-2)。深入研究就会发现,中国的摩托车行业竞争十分激烈,竞争者众多,直到 2010 年,全国仍有 100 多家摩托车生产企业,产业集中度较低,排在中国摩托车行业前十名的摩托车企业的市场占有率约为 62%,排在首位的摩托车企业的市场占有率仅为 10% 左右。而同样处于亚太地区的印度,同一时期全国只有 10 家摩托车生产企业,而且产业集中度非常高,位于前三位的摩托车生产企业(Hero Honda、Bajaj、TVS 三家)产销量占据市场的 80% 以上,其中,Hero Honda 一家的市场占有率就达 50% 以上。同样位于亚太地区的巴基斯坦,

---

① 在 BvD 数据库中,亚太地区包括亚洲和大洋洲的 40 个国家,其中包括印度和巴基斯坦。

② 由于在寻找可比公司时,通常为上市公司,加上印度和巴基斯坦摩托车行业的集中度比较高,几家上市公司就达到 80% 以上的市场占有率,所以此处用亚太地区上市公司的利润率与中国整个摩托车行业的利润率进行对比。

同一时期的市场集中度也较高(Suzuki、Indus、Atlas Honda 三家共占98%),其中,Atlas Honda 一家的市场占有率达到57%,与中国也存在较大的差异①。

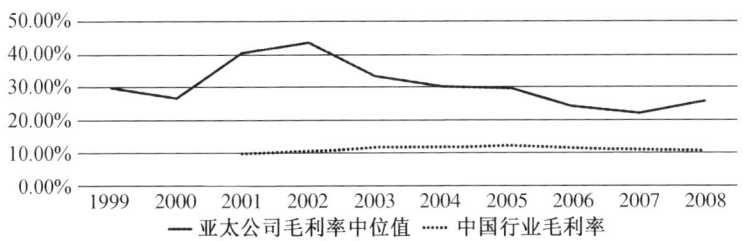

图5-1 亚太地区摩托车行业上市公司与中国摩托车行业毛利率比较图

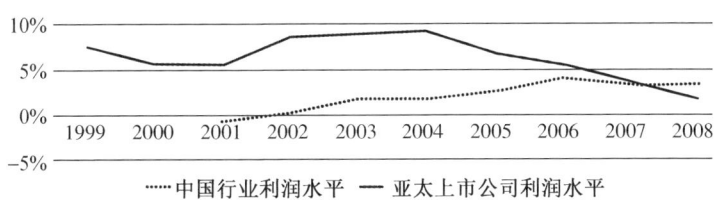

图5-2 亚太地区摩托车行业上市公司与中国摩托车行业利润水平比较图

行业竞争程度的不同是导致亚太地区摩托车企业与中国摩托车行业利润率存在差异的主要原因之一②。因此,尽管在为中国各行业的企业选取可比公司时,我们都会将地理范围选择在亚太地区,但是对于摩托车这一行业,在选取亚太地区企业作为可比企业时,需要特别小心。对于集中度比较高的国家和地区的摩托车企业,需要仔细地比较,考量其可比性。

---

① 本节中的数据源于《中国摩托车年鉴》和数据库中搜寻出的亚太地区摩托车上市公司的数据及相关公司的年报。

② 另一个重要的原因是中国大中城市都"禁摩限摩",摩托车市场主要在消费水平较低的农村市场,而亚太地区其他国家没有"禁摩限摩"的政策。

3）主要竞争对手分析

行业内现有竞争者的竞争程度主要关注行业内总体企业数、企业的集中度等产业组织数据。主要竞争对手部分，重点关注和介绍行业内主要的竞争者，并站在可比性分析的角度，简要分析主要竞争者与分析对象的可比性。同样以摩托车行业为例，国内摩托车行业的从业者，主要有三类：一类是使用国外品牌的合资企业，如雅马哈、本田等。这些企业主要用境外母公司的技术和品牌生产和销售产品。第二类是国内大型摩托车生产企业，如大长江、重庆建设等。这些企业使用自有品牌，并拥有一定的研发能力。第三类是中小型摩托车生产企业，品牌知名度不高，主要依靠技术引进或模仿。相对来讲，第一类和第二类的企业相互可比程度较高，而第三类企业与前两类企业之间的可比性相对较低。

5.4　行业分析的步骤

专业人士在进行行业分析时，首先遇到的问题就是对具体行业缺乏了解。即使在企业内部，除战略部门、市场营销部门的人员以外，也很少有人了解全行业情况。因此，除了行业分析的基础理论和基础框架，还需要有一套完整的步骤来帮助企业收集与处理行业相关资料，应用相关理论和框架进行分析。

李博士向张总介绍了他们进行行业分析的一般步骤：

（1）与企业内部人员访谈，从内部了解行业情况。企业内部的战略部门和营销部门一般都会定期分析行业的发展趋势，并且可能订阅了行业协会或其他部门发布的行业分析报告。通过与这些部门的人员沟通，不仅可以了解行业的外部环境、行业内的主要竞争情况及影响竞争的主要因素，还可以收集到企业内部已有的行业分析报告，是开展行业分析最高效、成本最低的手段，也是开展行业分析的起点。

（2）收集外部的行业分析报告。市场上有不少提供行业分析报告的专门机构，这些报告往往需要付费购买，成本较高。如果预算有限，也可以从互联网、图书馆等途径寻找免费的行业分析报告,虽然这些报告的内容不及付费报告详细,但通常已经可以满足同期资料行业分析的需要。

例如,各个行业协会的年鉴及报告是最直接的行业信息来源。即使是最冷门最偏僻的行业,通常也会有自己的行业组织。这些行业组织的重要职能之一就是统计和交流行业信息,其成果是同期资料行业分析的重要资料来源。

又如,互联网所提供的同行业上市公司的招股说明书和年度报告也是重要的行业信息来源。特别是招股说明书中的行业分析,一般十分详细,会介绍影响行业的方方面面,对影响行业发展的"五力"因素、行业面对的机会与威胁及行业内的主要竞争者都有比较深入和及时的分析。

(3)阅读与整理已有的报告。在已经收集到足够的外部和内部资料之后,需要对所收集的资料进行阅读和整理。在阅读的过程中,提炼与可比分析最相关的资料,并加以整理,应用行业分析理论基础和分析框架,形成研究报告。

李博士向张总介绍了行业分析的作用、理论基础、一般框架,以及撰写行业分析报告的流程,并解释说在时间紧张的情况下,企业内部已经有行业分析报告的话,可以大大加快咨询工作的进程。张总听到这儿,马上联系了战略部门和市场部门,索取 2015 年以来的行业分析报告交给李博士,并告知李博士功能风险访谈已经安排在次日上午举行。但是,张总告诉李博士,财务部在联系各部门负责人的时候,各部门的负责人都不太理解,他们认为转让定价这项工作是财务部内部的工作,他们不太愿意参加访谈,也不知该在访谈中谈些什么内容。为了能够获得各部门负责人的支持,李博士表示愿意在对各部门负责人进行一对一访谈之前,先安排一次介绍会,给各部门负责人介绍一下职能风险分析的主要内容和目的。

5.5　案例：盛大公司的行业分析

以下是李博士团队根据张总提供的行业资料,以及自行收集的行业资料，为盛大公司撰写的 2015 年的行业分析报告。

5.5.1　全球市场概况

2015 年，全球医药行业的销售额为 10 170 亿美元，比上年减少 410 亿美元，下降了 3.8%。制药行业的集中度较高，2015 年前十大制药公司的市场占有率约为全球市场的 35%。从地区来看，美国、亚洲和西欧仍是主要的市场，分别占有 46%、23.4% 和 18% 的份额。经过多年的高速发展，以新兴经济体为代表的发展中国家医药市场占比大幅提高，从 2005 年到 2015 年，新兴经济体医药市场份额已经从 12% 提升到 30%。预测 2016 年全球医药市场规模（不含医疗器械）达到 11 100 亿美元，今后 5 年全球医药销售将保持 4%～7% 的增长率。①

5.5.2　中国医药制造业的发展

随着人口增长，老龄化进程加快，医保体系不断健全，居民支付能力增强，人民群众日益提升的健康需求逐步得到释放，我国已成为全球药品消费增速最快的地区之一。近年来在发改委多次降价、省级集中招标、反商业贿赂及医保控费等多重政策的影响下，行业增速逐步放缓，2015 年主营业务收入增速下滑至 9%，总利润增幅也由 2011 年的 24% 降至 2015 年的 13%。不过从长远来看，老龄化、城镇化等带来的市场刚需仍将驱动行业稳步增长。②

在所有细分产品中，2015 年我国医药制造业主营业务收入占比最大的是化学药品制剂，占医药制造业总收入的 27%；其次是中成药、化学原药和生物生化制品，占比分别为 24%、18% 和 12%。2015 年利润占比最大的也是化学药品制剂，为 32%；再次为中成药、生物生化制品和化学原药，占比分

---

① The Economist Intelligence Unit. World industry outlook Healthcare and pharmaceuticals [EB/OL]. (2016-12) [2020-11-20]. Http://ftp01.economist.com.hk/GroupIT/01_FULL_REPORT-World_healthcare_and.

② 商务部投资促进事务局、德勤中国：《2016 中国医药健康产业投资促进报告》。

别为 25%、15%、13%。①

在可预见的未来,两个因素将继续推动我国医疗支出的增长:一是人口结构正在发生变化,包括老龄化和中产及富裕阶层的扩张;二是我国政府致力于承担国民医疗花费的更大比例——其中尤为突出的是由政府出资建立覆盖全民的医疗保险体系。在上述因素推动下,从 2016 到 2020 年,我国医疗支出的年均复合增长率将达到 5%~10%,我国有望很快成为仅次于美国的全球第二大药品市场。

医药行业对政策具有较高依存度,政策法规的细微调整无一不对相关企业产生重大影响。近年来,医药行业政策逐步趋紧,控费和规范行业成为医改重点,主要的行业政策集中于以下几个方面:

(1)提升药品质量。在生产审批层面实施新版药品 GMP 认证和仿制药一致性评价,从政策制度上对我国医药产业提高安全质量提出了要求,督促企业提升产品质量,淘汰落后产能。

(2)降低药品价格。目前我国医药行业政策逐渐转向引导行业合理成长、控制医疗费用。在流通渠道方面,力推两票制来压缩流通环节,降低药价;在定价方面,取消大部分药品政府直接定价,但是通过集中采购、招标机制和医保控费机制对药品价格进行约束。

(3)推进分级诊疗。2015 年 9 月,国务院发布《国务院办公厅关于推进分级诊疗制度建设的指导意见》(国办发〔2015〕70 号),提出到 2020 年,逐步形成基层首诊、双向转诊、急慢分治、上下联动的分级诊疗模式。随着未来分级诊疗的推广,全国基层用药市场蕴含巨大的潜力。

(4)鼓励商业保险。2015 年 5 月 6 日,国务院常务会议决定试点对购买商业健康保险给予个人所得税优惠,对个人购买符合规定的商业健康保险产品的支出,允许在当年计算应纳税所得额时予以税前扣除,扣除限额为每年 2 400 元。健康保险税收优惠政策传递了国家推动商业健康保险建设,完善医疗保障体系的决心。健康险税收优惠政策将刺激公众对健康保险的

---

① 商务部投资促进事务局、德勤中国:《2016 中国医药健康产业投资促进报告》。

关注,促进商业健康保险的销售,并有助于缓解公共医疗的费用压力,推进建设多层次的医疗保障体系。

随着宏观经济增速的变化,医药行业的收入增速虽然呈现明显下滑趋势,但从长期来看,作为影响国计民生的重要行业,医药行业将在消费升级、体制改革及技术创新的推动下呈现出稳健的增长态势。从中短期来看,医疗体制改革、两票制、一致性评价、临床试验数据核查等政策虽然对行业的发展带来一定的冲击,但有是利于行业的健康持续发展,同时相关政策也给优质企业带来更好的发展机遇。

5.5.3　医药行业现有竞争者的竞争程度

目前我国医药市场两极分化的竞争格局十分明显。全国有 6 000 多家针对中低端市场的本土医药企业,以及少部分针对中高端市场的跨国医药企业。在本土医药企业生产的产品中,大约有 97% 的药品是非专利药品。由于大部分本土企业以往并不重视研发,也没有专利权的保护,它们往往缺乏议价能力,其所生产的非专利药品的价格远低于专利药品。一般情况下,非专利药品生产厂商的利润水平低于专利药生产厂商。然而,在专利过期之后,由于其他厂商都可以使用该药品配方生产同样成分的药品,该药品价格将会有一定程度的下降,利润空间降低。相比继续生产该药品的专利药品生产厂商,非专利药品生产厂商由于没有前期的研发成本而可能有更高的盈利水平。同时,国家食品药品监督管理总局推出的仿制药相关政策,旨在提高国内仿制药质量要求,使仿制药品生产厂商的药品质量达到与原研药生产厂商一致的标准。由于仿制药的品质不逊于原研药,且价格低廉,故在第三世界国家备受推崇,发达国家也通过各种形式扶持仿制药产业,以提高药品的可及性并减少公众医疗和社保体系方面的支出。随着专利药品专利权大量到期,尤其是许多重要专利药品专利权到期,全球仿制药市场将迎来快速发展。仿制药行业的快速增长将增加相关特色原料药和医药中间体的市场需求,并对原料药企业的研发、创新能力提出更高的要求。

近年来我国医药市场一方面出现医药市场和渠道的多元化趋势,另一方面渠道的商业模式也在不断地发展变化。特别是在我国医药市场中占比高达 90% 的原研药和仿制药正在从销售为主导的商业模式转向市场准入为主导的模式。未来三至五年，医药行业充满挑战。未来的药品市场将逐渐从现在的以医院为中心的体系转向"去中心化"模式，包括三种主要的销售渠道，即医院、基层医疗机构和零售药店。报告预测，到 2021 年，由于政府对药品销售实施"零加价"政策，同时严格控制医院在药品销售中所占的比例，医院的药品销售份额将下降 5%～8%。此外，药品销售从医院向基层医疗机构、零售药店转移的速度会加快，到 2026 年，医院在药品销售中的比例将下降至 50%～60%。在"去中心化"的过程中，药品的商业化模式也会从销售为主导的模式向市场准入为主导的模式转变，这意味着医院将实行更加严厉的招标政策，如通过质量和疗效一致性评价的仿制药品将会和原研药处于同一招标质量层次；不断扩大的医联体和 GPO（集团采购）主导的二次议价将不断压低药价，降低产品利润，同时也会减少供应厂商数量，将药品价格与采购量挂钩，实现对制药行业的重新洗牌。

5.5.4　医药行业的价值链构成

随着生命技术的进步，医药行业得到不断创新与发展，重要的突破体现在具有基因工程原理的新药化合物和药物活性成分的研发，以及新成果的应用。与其他行业相比，医药行业的价值链具有以下特点。

1）研发是医药行业的主要价值驱动职能

一项成功的药品研发能够为企业带来巨大收益。但是医药行业研发周期长，研发成本投入巨大，研发失败风险高。例如，对专利药的统计研究表明，一项专利药的平均研发支出高达 13 亿美元，平均研发年限可达 12 年。尽管如此，平均每 10 种上市的新药品中，只有 3 种能够盈利，而其中仅有 1 种盈利较多。即使是对现有产品的改良也是一笔巨大的支出。医药行业对成功的研发活动的回报是通过专利保护实现的。但是，专利保护期结束后，其他生产厂商也可以按照配方生产该药品，原研药生产厂商的产品价值将会降低。各国对药品专利保护的时间不一，如我国的专利保护期为 20 年。

因此，即使研发成功，医药企业仍会不断进行新的产品研发。

医药企业的研发一般包括核心研发活动（主要包括化合物/生物分子的研究发现）及后续的药物临床开发活动，前者的难度和风险要远高于后者。在临床开发活动中，又包括临床方案设计、组织实施、监察、稽查、数据管理、统计分析、研究总结等。

2）生产是将研发成果转化为市场所需药品的重要过程

药品生产过程通常分为主要制造和辅助制造流程，主要制造涉及药物核心成分的制造，即原料药（Active Pharmaceutical Ingredient，API）的生产制造；辅助制造是指将原料药制造成胶囊或药丸，以及进行药品包装的流程。对 API 生产来说，在大规模的医药产品制造开始之前，一般先小规模生产满足临床试验所需数量的产品。一旦制造技术验证是可达成的，并可以生产出达到预期质量的产品，生产规模将大规模扩大。批量制造 API 需要承担相应的技术和业务风险，其制造过程包括六个步骤，包括分离、净化、结晶、隔离、干燥和制粉。可以说，API 生产制造水平包括对核心配方的量化生产、严格的生产标准、质量把控体系、先进稳定的生产技术，是药品质量和疗效的保证。而辅助制造与 API 生产相比需要较少的资金投入、较多的劳动力投入。这个阶段是将医药的原料药物成分通过物理变化和媒介成分的加入，最终转换成在市场上销售给最终客户的产成品的过程。

医药生产的特点是其生产过程中的质量管理非常严格。无论生产过程是由自己下属部门进行还是外包进行，质量控制的标准都是由医药企业根据法规并结合内部的要求制定的，甚至生产设备也可能是由医药企业统一指定生产的。

3）营销是让广大消费者认可并乐于购买药品的宣传推广活动

由于医药行业中对于非处方药和处方药在广告宣传上的规定不同，生产这两种药品的企业在营销策略上也相应有所不同。

对于非处方药品，由于行业对其在广告宣传上的限制较小，医药企业为了培养消费者对自己品牌的消费偏好，会投入大量的广告费用。

而对于处方药品，行业制度对其在广告宣传上的限制一般较为严格，且病人的消费决策很大程度上取决于主治医师的判断。医药企业必须根据当地市场的特点，制定面向专业人员的营销策略。因此，医药企业需要建立和维持一支具有较强专业素质的营销队伍。大多数医药企业通常从产品研发初期，或决定市场定位和开发市场战略的导入期就开始制定营销计划。因此，医药行业在营销方面的投入也较大。

4）分销是销售实施的具体活动

按照惯例，医药企业通常会先将药品销售给中介分销公司，再由分销公司销售给医疗机构。因此，医药企业必须与分销公司建立密切联系。但是，市场上的分销公司较多，再加上其进入壁垒并不高，所以医药企业对分销渠道的选择权较大。相对上述的研发、生产等环节而言，分销渠道的增值作用较为有限。

5）公共关系维护是企业维持稳定的外部经营环境的管理活动

医药行业受相关法律法规、法院判例及类似的监管约束十分严格。而且医药产品直接关系普通大众的身体健康，深受社会公众的关注。良好有效的公共关系管理将有助于企业维护与社会各方的关系，从而为企业争取有利的发展环境。

通过以上价值链主要业务活动分析可以看到，研发是整个价值链中价值贡献最大的职能活动，而公共关系作为一种辅助的管理活动其贡献程度相比而言较小。

第6章

本地文档：功能风险分析

次日一早，在公司会议室，各部门的负责人坐在一起，听李博士介绍什么是功能风险分析，转让定价同期资料为什么需要进行功能风险分析，以及公司在进行功能风险分析时，为什么要请各部门的负责人来访谈。

6.1 功能风险分析简介[①]

企业功能风险及资产方面的差异，会反映到交易价格确定及经营利润上，是可比性分析的重要内容。42号公告规定，本地文档关联交易介绍部分要描述企业及其关联方在各类关联交易中执行的功能、承担的风险和使用的资产。因此在可比性分析部分要分析可比企业执行的功能、承担的风险，以及使用的资产等相关信息。

6.1.1 功能分析

企业设立的目的是获取收益从而使自身得到不断存续发展。围绕这一目标企业需要开展一系列经济活动，如市场调研、开发产品、组织生产、销售产品、资金筹集、人员管理、仓储运输等，这些就是企业的功能。经营行业不同，企业功能也存在差异。例如，生产制造企业的功能主要包括原材料采购、产品制造、仓储运输、产品销售等；销售企业的主要功能包括产品采购、

---

① 功能风险分析源自英文"Function And Risk Analysis"，其中的 Function 一词，有的翻译为"功能"，有的翻译为"职能"，本书根据中文的表达习惯，有时使用功能，有时使用职能，两个词在本书中的意思没有区别。

储存、物流、营销与销售等。

对于正常运营的企业来说，其各项功能有以下特点：

一是各项功能密切配合。企业作为独立运营经济实体，各项功能的密切配合、协调一致，才能完成经营目标。比如，从采购功能与生产功能的关系来看，原材料供应的计划性、及时性和协调性决定了企业的生产制造活动是否能顺利进行；从研发功能与营销功能的关系来看，只有根据市场需求不断去研发新产品，才能提升竞争力、实现企业的发展。

二是各项功能都是企业创造价值活动必不可少的环节，都能直接或间接为企业带来价值增长。不仅研发、生产、销售活动能对价值创造做出重要贡献，其他活动，如采购、管理、物流、售后服务等也能对价值创造做出贡献。例如，京东的核心竞争力之一是其强大的物流技术，京东在全国大部分地区有物流配送网络，快捷的派送和售后服务提升了京东产品的市场竞争力，成功推动了其产品价值的实现。

三是不同的功能对企业整体价值的贡献程度存在差异。对不同行业企业来说，各功能在企业整体价值创造中的重要程度存在差异。例如，汽车制造企业的主要功能是生产销售受市场欢迎的汽车，其重要功能体现在研发、生产、销售环节。而其他功能如零部件采购、物流、仓储等的重要性就相对较弱。又如，对于商贸企业来说，其生存发展的重要条件是能够拥有稳定的货源，采购到市场畅销的性价比高的产品，并且以有利的价格在市场顺利销售出去。因此，采购和销售是其重要的功能。

四是企业在不同发展阶段，各功能的重要性程度会发生变化。例如，在成立初期，企业的主要目标是提升企业知名度，扩大市场份额，强化市场开发、广告促销、客户渠道构建等销售功能。在上升发展阶段，企业会增强在新产品、新技术、新领域的开发投入，强化研发职能，提升企业竞争力，赢得发展优势，掌握市场先机。进入稳定发展阶段的企业，以巩固现有市场地位为目标，会更加注重成本控制、客户关系维护、售后服务等方面的功能。

企业执行功能的直接表现是发生相关的费用，通过对财务报表中成本费用的分析可以了解企业实际功能的执行情况。例如,企业产生了大量生产成本,包括材料采购、制造费用、机器设备摊销等,可以据此判断企业执行生产功能。如果企业进行大量的广告投放、市场促销、产品推广、客户走访等活动,承担了大量营销费用,可以判断企业具备营销功能。

从另一个角度看,如果企业并未执行某些功能,却承担了相关费用是不合理的。例如,集团内母公司将其发生的管理费用、市场开发费用、技术开发费用等分摊给集团内的子公司,如果子公司并未执行相关功能,这种费用分摊就是不合理的,除非子公司可以享受对应的收益,如无偿使用相应的无形资产。有些上市公司将股东活动、集团法律活动、财务审计活动、集团上市活动等产生的费用分摊给子公司,事实上这些活动与子公司的功能没有关系,子公司是不应当承担这些费用的。反之,如果子公司具有营销功能并且为提升品牌价值产生大量费用投入,子公司就不应当支付品牌的使用费。

6.1.2 风险分析

企业执行功能会面临相应的风险。风险是指企业经营中面临的各种不确定性。风险和功能紧密联系,共同决定了企业取得经济成果的可能性。例如,执行生产功能的企业,会面临生产数量不足、产品质量不合格等风险,这些风险会导致企业收入降低、成本增加,而且会影响企业声誉,对未来销售活动产生不利影响。因此,降低、控制风险也是实现生产功能的重要内容。企业常见的风险包括质量风险、市场风险、库存风险、外汇风险、财务风险等。

企业执行功能与承担风险要保持一致。如果生产公司按照集团的指令采购设备,布局生产线,组织生产,那么由市场销售不畅、订单不足、设备停工导致成本增加的风险,应当由作出决策的母公司承担。

企业间利润分配也要与功能风险相一致。正常的市场竞争环境下,独立企业之间,在产品销售或者提供服务的过程中,通常会考虑为完成交易所发生的成本费用支出及面临的风险状况,即交易价格的确定通常会在一定程度上反映出企业执行的功能、使用的资产，以及承担的风险。企业履行职能越多、承担风险越大，对利润回报的要求就越高。例如，既承担销售又承担售后服务职能的企业，与仅承担销售职能的企业相比，会要求以更高的产品定价来弥补可能发生的成本费用。通常制造原研药的企业的利润水平较高，就是因为这些企业不断研发新药，需要较大的研发投入，研发时间长、研发失败风险大，一旦新药研发成功并上市销售，往往就会要求很高的利润水平。而职能越简单，企业成本费用越稳定，经营的确定性越高，风险越低，收益回报水平就越低。例如，财务服务公司仅给客户提供记账服务，职能比较简单，风险较低，通常取得较低的利润回报水平。因为这样的市场往往进入壁垒低，很多企业都可以加入，市场竞争激烈，导致价格降低。

6.1.3　资产分析

企业执行功能活动需要使用资产。企业任何功能活动都是通过人员来实现的，企业的功能活动离不开人力资源，如员工的技术水平等对企业的利润有重要的影响。尽管随着数字时代的到来，无人驾驶汽车、智能机器人、3D 打印机等新科技产品出现，现代化的生产制造活动对人的依赖性越来越低，但是技术和机器归根到底是人发明的，也是受人控制的。随着创新发明在为企业赢得核心竞争力方面日益发挥重要作用，实施创新开发的高科技人才也成为企业的核心重要资产，是企业完成其功能活动的重要支撑。

除了人力资源以外，土地厂房、机器设备等有形资产也是传统企业执行其功能的基础，整洁干净的厂房、先进的机器设备是生产优质产品的重要保证。甚至在某些行业，如芯片制造行业，是否能获得和拥有最先进的光刻机这一关键设备直接影响了企业的生产和销售。此外，随着科学技术日益发达，技术类和营销类的无形资产，如专有技术、配方、品牌、商标等在企业执行功能过程中对创造价值、提升效率、提升市场价格等都具有显著的影响。

6.2 功能风险分析的步骤与方法

6.2.1 进行功能风险分析需要了解的信息

对关联企业进行功能风险分析，需要确认在关联交易中，企业是否具有执行功能活动的资源，如何开展相应的功能活动，活动内容与合同的约定是否一致，业务活动中有哪些风险，如何对各风险进行控制等内容。要了解上述内容，需要全面了解企业组织架构和雇员状况、业务流程、财务状况、关联交易内容与非关联交易信息等方面的情况。

1) 组织架构和雇员状况

进行功能风险分析，首先要对企业经营范围、投资规模、组织架构、部门业务、雇员分布、收入规模、纳税情况等有全面了解。这些内容有助于了解企业所属行业、发展阶段、经营状况及税收的缴纳情况。其中，组织架构和雇员状况是功能风险分析关注的重点。如果企业的组织架构中有销售部门和销售人员，同时，有较高比例的销售费用支出，企业很有可能具有一定的销售职能。同样，企业如果有较大的研发团队，可能意味着企业履行了研发职能，此时也需要关注研发人员的技术水平、研发成果的使用、研发费用的列支等。

2) 业务流程

了解企业的业务流程也是进行功能风险分析的重要环节。通过了解企业的业务流程，也就了解到企业承担的各项功能。例如，企业的业务流程包括生产计划制定、原材料采购、生产制造、质量管理、物流管理，这些流程都由企业独立完成，说明企业承担了生产、质量管理和物流管理等功能，与这些功能相应的风险也由企业承担。了解生产流程时，不仅是简单地了解业务操作的步骤，还要关注工艺过程的复杂程度、所使用的技术，了解相关技术由谁拥有。

3）财务分析

财务分析是功能风险分析的重要内容，重点关注企业资金的筹集和使用情况，包括企业如何获得经济活动必要的资金、企业对获得资金的使用是否有决策权、企业对资金使用的价格是否有决定权等情况。是否能够获得资金并具有资金支配的决策权是企业是否能够有效控制并承担风险的重要体现。此外，费用的支付实际上体现的是企业所承担的职能和风险状况。如企业支付研发费用，说明企业承担一定的研发职能；企业支付广告费，说明企业承担一定的营销职能，对品牌维护与提升做出了贡献。

4）企业的关联交易内容

企业的关联交易内容是功能风险分析的重点，因而功能风险分析针对的是关联交易各方之间在履行相关义务及其他经济往来行为中所履行的职能和承担的风险。进行功能风险分析时需要了解的信息涉及关联交易的各方面，包括如何订立交易合同、如何确定价格，以及如何确定交易涉及的产品或服务的类型、付款的条件、售后服务中的责任和权利。其中，关联交易定价的确定是需要重点分析的内容。由于交易双方之间存在着关联关系，双方在确定交易价格时与其他没有关联关系的企业之间的定价方法往往不同。非关联关系的企业在确定彼此交易价格时要考虑市场上的一些交易信息，如对产品的需求程度、是不是畅销品、同类产品价格、客户关系的建立等。而存在关联关系时，如果企业只是按照订单组织生产的简单功能的生产企业，在企业确定销售价格时经常采用成本加成法，即在补偿生产企业所发生的成本基础上加上加工企业的利润水平进行确定。

5）非关联交易的信息

在了解关联交易信息时，取得非关联交易的信息也很重要。非关联交易信息是分析关联交易价格、利润分配是否符合独立交易原则的重要参照。如果企业生产的产品既有销售给关联方的也有销售给非关联方的，在这种情况下就需要分析企业在面对不同的客户时履行的职能和承担的风险是否是一致的。如果是一致的，那么以非关联交易信息判断关联交易的合理性就更加具有说服力。

6.2.2　进行功能风险分析的步骤

为了比较全面地了解企业的功能与风险,需要从形式和实质两个层面分析企业具体的功能与风险。从形式层面来看,主要是了解合同、制度、组织结构图等企业内外部的书面资料中关于各方功能风险的表述;从实质层面来看,主要通过审阅企业的业务资料和财务资料,以及和职能部门的人员访谈来了解企业实际承担的功能与风险。具体而言,功能风险分析可以分为以下几个步骤:

第一步:收集和审阅企业的基础资料,包括企业的可行性报告、企业工商税务登记资料、股权架构图、组织结构图、关联交易相关合同、企业财务资料等。关注这些资料中与企业功能风险相关的信息,形成有关企业功能风险的初步判断与假设。

第二步:对企业进行访谈,了解企业实际的业务流程与功能风险。访谈的对象包括企业各部门的负责人。在访谈过程中,要详细了解各部门执行本部门职责的详细流程。为了保证更好地完成访谈,通常要提前准备好访谈提纲,并将访谈提纲提前发给被访者做好准备。

第三步:总结前两步收集的信息,形成功能风险分析报告。报告一般分为三个部分:一是企业执行的功能;二是企业承担的风险;三是企业使用的资产。

6.3　企业承担功能的分析

功能(或职能)分析要识别和确认对关联交易产品或服务做出价值贡献的较为重要的经济活动。企业要完成其设定的经济目标,通常需要开展很多业务活动,其中既有支持企业整体运营的活动,如董事会的决策活动、人事管理活动、财务计划编制、预算管理、成本核算、设备采购等,也有与特定产品、特定交易活动直接相关的经济活动,如原材料采购、产品生产、营销与销售等。为考察和确定关联交易定价及利润的合理性,需要了解企业的全部职能活动。重点是按照关联交易具体内容和特定情况识别影响价值创造的重要经济活动,特别是确定交易双方在关联交易中各自履行的重要经济职能。研发职能、营销与销售职能、采购职能、生产职能、决策职能、融资职能是关联交易分析中受关注比较多的几项内容,在具体的交易内容、交易条件、交易环境下,有不同的考虑因素和考察重点。

1) 研发职能

研发职能,常被认为是给企业带来核心竞争力的重要经济职能。很多跨国公司都会在研发领域进行大量资金投入,通过新技术、新产品的开发,抢占市场先机,获取高额利润。例如,苹果公司超前的设计、研发引领智能手机更新换代,为苹果公司带来巨额收益。2018 年,美国苹果公司已成为首家市值破万亿美元的美国企业。企业的研发活动从概念阶段到产品形成阶段要经历一系列活动,以专利技术为例,需要通过投资决策、产品开发、价值提升、价值维护、技术保护和技术利用等多个环节的活动,不仅体现在研发具体技术或产品的过程,新产品需求调查、生产阶段的量产试验、本地更新改良、营销阶段的问题反馈等也都与研发活动联系在一起。在确定研发职能的价值贡献时要考虑研发所包含的内容、涉及的活动范围、所有参与方的贡献程度、使用研发成果所带来的收益。研发活动的贡献取决于企业的具体情况。如果研发成果已经被使用了很长时间,如专利产品已经过了专利保护期,强调研发成果的贡献就有失合理。但是,如果交易产品热销的重要原因是设计新颖、技术先进等研发所带来的成果,那么研发职能对企业价值的贡献就应当放在重要位置进行考虑。

2) 营销与销售职能

营销与销售职能是企业开拓市场、建立销售渠道、提高品牌知名度的重要活动。不同行业的企业有不同的营销方式,如消费品行业、B2B 行业(Business to Business Industries)和服务业,他们的营销方式各不相同。同一行业里的不同企业,也可以选择不同的营销与销售方式。营销与销售职能也可以进一步区分为营销职能与销售职能。营销职能通常是指针对整个市场所执行的活动,包括市场调研、产品定位与开发、广告投放、产品促销等方面,旨在提升整个市场对企业和产品的认知度;而销售是说服单个或一小群的顾客购买产品的过程,销售职能通常包括寻找目标顾客、建立销售渠道、磋商与谈判、发货与收款、售后服务等活动。

营销与销售活动对于企业扩大市场占有率、提高销售收入具有关键作用,是企业的重要经济职能。企业通过营销与销售活动,可以形成为企业带来巨大收益的营销型无形资产,如良好的客户关系、稳定的销售渠道、广为人知的品牌等。

考察营销职能对企业价值贡献时要关注几项内容:一是企业产品的发展阶段。刚进入市场的产品,需要更多的营销活动来宣传推广产品,营销活动支出更多,承担的风险更大,对产品价值贡献更为显著。相反,已经被市场广泛熟悉的产品,更多的是通过售后服务、价格折扣等方式来稳定客户资源,保障市场占有率,营销的作用相对较低。二是产品的市场需求刚性和产品的可替代程度。可替代产品多、需求刚性弱,营销活动有较大的作用空间。可替代产品少、需求刚性强的产品,营销活动的贡献相对较低。例如,相对于特效药来说,保健营养品需要更多的营销推广活动来占领和维持市场。三是产品的定位。产品市场定位较低,主要依靠价格优势销售的,营销职能的价值贡献相对有限。反之,定位于高端市场,主要依靠质量、品牌等优势进行销售的产品,营销职能的价值贡献较大。

3) 采购职能

采购活动是企业从供应市场获取产品或服务,保证企业生产及经营活动正常开展的一项经营活动。产品或原材料的采购质量和价格、供货渠道的稳定性、供应商售后服务的优劣等对企业后续活动的开展有重要的影响。对跨国集团来说,安排采购职能也是一项重要的决策内容。通常情况下,生产企业可以自主履行采购职能,也就是说生产企业可自行按照生产计划安排采购,寻找原材料供应商,自行确定原材料的采购价格、付款条件、原材料质量要求等。也有些跨国公司为降低集团总体采购成本,专门成立集中采购中心,为集团内所有生产子公司采购原材料。集团通过集中采购,提升议价能力,降低采购成本,提高集团整体利润水平。采购职能对关联交易贡献的重要性程度,需要根据特定的经济环境进行分析。例如,石油化工企业、粮油加工企业、钢铁制造相关企业等对原材料的依赖度较高,企业采购政策直接影响最终的利润水平,采购职能的价值贡献较为显著。又如,对于油品销售公司来说,同行业企业数量较多、市场竞争激烈、市场需求规模有限,而企业基本不具备议价权,一般只能接受石油供应商的定价。在这种情况下,采购议价对利润的影响能力有限。然而,通过维护与石油供应商之间的关系而取得有利的信贷期可以降低用于周转营运的资本,这对于分销商是否能够获取利润至关重要。

4）生产职能

生产活动的资源投入大、人员占用多,是企业利用资本、技术实现产品转化的重要阶段,是企业价值创造的重要经济职能。履行生产职能需要经历一系列的活动。在关联交易中承担产品生产职能的企业,通常是从接受订单开始,进行材料采购、运输、原材料库存管理、生产加工、质量控制、产成品库存管理、设备管理等一系列的活动。生产活动的价值贡献体现在高效、低成本地生产出符合市场需求的高质量产品。例如,丰田汽车成功的经验就是推行"精益生产"模式,该公司按照"消除一切无效的劳动和浪费"理念,推行看板管理、准时生产、均衡化生产等一系列措施,由总装配线向各前工序领取零部件,努力让装配线上的生产变动最小。丰田汽车的均衡化生产使得零部件被领取时的数量变化达到最小,各工序以一定的速度和数量进行生产,提高了整体生产效率、降低了不必要成本消耗支出。同时,丰田汽车降低各个环节的库存,减少了不必要的浪费,不仅降低了生产成本,而且保证了生产质量,为丰田汽车赢得竞争优势。

5）决策职能

企业决策职能对企业来说是十分重要的。企业的各项决策决定了企业要承担多大风险,可以取得多大的收益。通常在企业刚刚成立时,决策由企业所有者独立做出。我们可以独立分析其决策职能。当企业不断壮大,走向成熟,这一职能就与其他职能融合在一起了,每个职能部门的负责人都可以在一定的范围内进行决策,共同完成企业决策职能。所有者只在董事会层面保留重大事项的决策权利,如企业战略的制定、重大事项的投资等。因此,一般情况下我们不单独分析企业的决策职能,但仍然会关注一些特殊交易的决策职能。例如,集团内从事研发的公司是否确实履行了与研发有关的决策,还是仅仅为研发提供了所需资金或仅仅按照其他公司的决策执行研发活动。又如,集团内的金融公司是否执行了与投资、融资相关的决策,还是仅仅按照母公司的指令为各子公司提供资金。是否履行决策职能决定了这些企业是否应该承担与决策相关的风险,以及是否应该取得与风险相关的收益。

6）融资职能

融资职能主要体现企业在资金筹集方面所进行的业务活动,具体指企业根据自身生产经营状况、资金流动水平,以及未来经营发展的需要,分析资金需求规模,评估融资成本及风险水平,制定相应融资策略,获取公司经营发展所需资金的管理活动。融资职能的回报与其承担风险程度密切相关,仅仅是执行常规的借贷活动,或执行资金池的管理活动,企业仅获得低风险的收益回报;如果需要通过操作资本市场、运用金融衍生工具等手段,可降低融资成本、有效提升资金使用效率,所获得的回报就会体现在融资活动中所承担的风险和投入的人力等资源上。

判断企业是否承担各项职能活动,要根据其具体业务活动的内容、投入的资源以及发生的费用等方面进行分析判断。以营销职能为例,如果要判断企业是否有营销职能,可以从营销活动的具体内容出发,考查企业人员在产品销售、市场调研推广、产品品牌价值提升等过程中,参与具体活动的情况,费用支付和补偿情况,形成的与营销相关的有价值的无形资产情况等。具体包括:

（1）营销活动管理与费用。根据产品的生命周期、产品种类、产品市场竞争状况等特点,营销活动多种多样。我们需要关注企业在营销活动中是否参与决策,是否制定预算,是否对活动进行控制,是否承担营销费用等,从而判断企业是否具有营销职能。例如,某公司负责我国境内客户开发工作,通过一些赞助活动宣传企业的品牌,产生大量营销费用,并且由企业自行承担。这样的公司应当被判断为具有营销职能。

(2) 新客户开发。如果境外某企业的产品进入新市场,在尚未建立客户渠道、未形成营销型无形资产的情况下,境内销售子公司通过自己的销售活动建立了客户渠道、提升了品牌的知名度,则境内销售子公司承担了新客户开发的职能。

(3) 对营销型无形资产的开发和价值提升的贡献。一些营销型无形资产通过合同安排或授权,确定其法律所有权人获得营销型无形资产的使用收益。在这种情况下,为了确定对营销型无形资产的产生及价值提升做出贡献的各方,需要评估:①法律注册文件和交易双方之间的协议所规定的权利和义务;②交易双方执行的功能、使用的资产和承担的风险;③通过营销企业或分销企业的活动预期所能创造的无形资产的价值;④根据营销企业或分销商执行的功能(同时考虑使用的资产和承担的风险)所提供的补偿。

如果分销企业仅作为代理商,由商标或其他营销型无形资产的法律所有权人补偿其推广支出并指导和控制其活动,则该分销企业通常仅获得针对其代理活动的合理补偿。其不会承担商标或其他营销型无形资产开发相关风险,因此也不会享有额外收益。

如果分销企业实际承担了营销活动的成本(没有法律所有权人对其相关支出进行补偿的安排),则分析的重点应当在于该分销企业在当下或未来在何种程度上能够享有其因执行的功能、使用的资产和承担的风险所获得的潜在收益。一般而言,在独立交易中,非商标或其他营销无形资产的法律所有权人是否能够享有其为无形资产价值提升开展的营销活动所带来的收益,原则上取决于其拥有权利的实质。例如,一家分销企业长期拥有其品牌产品的独家分销权,通过高产品销售额和市场占有率实现了商标和其他营销型无形资产的价值,因而能够享有其执行的功能、使用的资产和承担的风险所带来的收益。在这种情况下,该分销企业可能提升了自身拥有无形资产,即其分销权的价值。此时,分销企业能够获得多少收益应根据独立分销企业在可比情况下获得的收益来决定。

例如,P 公司是 X 国居民企业,从事手表生产并使用 R 注册商标和商号在全球进行销售。P公司是R商标和商号的注册所有权人。R品牌手表没有在Y国销售，在Y国市场也不为人所知。2015年P公司决定进入Y国市场，在Y国设立全资子公司S公司作为该手表在Y国的独家分销商。同时P公司与S公司签订分销协议，授予S公司在Y国独家销售R商标手表的权利及在Y国独家使用R商号的权利，并免除S公司5年内的商标和商号的使用费。S公司从P公司采购包装完整的手表，在Y国进行销售。根据P公司与S公司之间的协议，S公司要作为销售代理在Y国协助开发R品牌手表的市场。S公司会向P公司咨询R手表在Y国的市场开发策略。P公司主要依据在其他国家的经验首先制定整体市场推广计划，然后编制和批准市场推广预算，最后决定广告设计、产品定位和核心广告词。S公司就本地市场营销情况提供咨询意见，在P公司指导下协助执行市场策略，并对市场战略中各因素的有效性加以评估。作为对上述市场推广协助的补偿，S公司向P公司收取一笔服务费，该服务费通过实际发生的市场推广费加成适当的利润率计算得出。在这种情况下，S公司仅承担分销职能，并不具有营销职能。

如果在上述案例中，根据P公司与S公司签订的协议，S公司负责开发和执行Y国的市场推广方案，在此过程中P公司并不对方案细节提供具体指导，S公司承担市场推广活动的相应费用。双方签订的协议中没有明确规定S公司需要投入市场推广的费用金额，只规定S公司应尽最大努力对手表进行宣传。S公司花费的市场推广费用无法从P公司获得直接或间接的补偿。全面的功能分析表明，由于P公司既不审核或批准市场方案的预算，也不制定市场推广方案，P公司对S公司市场推广活动的控制程度要比上面的案例低。此外，P公司不承担S公司市场推广活动所产生的费用；S公司也没有另行收取市场推广服务费，只是通过将R品牌手表销售给第三方顾客所获得的报酬来补偿其市场推广活动所产生的费用。相对于上面的案例，S公司具备更全面的功能。①

---

① 根据OECD/G20税基侵蚀和利润转移（BEPS）项目，2015年成果最终报告P237的案例改编而成。

问题:企业获得"高新技术企业"资格,是否会影响转让定价分析中对其职能的判断?

讨论:为了鼓励企业创新发展,科技部、财政部和国家税务总局规定,对那些具有一定研发能力,并且实际从事研发活动的企业,通过认定高新技术企业资格,给予其一定的税收优惠政策。资格认定所依据的主要文件是科技部、财政部、国家税务总局发布的《高新技术企业认定管理办法》(以下简称《办法》)。

《办法》规定,认定为高新技术企业须同时满足以下条件:

(1) 企业申请认定时须注册成立一年以上。

(2) 企业通过自主研发、受让、受赠、并购等方式,获得对其主要产品(服务)在技术上发挥核心支持作用的知识产权的所有权。

(3) 对企业主要产品(服务)发挥核心支持作用的技术属于《国家重点支持的高新技术领域》规定的范围。

(4) 企业从事研发和相关技术创新活动的科技人员占企业当年职工总数的比例不低于10%。

(5) 企业近三个会计年度(实际经营期不满三年的按实际经营时间计算,下同)的研究开发费用总额占同期销售收入总额的比例符合如下要求:

① 最近一年销售收入小于5 000万元(含)的企业,比例不低于5%。

② 最近一年销售收入在5 000万元至2亿元(含)的企业,比例不低于4%。

③ 最近一年销售收入在2亿元以上的企业,比例不低于3%。

其中,企业在中国境内发生的研究开发费用总额占全部研究开发费用总额的比例不低于60%。

(6) 近一年高新技术产品(服务)收入占企业同期总收入的比例不低于60%。

(7) 企业创新能力评价应达到相应要求。

(8) 企业申请认定前一年内未发生重大安全、重大质量事故或严重环境违法行为。

从该文件的规定看,具有高新技术企业资格的企业,必须具有一定程度的研发能力,并且具有一定规模的研发活动,从职能分析角度看,企业具有较强的研发职能。因此,已经具有高新技术企业资格的企业,不仅具有无形资产的所有权或使用权,而且高新技术产品在总体销售中占有较高的比例,在进行转让定价分析时,应优先被认定为具有研发职能。除非企业可以提供有利的证据证明,其所拥有的技术或销售的产品与关联交易无关,在关联交易中企业只承担了生产职能。在这种情况下,应该区分关联交易与非关联交易,并分别进行分析,而不应基于企业的整体利润水平判断关联交易的合理性。

6.4 企业承担风险的分析

企业履行职能活动中遇到的风险来自多个方面,不同风险对关联交易的影响也各不相同。转让定价分析要识别经济重要性风险,也就是由关联交易引起的,并对关联交易结果有显著影响的非系统性风险。风险需要结合特定职能活动的履行进行识别、分析和判断。《OECD转让定价指南(2010年版)》要求对关联方之间合同所约定的风险进行审核,确定是否与关联交易的经济实质相一致。

6.4.1 转让定价相关重要风险

BEPS行动计划报告中对风险的定义:风险是不确定性对企业经营目标的影响。如果企业的目标是利用各种市场机会获得利润,企业为获得利润所进行的经济活动中存在各种不确定性,这些不确定性都是企业需要承担的风险,如市场价格波动的风险、存货过期或管理不善发生损失的风险、生产过程中出现不良品引发成本上升的风险、货款无法回收的风险、汇率波动的风险、政策变化的风险等。转让定价分析需要重点关注企业在采购、生产、营销与销售、研发过程中的风险。

6.4.1.1 采购活动相关风险及其重要程度

采购过程可能出现的一些影响企业正常经营的风险，包括但不限于因采购预测不准导致物料难以满足生产要求的风险、因超出需要形成呆滞物料的风险、因供应商产能下降导致供应不及时的风险、货物质量或数量不符合订单要求的风险、采购价格过高的风险、供应商存在不诚实甚至违法行为的风险，这些情况都会影响采购预期目标的实现。

采购活动相关风险可能导致后续的生产活动无法正常进行，或者生产的产品成本过高，或者生产的产品质量不达标等问题，这些都会侵蚀企业的利润。但是相对其他风险，采购活动相关风险比较容易控制，企业可以通过原材料入库前质量检查、保有安全库存、与供货商签订长期供货合同、签订期货合同等方式控制采购风险。因此，除了一些特别行业之外，采购活动相关对企业的利润长期来看不会产生特别显著的影响。

6.4.1.2 生产活动相关风险及其重要性程度

生产活动相关风险是由于原材料、设备、生产人员、生产工艺及生产组织等方面的因素，企业无法按时按质完成生产计划的风险。生产过程中的风险可能来自原材料供应不及时、设备故障、生产人员不足、生产工艺落后或生产组织落后等因素。生产活动相关风险对企业的影响很大程度上取决于企业及其生产产品的性质。对于专门从事生产的企业，如像富士康一类的代工生产（Original Equipment Manufacture）企业，生产风险会对企业盈利产生很大的影响。但对于以研发为主的企业，如苹果公司，可以将生产过程完全外包，从而将生产活动相关风险转移。富士康和苹果公司，可以说是两种完全不同类型的企业，它们承担的生产活动相关风险属于两个极端水平，而更多的制造业企业处于这两端之间，或多或少承担一定程度的生产活动相关风险。

对于生产过程中可能面临的诸多风险，转让定价分析特别关注存货风险，包括原材料、半成品、产成品等过期、毁损、变质、丢失等风险。笔者以为之所以特别关注这一风险，是因为只要是承担生产职能的企业基本上都需要承担原材料、设备、生产人员和生产组织等方面的风险，相互之间没有太大的差别，对企业与交易之间的可比性不产生太大的影响。但生产企业可以通过一些合同约定，将存货相关的风险在上下游企业之间转移。例如，一些来料加工企业所有的原材料都由委托企业提供，生产出来的产品也是归委托企业所有，加工企业本身几乎不拥有原材料和产成品，它们的存货风险很低或几乎没有。而大部分生产公司自己采购原材料，自己制定生产计划，确定存货规模，保管原材料、半成品和产成品，需要承担库存风险。因此，不同企业之间在存货风险方面可能存在显著差异，从而使得它们之间的利润或交易价格不可比，因此我们在进行转让定价分析时，必须特别分析存货风险。

相对研发和营销等风险而言，生产活动相关风险相对比较稳定，风险因素比较容易被识别和控制，企业可以通过加强生产管理、购买商业保险等各种方式加以管理，风险相对可控。

6.4.1.3　营销与销售活动相关风险及其重要程度

营销与销售活动相关风险来自营销活动的方方面面，包括但不限于产品风险、定价风险、促销风险、销售渠道风险、品牌推广与维护风险、企业声誉风险。从转让定价分析的角度来看，营销与销售活动相关风险最终体现在企业的产品或服务是否能够按照预期的价格销售出去。如果产品无法按预期的价格被销售出去，企业就无法获得收入，所有成本都无法得到弥补，遭受巨大的经济损失。反之，如果产品热销，就会给企业带来巨大的收益。

相对采购与生产等职能而言，营销与销售活动虽然也属于相对传统的职能活动，但由于营销与销售活动直接面对市场，而市场相对原材料、机器等管理对象来说，更加变幻莫测，难以捉摸，营销与销售活动面临的风险也更难管理和控制，对收益产生的影响更大。

企业面临的市场风险高低主要取决于企业所在市场的竞争水平和经济结构。例如，如果企业在所在的行业中面临的竞争对手有限，而且相对固定，市场风险就相对较低。如果企业所在行业内面临众多竞争对手，甚至不断有其他行业的企业涌入，其面临的市场风险就比较高。行业对经济环境的敏感度也对市场风险产生影响。例如,汽车行业受宏观经济影响较大。经济不景气时,汽车行业也不景气。反之亦然。而药品和医疗器械行业受宏观经济环境的影响相对没有那么显著。

企业自身如何履行营销与销售职能也对市场风险有一定的影响。如果企业在每一次开展营销与销售活动之前,都按照科学的方法,进行深入的市场调研,并根据市场调研的结果确定营销与销售策略、拟定营销与销售方案,可以在一定程度上控制市场风险。

在集团内部,母公司可通过内部经济活动的安排,避免子公司受市场风险的影响,保证子公司生产出来的产品可以销售出去,子公司不承担市场风险。类似的安排也会影响关联交易价格和利润与其他非关联交易价格和利润的可比性,加上市场风险较难控制,对企业的利润有较大的影响,转让定价分析也需要特别关注市场风险。

6.4.1.4　研发活动相关风险及其重要程度

研发活动的最终目的在于取得技术上的竞争优势,获得技术储备,推出新产品,从而增强企业竞争力。与传统的生产过程不同,研发活动往往是在全新领域进行的探索,可能是全新的技术、全新的产品,也可能是全新的应用领域。其不确定性非常高,不管企业如何努力管理风险,也不能有效地控制其中的大部分风险。由于研发活动是一种创新性的活动,研发过程中的资源投入很难事先准确测算,其所依托的技术的成熟度和可靠性也往往难以把握,因而研发项目的技术不确定性、投资不确定性和收益不确定性极高,整个研发项目生命周期充斥着各种风险因素。

研发风险贯穿于研发的整个过程,从项目立项开始,就可能已经埋下失败的伏笔。例如,诺基亚公司在20世纪末是全球最大的手机厂商,并且很早就推出智能手机,搭载了当时最先进的"塞班"操作系统。但是随着苹果公司推出 ios 系统,谷歌推出安卓系统,"塞班"系统的市场占有率开始下降。诺基亚管理层没有看到移动互联网市场的发展方向,仍然坚持研发和维护"塞班"操作系统,最终导致手机业务失败。或者即使选择了正确的研发方向,在实施研发项目的过程中,企业也可能受人员、技术、资金的限制,无法成功推行研发计划,研究出期望的技术或产品。或者即使企业研发出期望的产品和技术,这些创新的产品和技术可能并不被市场所接受,无法为企业创造收益。或者即使企业克服以上重重困难,研发出受市场欢迎的产品和技术,还会有被仿制或者核心技术外泄的风险。

与市场风险一样,企业如何履行研发职能对研发活动相关风险有一定的影响。如果在履行研发职能过程中,企业认真辨识、管理和控制相关风险,可以适当降低研发风险。但是与市场风险一样,由于研发活动本身存在的巨大的不确定性,这些管理与控制研发风险的活动并不能消除所有的研发风险。

研发风险对企业的收益有巨大的影响。研发成功,可为企业带来巨大的收益;研发失败,可能导致巨额的研发投资颗粒无收。因此,承担有研发功能和研发风险的企业,业绩波动相对较大。同样的,集团内部可以通过一定的安排来转移研发风险。例如,对于从事研发职能的子公司,不论其研发成果如何,均按照实际发生的成本费用,加成一定的比例给予固定的补偿,从而将子公司从高风险的研发企业变成风险较低的研发外包服务企业。基于上述原因,研发风险也是转让定价分析重点关注的风险。

以上我们仅分析了不同行业面临的普遍风险,需要注意的是,不同行业面临的风险会有所不同,对特殊行业的特殊风险需要给予特别关注。例如,化工行业对环境影响大,环保费用及相关法律政策对企业经营影响较大,需要分析一旦发生环保问题,谁承担环保职能,谁承担环保治理费用,企业出现环保方面的事故由谁承担责任等问题,环保风险应该是化工行业企业风险分析的重要内容。

6.4.2 风险控制

如前所述,企业可以通过一定的方法对风险进行管理和控制,也可以通过合同契约转移风险。然而,有时集团内的这种风险控制和风险转移只是形式上的,目的只是将超额利润转移至低税地避税。为了防止企业通过转让定价避税,BEPS 行动计划提出,在关联交易中承担风险的一方应当具有对这种风险的控制能力并且具有资金实力来承担这一风险。例如,销售公司按照母公司指令从关联公司采购产品,然后销售给第三方客户,如果销售公司并不能控制采购产品的数量,那么因存货过剩或不足而导致相关风险就不应当由销售公司承担。

风险控制是指有权利、有实力进行风险决策,并且能够落实风险决策。这些决策包括承担风险活动、停止风险活动或和拒绝承担风险活动。同时,企业在执行决策职能时,能够对如何应对风险做出决定。也就是说,企业要能对交易过程中产生的特定风险进行决策。然而,这并不意味着跨国企业集团中的其他企业不会参与制定风险控制的一般政策,因为制定政策本身并不代表决策行为。集团董事会和执行委员会可能会为集团整体设置一个可接受的风险水平,并为管理和报告经营活动中的风险制定控制框架,如存货占营运资本的总体水平,或者为达到战略目标所需的市场最低库存水平。然而这种,广义上的政策制定不应被视为承担、终止、规避或减缓特定存货风险的决策。

风险决策不仅指有能力做出决策,而且指能够执行决策并对风险进行控制。决策者应具备针对某一特定风险决策领域进行决策的能力和经验,并理解其决策对企业可能产生的影响。决策者还应有权获取决策过程所需的相关信息,信息可以由决策者自行收集,也可以由其通过行使权利获得。为此,决策者需要具备评估和决策的能力并实际执行这些能力,以确定收集和分析信息的目标,决定雇佣收集和分析信息的服务提供方,评估所收集的信息是否准确、所完成的分析是否充分,必要时决定是否修订或终止与服务提供方的合同。仅通过举行会议正式批准在其他地区做出的决策、签署董事会会议纪要及相关文件等方式将决策结果正式化,或者制定风险控制政策,并不是为控制风险而执行决策功能。

对风险实施控制并不意味着进行日常的风险减缓活动。风险减缓是指采取预期会影响风险的措施,包含降低不确定性或减少风险事件、不利影响的措施。风险控制并不意味着必须要采用风险减缓措施。在评估风险时,企业可能在衡量后决定承担和面对一些风险(包括企业核心业务运营中的基本风险)的不确定性,以获得最大收益。

企业可以将日常风险减缓活动外包给其他公司,但是必须实施必要的风险控制。企业需要拥有与风险减缓功能相关的评估和决策能力,并实际执行了这些功能。例如,确定外包活动的目标、决定聘请服务提供方执行风险减缓功能、评估对方是否完成目标,以及必要时决定是否与该服务提供方修订或终止合同。

风险控制并不意味着其可以影响风险本身,或者可以消除不确定性。某些风险属于商业活动的一般条件,会对所有进行相关活动的企业产生影响。例如,与总体经济状况或大宗商品价格周期相关的风险通常超出了跨国企业集团能够影响的范围。风险控制应被理解为企业拥有决定是否承担风险及如何应对风险的能力和权利。

举个例子说明风险控制的概念。A公司指定了一家专业生产公司B公司为其生产产品。按照合同安排,B公司提供生产服务,而A公司提供产品规格和设计并决定生产计划,包括产品交付的数量和时间。而后A公司雇佣了C公司来执行生产过程中的质量控制。A公司明确了质量控制的目标及C公司应为其从事的活动和收集的信息,C公司直接向A公司汇报。对相关经济特征的分析显示A公司承担并控制产品召回风险和存货风险,A公司行使其能力和权利制定了许多关于是否承担以及如何承担和应对相关风险的决策。此外,A公司还拥有与风险减缓功能相关的评估和决策能力,并实际执行了这些功能,包括决定外包活动的目标,决定是否雇佣某一特定的生产商和质量检测方,评估目标是否完全实现,以及必要时决定是否修订或终止合同。

6.4.3　风险承担

风险承担是指承受风险所带来的有利或不利结果,风险承担方将承担风险发生时的财务及其他后果。执行部分风险管理功能的一方可能并不承担其管理的风险,而是受雇于风险承担方并根据风险承担方的指示执行相关的风险减缓功能。例如,风险承担方可能将降低产品召回风险的功能外包给另一方,后者根据风险承担方所提供的标准对特定生产流程的质量控制进行监督。

企业承担风险必须要具有一定财务能力,包括能够获得相应资金去承受风险发生的后果。财务能力可以是拥有的现金和其他可变现资产,一旦风险发生就能够及时变现承担可能发生的费用。评估企业财务能力时,要分析风险承担方的经营行为与独立企业在相同情形下的经营行为是否一致,企业对所获得的资金是否能够实施足够的控制。当风险承担方通过获得集团资金来满足应对风险时的资金需求,资金提供方可能会承担财务风险,但不会仅因提供资金就承担对应的特定风险。当缺乏承担风险的财务能力时,企业应进一步考量风险的分配,没有足够资金实力承担风险发生后果的关联方就不应当获得风险相关的补偿。

BEPS 行动计划报告要求将某项交易活动的融资风险与经营风险进行区分,并且要分别确认受控交易中的融资风险和经营风险。例如,某跨国集团从事药品生产销售,该集团设立的子公司 A 公司拥有药品相关专利权。如果 A 公司对研发活动相关的重要事项进行决策,决策内容包括研发哪一种新药,如何进行研发,是否需要把部分研发活动外包,以及外包给集团内的哪个公司等。A 公司有相应的雇员来执行这些决策活动。以上的情况说明 A 公司实际承担研发功能,具备经济实质,A 公司同时承担经营风险和融资风险。如果 A 公司缺乏经济实质,不实际从事研发决策活动,也不承担研发职能,仅仅是在低税率地区设立"资金池",为研发活动提供资金,则 A 公司不承担任何经营风险,仅承担融资风险,A 公司不应获得企业经营的剩余利润,仅应获得提供资金所对应的风险收益。如果 A 公司仅提供资金,但并不控制资金风险,那就仅应获得无风险的融资回报。

6.4.4　风险分析的步骤

企业风险与承担的功能、使用的资产紧密联系在一起,是分析关联方之间受控交易不可缺少的一项内容。由于关联交易中各方承担的风险比各方承担的功能与拥有的资产更难以识别，BEPS 行动计划确定了受控交易风险分析的详细步骤，我们通过以下案例进行具体说明。

A 公司是位于 X 国的药品生产销售企业。A 公司的市场调研发现，现有治疗高血压的药品效果不稳定，副作用明显，医院和患者都在寻求能够有效降低血压并且副作用小的药品。A 公司决定研制新型降压药品。A 公司首先制定药品研发计划书，制定研发预算，确定研发内容、研发要达到的技术疗效，以及研发项目进展的时间表等。同时，研发计划书也明确了哪些项目由 A 公司自行完成，哪些项目外包给集团内其他公司。A 公司研发项目负责人批准了研发计划书的内容。A 公司在 Y 国有一个全资控股子公司 B 公司，B 公司专门从事药品研发活动，B 公司有 30 名雇员，都是从 Y 国招聘的医药专业毕业的学生或者医药领域的专家。A 公司与 B 公司签订合同，委托 B 公司帮助其研发该新型降压药品。合同约定，A 公司按照 B 公司进行该项目研发活动所发生的全部成本加成 9% 向 B 公司支付报酬。

步骤一：确定经济重要性风险

这一步的目标是确定转让定价分析中哪些是必须考虑的风险。这样的风险应当具有经济的重要性。风险的重要性程度取决于风险发生的可能性，以及风险发生时可能引起的潜在收益或亏损的规模。

风险需要专门辨认，首先必须要知道引发风险的原因是什么。引发风险的原因可以来源于跨国公司的内部或者外部。但不管是什么原因，都需要对受控交易的风险进行确认和描述，要根据受控交易的实质判断确定受控交易的经济重要性风险。比如，案例中的 A 公司开展研发活动，其面临的不确定性因素是研发是否会成功，这一风险对企业的经营目标具有重要影响，因此研发风险就是该企业所要承担的经济重要性风险之一。假设研发成功了，新开发的产品是否会成功投入市场也是企业面临的另一不确定性因素。是否有替代产品的竞争，研发产品是否符合市场需求等问题关系到企业是否能够实现预期目标、获得销售产品收益，因此市场风险是企业所面临的另一经济重要性风险。

步骤二:确定合同中风险承担方

风险分析的第二步是确认合同对关联交易重要风险的约定。首先看合同是如何对交易风险进行分配的,然后对比实际交易中风险的控制和承担与合同规定是否一致。一般来说,作为法律契约,独立企业之间的合同安排基本会与风险的实际承担相一致。但是集团内企业间的合同关系很多是形式上的,为实现集团的整体目标,合同安排与关联方之间的交易实质有时并不一致,因此需要对关联方之间的真实经济关系进行分析判断,而不能仅仅从合同得出结论。

合同条款对某些风险的承担会表述得比较明确,而对其他风险需要进行分析辨别。例如,关联交易双方所签订的合同中明确说明委托方按照成本加成的方式向受托方支付报酬(包括产能的闲置费用)。该条款表明所有风险,包括产能闲置风险都由委托方来承担。案例中,A 公司按 B 公司发生的全部成本加成的 9% 支付报酬,说明 A 公司承担研发活动中所发生的一切不利后果,研发风险应该是由 A 公司承担。当然,不能仅凭报酬的支付方式得出结论,还应当对 A 公司进行功能分析,看双方如何进行风险管理和控制。

步骤三:风险相关的功能分析

这一步分析关联交易双方对重要风险的管理和承担情况,分析哪一个关联方对减缓风险实施控制,哪一个关联方承担风险所带来的有利或不利结果,哪一个关联方具有财务实力来承担风险。

案例中,A 公司提出新药的研发需求,并制定了新药研发方案,确定了研发内容、研发预算、研发产品技术标准、研发时间表、外包研发活动内容,以及外包业务标准要求,同时,A 公司对外包业务活动进行监督管理。B 公司在 A 公司的指导下,按照 A 公司制定的业务标准开展研发活动,并且要将工作的进展情况向 A 公司进行汇报,说明 B 公司在研发活动中不进行重要决策。根据功能分析判断,A 公司在研发活动中有能力和有权利进行研发活动的各项决策,承担研发活动的风险,B 公司按照 A 公司的要求完成受托的研发活动项目,不承担研发风险。

对风险控制情况进行比较时,应重点确保关联风险承担方在受控交易中执行的风险管理功能与第三方风险承担方在非受控交易中执行的相关功能具有可比性,比较的目的在于说明独立企业在可比交易中承担了与关联企业可比的风险管理功能。

步骤四:分析获取的信息

以上步骤收集了受控交易中有关风险承担及风险管理的信息。步骤四则是对步骤一至步骤三所获得的信息进行分析,从而确认合同约定的风险承担是否与交易双方的实际行为及其他事实情况相一致。

步骤四首先分析交易的双方是否按照合同的约定承担风险,是否存在与合同的约定不一致或者不同的地方,可以从交易双方实际从事的活动判断是否真实履行了合同。案例中,根据双方签订的合同,A 公司按照成本加成确定支付给 B 公司的报酬。该交易中的研发风险被认定为具有经济重要性,合同约定由 A 公司承担研发风险。功能分析显示 A 公司有能力和权利做决策,决定是否承担研发风险及如何承担研发风险。这些决策包括是否自行承担部分研发工作,是否寻求专家的建议,是否雇佣特定的研究人员,包括确定研究类型与研究目标,以及分配给 B 公司的预算。A 公司通过将研发活动外包给 B 公司降低了其自身的风险,而 B 公司则在 A 公司的控制下承担日常研发功能。B 公司按照预先确定的时间表向 A 公司汇报工作,A 公司负责评估研发活动的进度,并根据评估结果决定是否对项目进行持续的投资。A 公司具有承担风险的财务能力。B 公司不具有评估研发风险的能力,它的主要风险在于不能按照约定完成 A 公司的研发目标,从而失去 A 公司的委托研发项目。为了确保其能够胜任该研发活动,B 公司可以通过员工雇佣、研发流程、专业知识及所需资产方面的决策控制自身的风险。B 公司所承担的风险和 A 公司所承担的研发风险是不同的。功能分析表明,A 与 B 之间的交易实际与合同约定研发一致,A 公司承担了主要的研发风险。

步骤五:风险分配

各方承担的功能、使用的资产和承担的风险,将在一定程度上决定风险在各方之间的分配,从而决定在独立交易原则下各方之间的交易条件。例如,在分销商以其自有资源进行营销和广告活动的情况下,其所要求的报酬通常会高于其仅作为代理商的报酬。分销商与代理商之间就发生的成本收到补偿并取得与该活动相应报酬,交易条件也会不尽相同。根据前面步骤,约定承担风险的关联企业没有对风险实施控制或不具备承担风险的财务能力,则该风险应当被分配给实际对风险实施控制且具备承担风险的财务能力的企业。如果存在多家关联企业既对风险实施控制又具备承担风险的财务能力,则该风险应当被分配给对风险实施最多控制的关联企业或关联集团。对风险实施控制的其他关联企业也应当根据所实施的控制行为的重要性予以合理补偿。

步骤六:基于风险分配结果制定交易价格

确定了关联交易双方在受控交易中承担的风险之后,对关联交易进行定价时,应当运用《OECD 转让定价指南》中的定价工具和定价方法,考虑风险承担方应当获得合理的预期回报作为补偿,以及其风险减缓行为应当获得的合理补偿。既承担风险又实施风险减缓行为的纳税人应当比仅承担风险或仅实施风险减缓行为的纳税人获得更高的补偿。如果企业仅对风险实施控制但不承担风险,在对企业进行补偿时,可以根据其对风险控制的贡献分享风险收益。如果当事方既不承担风险又不对风险实施控制,则无权享有该风险带来的超过预期的收益(或承担超过预期的损失)。在案例中,A公司既承担研发风险又对研发风险实施控制。因此,A 公司应当承担开发失败造成的经济后果或享受开发成功带来的经济成果。B 公司应就其所提供的研发服务及承担的风险获得合理的补偿。

6.5　企业使用的资产分析

企业使用的资产同企业的功能和风险有着紧密的联系。一方面,资产状况体现企业的投资规模与发展实力,是企业履行经济职能和承担风险的保证。另一方面,企业支付高额资金以购买土地、建设厂房、采购先进的机器设备、研发先进的技术和产品,就承担了相应的风险,也期望获得相应的补偿。因此,在进行转让定价分析时,必须分析关联企业拥有和使用资产的状况。

企业拥有和使用的资产,既包括土地、机器设备、存货等有形资产,也包括专利、商标、专有技术等无形资产。这些资产可以是企业自己拥有的,也可以是企业租用的。一般来说,企业拥有的有形资产很容易辨识,通过查阅企业的会计账簿,可以很快获得基本信息,通过实地观察和访谈,可以进一步确认所获信息。但是,企业拥有和使用的无形资产,并不那么容易识别。虽然某些企业的会计账簿或法务部资料有记载一些商标、专利等的所有权或使用权,但是这些记录往往不能真实准确地反映企业拥有和使用无形资产的情况。因此,我们本节只详细介绍如何分析企业所拥有的无形资产。

无形资产对现代企业生存与发展的影响越来越大,尤其是对于一些高科技产业和新兴产业中的企业,其无形资产在企业整体资产价值中占有很大的比重。但是,由于会计准则的限制,无形资产必须满足一定的条件才能被确认,有些无形资产可能并没有在企业账面上体现出来。如我国的会计准则的规定,无形资产要满足以下一定条件,才能在会计上被确认与计量:

(1) 无形资产的可辨认性。要求无形资产:

① 能够从企业中分离或者划分出来,并能单独或者与相关合同、资产或负债一起用于出售、转移、授予许可、租赁或者交换。

② 源自合同性权利或其他法定权利,无论这些权利是否可以从企业或其他权利和义务中转移或者分离。

(2) 无形资产有关的经济利益很可能流入企业,同时无形资产的成本能够可靠地计量。

会计准则特别强调对于企业内部研究开发项目开发阶段的支出,同时满足下列条件的,才能确认为无形资产:

① 完成该无形资产以使其能够使用或出售在技术上具有可行性。

② 具有完成该无形资产并使用或出售的意图。

③ 无形资产产生经济利益的方式,包括能够证明运用该无形资产生产的产品存在市场或无形资产自身存在市场;无形资产将在内部使用的,应当证明其有用性。

④ 有足够的技术、财务资源和其他资源支持,以完成该无形资产的开发,并有能力使用或出售该无形资产。

⑤ 归属于该无形资产开发阶段的支出能够可靠地计量。

准则同时明确企业自创商誉及内部产生的品牌、报刊名等,不应被确认为无形资产。①

受到会计准则限制,企业自行开发的很多有价值的无形资产无法在账面体现出来。这样的无形资产可以划分为两类:第一类无形资产是多年经营过程中逐渐形成的,如良好的客户关系、高素质的员工、良好的企业口碑等,企业只有长期投入人力、物力和财力,才能积累和建立起来这些优势。这类资产范围广,很难被定义和量化,但是这些资产却的确存在,并对企业做出巨大贡献。对于某些企业来说,这些资产的价值可能远高于实体资产的价值,是企业真正的软实力。第二类无形资产在法律上可能以某种形式存在,如企业拥有的商标和品牌,但其实际价值很难在账面上体现。企业为了提升商标和品牌的知名度,会产生巨额的广告费支出,但是出于审慎的原则,这些支出在会计上被作为当期费用处理,并不会资本化,不能增加商标和品牌的账面价值。但实际上这些支出会有效地增加商标和品牌的经济价值。此外,还有一些无形资产具有互补的效用,共同使用时提升的价值也不一定体现在资产负债表上。

在转让定价领域,需要将无形资产作为对企业价值做出重大贡献的要素进行全面的分析考虑,因为企业拥有的无形资产不同会直接影响可比性。根据《OECD 转让定价指南(2017 年版)》的定义,无形资产是指企业

---

① 具体见《企业会计准则第6号——无形资产》。

拥有或者控制以便在商业活动中使用的没有实物形态的非金融资产，独立企业间在可比情形下对该资产进行使用或转让需支付对价。无形资产的范围包括专利技术、商标权、特许经营权、政府许可、著作权等可以获得法律、合同或其他形式保护的资产，也包括非专利技术、商业秘密、客户名单、销售渠道等没有授权或未受保护的资产。转让定价领域判断无形资产的标准是能够为企业带来收益，因此，转让定价分析中判断企业是否拥有或使用无形资产，不能仅依据企业的账簿记录或者是否拥有法律所有权等进行简单判断，还需要根据企业经营活动、费用的支付等进行综合分析判断。例如，某销售公司经过长期市场宣传、客户走访等活动，拥有了自己的客户名单和客户渠道，未来这些客户会为企业带来销售收益。尽管企业不会在其资产负债表上体现这些无形资产，但这些都构成了企业的无形资产。

转让定价将无形资产分为技术型无形资产和营销型无形资产。技术型无形资产是具有技术特征的，通常与生产过程相联系，技术型无形资产又可以划分为专利技术和非专利技术；而营销型无形资产与市场、产品销售相联系，包括商标、企业名称、销售网络等。

对关联交易进行分析时要确定起重要作用的无形资产及无形资产的价值，必须明确其是什么类型的无形资产，是技术型还是营销型。

6.5.1　技术型无形资产的辨识

技术型无形资产的范围既包括专利权等受到专利法保护的，具有一定收益年限的资产；也包括企业内部保有的专有技术或适用技术，包括设计图纸、加工工艺、技术诀窍、材料配方、商业秘密和技术管理经验等。

专利权（Patent Right），简称专利，是发明创造人或其权利受让人对特定的发明创造在一定期限内依法享有的独占实施权，是知识产权的一种。专利可以是一种实物，如植物新品种、新药、新材料，也可以是一种流程、外观设计。能够取得专利的发明通常是高风险、高成本的研发成果。然而，在某些情况下，较低的研发支出也可能产生非常有价值的专利发明。专利开发方可以通过销售专利产品、授权其他方使用其专利发明或出售专利来弥补其开发成本并获得收益。在某些情况下,专利的排他性权利可以使专利所有者在使用发明过程中获得超额利润;在另一些情况下,一项专利发明可以为拥有方带来竞争对手所没有的成本优势。但是,专利也可能不会给企业带来显著的商业优势。

在科技行业,技术革新是核心驱动力,所以微软、IBM、Intel 等行业巨头都申请且拥有了众多专利。这些专利成为影响产品成本和性能的重要因素。例如,生产手机的厂商往往要为生产的每部手机向微软、苹果等拥有诸多专利的公司支付专利费,这就无形中提高了产品成本,而那些手握大量专利的公司,即使自己产品没有上市,也能通过收取专利费用赚得盆满钵满。

专利技术是比较容易辨识的,因为所有的专利都需要所有者通过申请,取得专利证书或专利文献,才能使所有者获得在特定地域、特定时间内独享使用某技术的权利。因此,只要审阅企业法律部提供的文件,或者在专门的网站上查询,就可以确认交易双方各自拥有的专利技术。

非专利技术又称专有技术、技术秘密,是指未经公开、未申请专利的知识和技巧,主要包括设计资料、技术规范、工艺流程、材料配方、经营诀窍和图纸、数据等技术资料。非专利技术最出名的例子非"可口可乐"的秘密配方莫属。与专利技术不同,非专利技术并没有正式的证书来证明其存在,它往往是以秘密资料的形式存在,甚至没有有形的资料,只是储存在某些人员头脑中的技术和经营诀窍,因此,很难辨识。很多企业可能并没有系统地辨认和整理自己所拥有的非专利技术。实际上,对于一般性的税务分析,我们也不会对企业拥有的非专利技术刨根问底。但在某些情况下,准确地辨识专有技术却十分重要,比如关联企业间就非专利技术支付了技术使用费,就需要考察收取技术使用费的一方是否确实拥有非专利技术,拥有的非专利技术是否确实能够为支付技术费的一方创造价值,支付的费用是否合理等。在这种情况下,需要仔细地分析企业拥有的非专利技术。由于非专利技术本身都有保密性要求,而且并不一定有实物存在,无论是税务机关还是中介机构,分析非专利技术都有很大的困难,只能通过访谈或调查的方式,了解企业是否拥有或使用非专利技术。在某些情况下,也可以让技术提供方提供技术说明书,能说明技术本身状况,如先进性、垄断性、成熟程度、保密性与扩散度等实质性内容。

6.5.2　营销型无形资产的辨识

营销型无形资产与企业的产品销售活动密切相关。BEPS 行动计划规定,营销型无形资产是与市场营销活动相关的无形资产,有助于产品或服务的商业运作,并且对产品推广具有重要的价值。营销型无形资产包括商标、商号、品牌、政府许可和特许与合同权利、商誉、客户名单、客户关系,以及专有市场和客户数据。这些无形资产可以用于或有助于向客户推广和销售产品或服务。

商标是一种独特的名字、符号、标识或图片,所有者可以用其区分自己和其他企业的产品或服务。商标的专有权利通常通过注册获得。注册商标的所有者可以排除他人使用该商标的权利,以避免在市场上产生混淆。如果企业一直使用商标并按规定进行注册,就可以无限期地延续使用。商标可以用于某个特定的产品或服务,也可以用于一系列产品或服务。尽管商标在消费市场层面最为人熟知,实际上它可以存在于各个市场层面。

商号(通常指企业名称,但也有例外)可能具有与商标同样的市场渗透力,并且可以某种特定的商标形式进行注册。一些跨国企业的商号辨识度很高,可以在各种产品或服务的营销活动中使用。

品牌一词有时可与商标和商号交替使用。在某些情况下,品牌被认为是具有社会和商业重要性的商标或商号。品牌可以代表一系列无形资产和项目,包括商标、商号、客户关系、声誉特征、商誉等。品牌可能包含单个或一系列无形资产。

政府许可和特许与合同权利。政府许可和特许对特定企业非常重要,包括政府授权企业开发特定自然资源或公共产品或开展一项特殊商业活动等。合同权利对特定企业也可能非常重要,包括与供应商和关键客户签订的合同、获得一名或多名雇员服务的合同安排等。

商誉可以指代多种不同的概念。在会计和企业价值评估中,商誉是指企业整体价值与可辨认有形资产价值之和和无形资产价值之和之间的差额。商誉也可以表述为不单独确认和核算的企业资产的未来经济利益,或预期可以从现有客户获得的未来利益。商誉不能与其他企业资产分离,也不能作为独立的资产单独转让。独立企业之间为转让企业部分或全部资产所支付的对价中,可能会有相当一部分金额是作为对类似商誉的补偿。当关联企业间发生类似交易时,应当在确定独立交易价格时考虑这种补偿。

我们看到,营销型无形资产的范围比较广,它们大都是经过长期的积累而形成的,凝聚着市场与客户对企业和品牌的认知,对于企业产品的销售有重要作用。但是,相比技术型无形资产,营销型无形资产出现在企业资产负债表中的概率更小。除非是外购的营销型无形资产,如外购商标,可以在会计账上有所体现,其他营销型无形资产都是难觅踪影。那些受到法律保护、合同专门规定的无形资产,可以通过企业法律授权书、有关合同规定等进行确定,如商标通常会通过商标所有权登记获得法律保护。但是,对于营销渠道、客户关系等这些营销型无形资产,既不会在会计账上记录,也不会有法律文书提供线索。这些只能依靠对企业管理层的访谈和调阅其他资料获得相关信息,然后进行专业判断。

在确认无形资产的所有权时,首先应当查看书面合同、公开记录(如商标注册)、企业间往来邮件或其他通讯记录。合同可能会具体说明关联企业所拥有的无形资产相关职责和权利。合同可能还会描述跨国企业与无形资产相关的收益和支出如何根据集团成员所做的贡献在其间进行分配,以及其相应的金额和支付方式。

当缺乏书面条款或者实际情况与合同书面条款不符时,必须根据既定的事实(包括交易双方的实际行为)推断无形资产的所有权及相关的职能风险分担和收益分配。

从转让定价角度看，在确定无形资产的法律所有权人时，某个无形资产及与该无形资产相关的授权应被视为不同的无形资产，由不同的所有者所拥有。例如，A 公司是某一商标的法律所有权人，并给予 B 公司排他性的商标授权，B 公司可以使用该商标进行生产、市场营销和销售等一系列商业活动。在这个案例中，商标是一项无形资产，法定由 A 公司所有。使用该商标生产、推广和销售相关产品的授权是另一项无形资产，法定由 B 公司所有。B 公司根据其所获授权开展市场营销活动，可能会影响 A 公司所拥有的无形资产的价值或 B 公司获得授权的价值，或同时影响上述两种无形资产的价值。

同技术型无形资产一样，辨识营销型无形资产的实际所有权，需要与企业的功能风险分析相结合。我们以 R 公司为例说明这一问题。

R 公司是成立于 A 国的销售公司，为在 A 国推广 X 商标品牌发生了大量的市场和营销费用。X 商标属于注册在 B 国的母公司 S 公司所有。在这种情况下，R 公司是否拥有商标等营销型无形资产，是否有权获取提升商标价值所对应的高额回报呢？

对于上述问题的回答需要依据具体事实进行确定。如果 R 公司是承担有限风险的销售商，R 公司在 S 公司的指令和控制下发生的广告、营销和市场推广支出（Advertising、Marketing & Promotion，AMP），并已经从 S 公司获得补偿，R 公司不能取得无形资产开发和提升对应的额外回报。因为 R 公司仅仅是替 S 公司执行 X 品牌的营销活动，履行的是协助职能，并不控制品牌开发和价值提升活动的功能和风险。出资及其相关风险也是由母公司 S 公司承担。R 公司作为有限风险的销售商，仅获得常规活动的回报，AMP 活动的大部分收益应当归母公司 S 公司所有。R 公司为履行代理和协助功能获得回报，可以收取一定的费用。

在这个案例中，如果是 R 公司自行决策和控制在 A 国营销、推广、使用 X 品牌的活动，尽管 S 公司也支付 AMP 费用给 R 公司，但这仅仅是为开发、提升无形资产投入了资金，根据《OECD 转让定价指南（2017 年版）》，S 公司的这种资金投入应该仅获得提供资金的回报。

进一步分析,如果 R 公司是全职能的销售公司,自主做出 AMP 相关的决策,对于发生的 AMP 费用没有从 S 公司处收到任何回报。在这种情形下,需要考虑 R 公司是否提供了品牌开发服务,或者所发生的 AMP 费用是否是企业履行其职能应该发生的费用以及 R 公司是否获得了足够的补偿。如果 R 公司没有从 S 公司处直接获得回报,R 公司是否通过增加销售收入的方式,从营销和广告活动中获得了收益。比如,若 R 公司与 S 公司的合约安排是长期的,且 R 公司是独家销售商,那么 R 公司是营销和推广活动的唯一受益方,不需要从母公司 S 公司处获得任何补偿。相反,如果双方之间的合约安排并非长期,R 公司也并非独家销售商,那么 R 公司应该为支付的 AMP 费用收取必要的补偿。

6.6 典型的功能风险分类

企业主要通过产品或者服务的销售来获得收益,收益多少取决于产品或服务价格的高低。成功的定价策略能使企业获得较大利益并且买家也乐于接受。企业在定价时要考虑很多因素,包括企业内部的因素,如生产和销售产品的成本费用、企业承担的风险情况、对未来发展的市场定位等;还需要考虑很多外部因素的影响,如市场需求情况、同行业竞争状况、新产品的替代影响等。企业未来预期收益的大小,与其自身履行的经济职能、对风险的管理和控制能力等有重要联系。企业履行的职能越多,承担的风险越大,所获的利润就越不稳定,有可能获得更高的利润,也有可能遭受更大的损失。企业履行的职能越简单,承担的风险越小,所获的利润绝对水平越低,但利润越稳定,波动越小。

企业作为独立的市场竞争主体,通常需要面对各种各样的风险,但是在市场分工不断细化的背景下,企业出于不同的战略考虑,在履行职能范围、承担风险程度等方面做出特别安排,有意承担或规避一些风险已经是比较普遍的商业实践。以高科技企业华为、苹果、富士康为例。华为既从事高科技产品与技术的研发,也拥有自己的生产制造厂,是全功能的生产制造企业。苹果公司将生产全部外包给富士康等 OEM,将生产风险转移出去,自己则专注于高科技产品和技术的研发与销售。富士康将自己的职能活动定位于生产制造,为苹果公司这样的国际知名科技企业履行生产职能,赚取加工费收入,不承担高科技产品研发的风险,但是富士康会从事大量与生产工艺、生产技术相关的相对风险较低的研发工作。

在全球化运营环境下,跨国公司为了有效利用全球资源、扩大发展空间、提升专业化管理效率等,对其整体的职能与风险通过合同或其他法律安排进行分割,分别成立重点履行某个或某些职能活动的子公司,比如,专门履行生产职能的制造公司、专门从事销售职能的销售公司、专门从事技术研发的研发子公司。这些公司承担的功能与风险和全功能的企业有较大的差别,这种功能与风险的差异会大大影响企业的产品定价和利润水平。因此,作为同期资料功能风险分析部分的小结,通常会对企业的功能风险进行定位,看看企业到底是全功能的企业,还是有限功能与风险的企业。以下我们将对生产制造企业、销售企业常见功能风险分类进行介绍。

6.6.1 生产制造企业:全功能制造商、合同制造商、合约加工商

跨国公司在中国、菲律宾、马来西亚等国成立生产公司,专门为母公司从事产品的组装加工工作,而产品设计、生产产品的技术工艺等都由母公司提供,生产出来的产品通常销售给母公司或集团内的销售公司。这样的公司不承担研究或市场风险,属于承担有限功职能的制造公司。根据企业承担的存货风险的不同,有限功能的制造企业又可分为合同制造商(Contract Manufacturer)和合约加工商(Toll Manufacturer)。合同制造商一般自己采购原材料,承担采购风险和存货风险,而合约加工商按照委托方的指令进行生产,委托方提供原材料,原材料和加工出来的产品都属于委托方所有,合约加工商对采购的原材料以及生产出来的产品都没有所有权,不承担任何存货风险。表6-1总结了不同类型的生产制造企业承担的主要功能和风险。

表6-1 不同类型生产制造企业承担的功能与风险

合约加工商	合同制造商	全功能制造商
不拥有技术	拥有生产相关的技术	拥有产品和生产技术
不拥有商标	不拥有商标	拥有商标
主要原材料由委托方采购和提供	自行采购原材料	自行采购原材料
仅按照指令进行生产	有限安排生产计划的权力	自行制定生产计划
设备可能由委托方提供	不能完全控制设备采购计划	对设备采购有选择权
按照指令实施质量控制	按照指令实施质量控制	直接控制产品质量
不承担研发风险	不承担研发风险	承担研发风险
不承担市场风险	不承担市场风险	承担市场风险
不承担存货风险	承担存货风险	承担存货风险

全功能的制造商开发自己的产品,可能有大量的研发支出,它们具有全部生产制造职能,如原材料采购、生产管理、质量控制、存货管理等。同样他们也从事营销和销售活动,自行开拓市场,实现产品销售。它们承担多种类型的风险,包括研发风险、生产风险、存货风险和市场风险,其利润水平难以预测。

合同制造商有可能具有材料采购、安排生产计划、拥有存货(原材料、半成品、产成品)等职能。在履行合同的过程中,公司不会直接面对市场风险,因为它们通过合同约定会从客户那里取得稳定的利润回报。它们取得的回报有可能是以费用为基础的,如成本加成,或者提前约定单位产品的价格,这样的价格也可能是按照成本加成法确定下来的。合同制造商的无形资产通常是有限的,典型的无形资产为与生产过程相关的专有技术。合同制造商与全功能制造商都承担与生产相关的所有职能与风险,它们之间的区别在于合同制造商基本不承担研发职能和市场营销职能,不承担研发风险与市场风险,合同制造商的利润水平相对全功能制造商而言比较稳定,利润通常也较低。

合约加工商实际上提供的是加工服务,除了与生产过程直接相关的风险之外,基本不承担其他风险,利润水平最为稳定,但也是最低的。

需要注意的是以上对生产制造企业的区分是为了方便转让定价的分析和讨论，是一种概念简化，实务中各类企业的差异并非如表中所述那么明显，对某一企业的分类也并非那么绝对，很可能出现不同职能相互交叉的情况。实际上，如果把全功能制造商和合约加工商看成功能风险分析的两极，大部分跨国集团内部从事生产活动的子公司并不一定可以简单被归类为以上三种制造商，而可能处在职能或风险安排两个极端中间的某一个点。我们需要关注分析对象的职能风险与可比公司职能风险是否一样或接近，必要的情况下需要对差异进行调整。

6.6.2 销售企业：全功能销售企业、有限功能销售企业、销售服务提供商

根据销售企业承担的功能风险不同，通常可以将销售企业分成全功能销售企业（Full Fledged Distributor）、有限功能销售企业（Limited Risk Distributor）、销售服务提供商（Commissionaire）。它们承担的功能与风险如表6-2所示。

表6-2　不同类型销售企业承担的功能与风险

全功能销售企业	有限功能销售企业	销售服务提供商
拥有商标、品牌等无形资产	不拥有商标、品牌等无形资产	不拥有商标品牌等无形资产
自主采购	自行采购	无须采购
需要进行库存管理	需要进行库存管理	无须库存管理
从事市场营销活动	不从事市场营销活动	不从事市场营销活动
从事销售与促销等活动	从事销售与促销活动	从事销售活动，负责向客户介绍产品、落实订单
负责售后服务	负责售后服务	维护客户关系
承担存货风险	承担一定的存货风险	无存货风险
承担市场风险	承担一定的市场风险	无市场风险
承担坏账风险、外汇风险等	承担一定的坏账风险、外汇风险等	无坏账风险

全功能销售企业承担与销售活动有关的所有职能和风险,拥有与营销有关的无形资产,由于它们所面临的风险复杂而多变,它们所获得的利润相对难以预测,可能会有较大的波动。但长期而言,其利润率应该高于其他类型的分销商。

有限功能销售企业与全功能销售企业之间最大的差别是有限功能销售企业不从事战略性和营销性的活动,不拥有商标、品牌等营销型无形资产,但它可能拥有客户名单、销售渠道等营销型无形资产。至于其他功能和风险,可以通过一定的合同安排,将部分风险转移至委托人承担。具体转移哪一些风险,在不同的有限功能销售企业之间可能存在不同。

销售服务提供商履行的职能比有限功能销售企业更少,它不会参与战略性或营销性的职能活动,也不拥有商标、品牌等无形资产。有限功能销售企业与销售服务提供商之间最大的区别就是有限功能销售企业会从事买卖活动,也就是会购入待销售的商品,并从事销售活动。而销售服务提供商不会购买销售的商品,而是作为委托方的销售代表履行销售职能,比如寻找潜在客户,与潜在客户沟通、介绍产品,获得订单、维护客户关系等。销售服务提供商承担的风险很少,所获得的利润相对低而稳定,一般是按照它们实际发生的成本费用,加成一定的比例向委托企业收取服务费,或者按照成交额的一定比例收取佣金。

合约加工商和销售服务提供商的职能非常单一,一般不会有金额较大的资本投入。一般认为,类似的单一职能企业不应当承担管理不善、开工不足、产品滞销等方面的风险和损失,这样的企业应当维持在一个稳定的利润水平。承担这样职能的企业如果发生亏损很容易成为转让定价调查的对象。《国家税务总局关于发布〈特别纳税调查调整及相互协商程序管理办法〉的公告》(国家税务总局公告 2017 年第 6 号)的第 28 条明确规定,企业为境外关联方从事来料加工或者进料加工等单一生产业务,或者从事分销、合约研发业务,原则上应当保持合理的利润水平。上述企业如出现亏损,无论是否达到《国家税务总局关于完善关联申报和同期资料管理有关事项的公告》(国家税务总局公告 2016 年第 42 号)中的同期资料准备标准,均应当就亏损年度准备同期资料本地文档。税务机关应当重点审核上述企业的本地文档,加强监控管理。上述企业承担因决策失误、开工不足、产品滞销、研发失败等造成的应当由关联方承担的风险和损失的,税务机关可以实施特别纳税调整。

6.7 案例：盛大公司的概况与功能风险分析

在张总及各部门负责人的大力配合下,李博士的团队很快完成了对盛大公司的功能风险分析,并将报告的前几部分(包括前面第 4 章的概况部分)发给张总确认。报告的内容如下。

6.7.1 盛大公司的概况

盛大公司是某跨国制药集团 MNE SA 在中国成立的药品制造公司, MNE SA 集团总部 MNE SA Holdings 位于 A 国。集团的研发公司 MNE Research and Development（D）Co.(以下简称 MNE D)设在 D 国,在 K 国设有无形资产持有公司 MNE IP Holdings（K）Co.（以下简称 MNE K）。K 国的公司每年投入大量资金,委托位于 D 国的研发子公司进行新药研发活动。其产品在全球 12 个国家的制造企业完成,并通过位于全球各地包括中国的 20 多个销售公司销往世界各地。

盛大公司成立于 2010 年,注册资本为 2 000 万欧元,主要业务为生产、包装及销售医药产品,2011 年起正式投产销售产品。

MNE SA 集团的股权架构如图 6-1 所示。

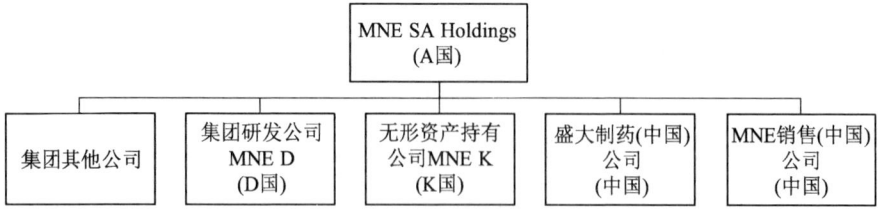

图 6-1　MNE SA 集团股权架构图

盛大公司的组织架构如图 6-2 所示。

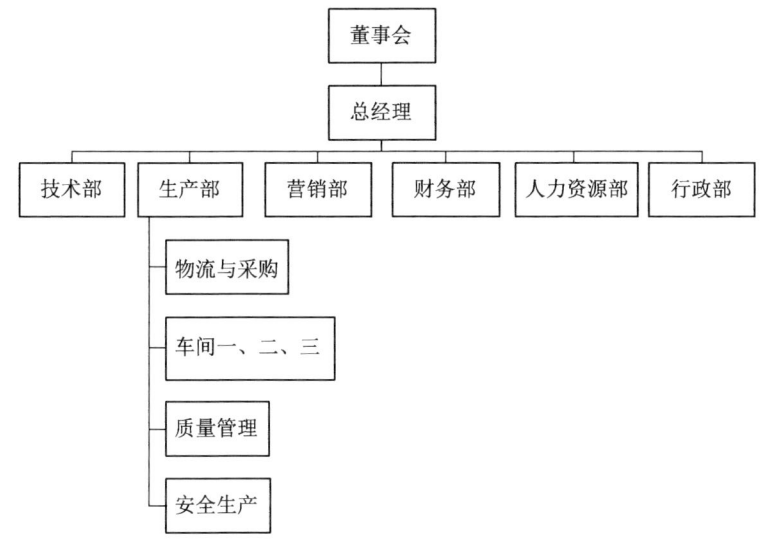

图 6-2 盛大公司组织结构图

盛大公司的组织机构及人员配备情况如表 6-3 所示。

表 6-3 盛大公司组织机构和人员配备表

部门	分部	人数
营销部		23
财务部		8
人力资源部		4
行政部		11
生产部	生产车间一、二、三	512
	安全生产部	4
	工程部	11
	物流与采购	9
	质量控制与管理	10
技术		6
总计		598

6.7.2 盛大公司的关联关系与关联交易

2015年，盛大公司从第三方供应商采购辅助材料和包装材料，从 MNE SA 集团内位于 U 国的某关联公司采购核心原材料。

2015年，盛大公司将产品都销售给 MNE 销售（中国）公司及位于 Z 国的境外关联方，不存在非关联销售。

2015年，盛大公司向关联方 MNE IP Holdings（K）Co 按产品销售收入的5%支付技术使用费。

2015年，盛大公司向 T 国企业 MNE Services（T）Co 支付各种类型的服务费等。

2015年，盛大公司向集团内 T 国 MNE Finance（T）Co 金融公司借款为3000万美元，按6%向该公司支付利息，2015年共支付180万美元的利息。

6.7.3 盛大公司的功能风险分析

6.7.3.1 盛大公司拥有和使用的资产

盛大公司拥有和使用资产的情况如下。

1）无形资产

MNE SA 集团生产的药品，其专利权主要由集团控股公司 MNE SA Holdings 和 MNE K 拥有，近年来研发的新药主要是由 MNE K 委托 MNE D 研发，无形资产属于 MNE K。盛大公司不拥有任何产品配方、专利等技术型无形资产。MNE SA Holdings 是集团所有商标、品牌的法律所有权人。盛大公司不拥有商标、品牌等营销型无形资产。

2）有形资产

盛大公司拥有或租赁生产活动所需的有形资产。这些资产包括土地、建筑、生产设备、仓库、办公设备和办公家具。所使用的固定资产是制药行业标准化且常规性的资产。

6.7.3.2 盛大公司的功能风险

1）功能

① 研究开发（R&D）。

MNE SA 集团由 MNE K 和 MNE D 负责开发创新型药品，MNE K 根据目标治疗市场的潜在回报、技术风险及商业风险，将研发投资分配到不同的研发项目上，并提供所需的资金。MNE D 根据 MNE K 的要求，具体从事研发活动。盛大公司不从事任何研发活动。盛大公司的技术部主要负责解决日常生产中遇到的技术问题。

② 原材料或半成品的采购。

盛大公司从第三方供应商采购辅助材料，从 MNE SA 集团的关联公司采购核心原材料。

③ 生产制造。

盛大公司主要参与药物的二级生产，包括制粉、混合、压缩和包装等工艺，产品主要包括两大类，即片剂与液态药。

片剂的生产流程：计量—筛选—成粒—干燥—制粉—混合—压缩—装盒—包装。

液态药的生产流程：计量—混合—制粉—过滤—填充—包装。

盛大公司的制造流程由 MNE SA Holdings 负责生产物流的中央团队来协调和监管。

④ 物流和质量控制。

盛大公司完成生产和包装后，成品药物会通过一个地区的物流服务提供商被运往销售公司当地的仓库。仓库收到产品后，会与货运单据及计划交货单进行核对。货物需要通过负责质量控制的经理检查之后才能发送给分销商。

MNE SA 集团内部存在质量控制系统，对集团内产品质量进行监管，盛大公司负责在业务范围内保证产品遵守集团内的质量政策要求。

⑤ 市场营销。

2015年，盛大公司将所有产品都销售给MNE销售（中国）公司及其他境外关联方，不存在非关联销售。MNE销售（中国）公司执行MNE SA总部制定的营销策略，包括进行市场研究、市场开发、产品宣传，并与非政府组织（NGO）合作举办各种产品研讨会。MNE SA集团总部对营销策略与发展计划的决策负最终责任。盛大公司不承担营销与销售职能。

2）风险

① 研究开发风险。

MNE SA集团处方药的研发由MNE SA集团总部以及MNE K执行，盛大公司不承担研究开发成本及相关风险。

② 市场风险。

2015年，盛大公司产品全部销售给关联方，由关联方销售给最终客户，盛大公司不承担市场风险。

③ 质量与产品责任风险。

当产品不符合为大众所接受的或广告承诺的质量标准时，由MNE SA集团总部承担质保与产品责任风险，由MNE销售（中国）负责处理客户投诉，由MNE SA集团总部对产品缺陷承担最终责任。当出现包装瑕疵时，盛大公司承担换货成本。但MNE SA集团拥有严格的质量控制程序，盛大公司承担的质量和产品责任风险有限。

④ 生产风险。

盛大公司对其本地生产活动承担最终责任，由于集团拥有有效管理生产及成本的方法，盛大公司承担的生产风险较为有限。

⑤ 存货风险。

盛大公司购买或持有的产品具有一定的保质期，盛大公司需要承担部分存货风险。然而在实际中盛大公司按照关联企业的订单组织采购和生产，存货风险比较有限。

⑥ 物流风险。

由于集团物流统一由MNE SA集团的中央团队负责协调第三方物流公司完成，盛大公司仅承担有限的物流风险。

⑦ 外汇风险。

盛大公司从海外关联企业采购活性药物成分或原料药/半成品药时以外币结算，将产品销售至 MNE 销售（中国）时以人民币结算，而将产品销售至海外关联方时以美元结算。因此，盛大公司承担一定的外汇风险。

⑧ 信用风险。

盛大公司的产品销售均面向 MNE SA 集团关联企业，可保证其收到货款，盛大公司不承担任何信用风险。

3）盛大公司功能和风险分析总结

盛大公司的功能和风险分析总结如表 6-4 所示。

表 6-4　功能和风险分析表

企业与关联方 功能类别	盛大公司	MNE 销售（中国）	MNE SA 集团总部/ 海外关联企业
研发	无	无	高
采购	中	无	高
生产	高	无	无
质量控制	中	中	高
物流与存货管理	低	中	中
营销与销售	无	高	高
售后服务与质保	低	中	高
一般行政管理	中	中	中
资产			
有形资产	较多	较少	较少
生产型无形资产	较少	无	较多
营销型无形资产	无	较少	较多
风险			
市场风险	无	高	高
信用风险	无	中	中
存货风险	低	中	中
外汇风险	高	无	高
质保与产品责任风险	低	中	高
产品开发或研发风险	无	无	高

综上所述,盛大公司不承担研发职能、营销与销售职能,承担生产计划制定、原材料采购、生产、质量控制和一般行政管理等功能,承担有限的外汇风险、存货风险和质量保证风险。因此,盛大公司可被定义为医药产品的合同制造商。

张总看到李博士提交的报告,仿佛看到了在税务局截止日之前完成转让定价报告的希望,但是到目前为止,还没有看到关于公司关联交易是否合理的说明。李博士告诉张总,前面的内容都是为后面转让定价方法的选择与使用做好铺垫,公司的关联交易是否合理,还需要应用转让定价方法,对公司的关联交易定价进行具体的分析。

第7章

本地文档：转让定价方法选择与使用

两个星期后，李博士将团队为盛大公司准备的转让定价分析初步结果发给了张总，考虑到张总可能很难理解转让定价分析的方法和结果，李博士又专程拜访张总，为其做了详尽的解释。

7.1 转让定价不是科学，而是艺术

转让定价专家常说的一句话就是"转让定价不是科学而是艺术"。科学是严谨的、精确的、抽象的，像"1＋1＝2"，就是客观世界的准确表达，有唯一正确的答案，不允许有偏差。而艺术是主观世界的感性思维，它是灵活的、具有创造性的、形象的，如雄伟的建筑、美妙的音乐、神奇的画作等，带给人类美感和遐想。

用科学与艺术作对比来说明转让定价，是想表达，转让定价分析的结果并非客观唯一。转让定价是关于价格合理性的分析，什么样的价格是合理的往往没有唯一正确的答案。例如，一个商贩在市场上销售桃子，如果桃子的进价是每斤 10 元，他会希望桃子以每斤高于 10 元的价格进行销售，至于具体高出多少，他会考察市场上其他商贩销售桃子的价格和质量，如果他觉得自己卖的桃子个头大、味道甜，会有人愿意花较高的价格购买，他会确定一个高于市场平均价的价格。在销售过程中，如果有人要一次性买 10 斤以上的桃子，他会给予其价格优惠。到了下午还有一些桃子没有卖出去，他会降价处理，甚至以低于成本价的价格销售。因此，商贩进行定价时，会综合考虑环境和条件，并根据环境和条件的变化进行调

整。销售时间、桃子质量、销售批量等都是影响桃子定价的重要因素，很难用一个函数去科学地表达。

用科学或艺术作对比来说明转让定价，还因为转让定价涉及很多主观分析和判断，并且需要我们像艺术家一样去想象和创新。《OECD 转让定价指南》中，要求关联方之间的交易价格从真实的交易环境出发，遵从独立交易原则，按照市场上独立企业在同样或类似情况下的交易价格确定自己的价格，并为实施独立交易原则设计了一系列的转让定价方法。然而，具体选择和使用哪种转让定价方法有很大的灵活性。由于每种方法有各自的适用条件和适用环境，在选择方法时需要衡量各种方法的优缺点，考虑具体关联交易内容、交易双方承担的职能风险情况、可比数据的取得、可比性调整的可靠性及其他相关因素，选择可比性调整最少、数据最容易获得、操作性最强的调整方法。例如，在关联方之间转让无形资产，如果采用成本加成法确定无形资产的转让价格，就体现不出来无形资产的真正价值。因此，需要参考独立企业在无形资产交易中对购买或销售价格的确定，按照市场上非关联交易中价格的确定方法来评估关联方之间的交易价格。此外，就算选定了某一转让定价方法，如交易净利润法，在实际运用时还会遇到很多特殊的困难，如各类关联交易错综复杂、可比公司不足、信息不完整等，需要纳税人和税务机关去创造性地解决这些问题。

但是，说转让定价是艺术，不是科学，并不代表转让定价经济分析可以随意而为。所谓的艺术，仍然是理性基础上的艺术，是围绕着公认的转让定价原则和转让定价方法，在一定范围之内的灵活性和艺术性的表现。仍然以桃子为例，如果同一市场上同类的桃子销售价格都在 13～15 元，卖家可能不知道桃子究竟应该卖 13 元还是 15 元，但是一般不会按 18 元、19 元的价格售卖，因为按照这个价格售卖的话，是不会有非关联方去购买的。为了保证转让定价分析的科学性，税务局和纳税人会使用一定的转让定价方法去确定关联交易的合理价格或利润。

7.2　常见的转让定价方法

7.2.1　独立交易原则

在具体介绍转让定价方法之前，需要先了解转让定价分析的基本原则——独立交易原则（Arm's Length Principal）。独立交易原则亦称"独立公平交易原则""公平交易原则""正常交易原则"等。独立交易原则的权威表述源自国际税收协定，OECD 和联合国（the United Nations，UN）的税收协定范本的第 9 条均规定：

当一方企业直接或者间接参与另一方企业的管理、控制或资本时，或者同一人直接或者间接参与一方企业和另一方企业的管理、控制或资本时，在上述任何一种情况下，两个企业之间的商业或财务关系不同于独立企业之间的关系，因此，本应由其中一个企业取得，但由于这些情况而没有取得的利润，可以计入该企业的利润，并据以征税。

税收协定第 9 条没有直接使用"独立交易原则"这几个字，但是给出了具体的原则，即要求具备关联关系的企业之间的交易（以下简称受控交易）的定价，应该和完全独立的无关联关系的企业或个人之间交易（以下简称非受控交易）的定价一致。要将关联企业之间的交易视同独立企业之间的交易，来确定关联企业之间的交易价格和利润，这一原则实质上就是"独立交易原则"。

《OECD 转让定价指南》用了一章的篇幅来介绍独立交易原则。指南指出，关联关系并不一定会扭曲关联企业之间的定价，关联企业之间的定价扭曲也不一定是出于避税的考虑，还有可能是因为海关评估、反倾销、市场营销策略等商业原因。但是，只要关联企业之间的定价没有反映独立企业在可比条件下的非受控交易的价格，税务机关就可以对关联企业之间的定价进行调整。

独立交易原则作为一种理论概念和模型，有很强的指导意义，已经被大多数国家所承认和接受。但其在实际应用过程中存在不少难题。首先，一些学者认为独立交易原则不能反映关联企业经营所带来的规模经济效应与一体化效应。其次，在很多情况下，由于交易产品和服务的特殊性与所涉及无形资产的特殊性，在独立企业之间往往找不到可比的交易，这就导致很难应用独立交易原则。最后，很多时候纳税人和税务机关很难收集到足够的信息来确定独立交易价格，特别是独立企业之间的交易信息。因此，很多时候应用独立交易原则所获得的价格只是基于可获得信息的近似结果。在此过程中，会涉及很多主观判断，也是这个原因，所以我们说转让定价分析不是一门科学，而是艺术。

7.2.2 可比性分析

独立交易原则在理论上比较简单，容易被大家所理解和接受，但在实际经济活动中，要真正按照这一原则来贯彻并非易事。其中，如何确定受控交易与非受控交易之间可比是最困难的。实际上，应用独立交易原则的核心就是可比性分析。因此，根据 42 号公告的规定，需要在同期资料本地文档中进行可比性分析，并且公告列出了五项可比因素。

在确定受控交易与非受控交易之间的可比程度时，通常要考虑交易本身或交易各方的一些可能会影响到价格或利润的特性，这些特性就是可比因素。可比因素通常被分成五个方面，包括转让的财产或服务的特征，交易各方承担的功能、使用的资产与承受的风险，合同条款，经济环境，以及经营策略。以上各因素究竟哪个重要，取决于交易的性质和所使用的转让定价方法。

1）转让的财产或服务的特征

财产和服务的不同特性会直接导致它们在公开市场上的价值差异，因此，在对受控交易与非受控交易进行可比性分析时，必须关注这些差异。影响有形资产价格的重要特性有物理特征、品质、可靠性、可获得性和供应数量等；影响服务价格的重要特性有业务性质、技术要求、专业水准、承担责任、付款条件和方式、直接和间接成本等；影响无形资产价格的重要特性有交易形式（许可还是销售）、资产的类型与形式（技术、品牌、专有技术）、受保护期间与程度、资产使用的地点，以及使用资产的预期收益等。

2）交易各方承担的功能、使用的资产与承受的风险

交易各方在交易中承担功能的多少、承受风险的高低，以及使用资产的性质通常会影响交易各方的回报。一般来说，交易一方承担的功能越多、承担的风险越大、使用的资产越特殊，它期望的回报就越大。因此，在查找可比交易时，需要对交易各方的功能、风险和资产做详细的分析，通常称为功能风险分析。功能风险分析可以帮助查找与受控交易各方之间具有相似功能、资产及风险分配的非受控交易，也有助于选择和确定受控交易中的被测试方。影响可比性的重要功能通常有研究与开发，采购、运输与储存原材料，产品生产、工艺流程改进，市场营销与销售，行政管理活动（如法律、财务、人事管理等）。影响可比性的重要资产包括有形资产与无形资产，特别是无形资产。风险分析通常需要关注生产风险、信用风险、质量风险、研发风险、市场风险、存货风险等。在进行功能风险分析时，功能、风险与资产三个方面中，最重要的是风险分析。因为按照经济学的一般理论，个体承担的风险越高，期望的收益越高。鉴于功能风险分析的重要性，我们已经在第6章中对如何进行功能风险分析做了详细的介绍。

3）合同条款

交易双方所签订的合同，是对商品或服务交付的法律约定，通常是双方真实意图的表达，具有商业上的合理性。其中，合同条款中的交易数量、交货期、付款条件、售后服务等条款都会影响交易价格，如交易数量大，通常在价格上会有折扣；交货期越短，价格可能会越高；一次性付款或预付款条款往往会在价格上获得一定优惠；售后服务范围越大、期限越长对提升价格越具有说服力等。所以在进行可比性分析时，需要关注合同条款相关内容，合理评估合同条款差异对交易价格的影响。

4）经济环境

经济环境主要考虑全球经济发展趋势、企业所在国家和行业的发展趋

势、企业的市场位置等。具体来说，要分析以下因素：市场地理位置、市场规模、市场层次（批发还是零售）、市场竞争情况、替代品的情况、政府管制、周期性（包括产品、行业和经济周期）、消费者购买能力、成本构成情况（联合国指南特别强调要分析与地理位置相关的成本差异）等。

5）经营策略

经营策略会影响跨国公司的定价策略，对于采取市场扩张策略的企业来说，倾向于以降低销售价格来实现更多的销售。而另一些企业可能选择撇脂定价策略①，通过高价服务于特定客户，获取利润的同时维持产品商高端的形象。

当受控交易与非受控交易的相关经济特征及它们所处的环境相似到足够可靠地衡量时，这两项交易被认作是可比的。实际上，在现实中没有任何两项交易是完全一样的，完美的可比交易通常是不存在的。因此，有必要牺牲一定的可比性，为确定受控交易的价格或利润取得一个近似的结果。因此，可比不意味着两项交易一定是相同的，但是它们之间的差异不应对公平价格或利润产生实质性的影响，或者当这种重要差异存在时，可以做出合理调整（称作可比性调整）以排除这种影响。

7.2.3 转让定价方法

转让定价方法是关联交易定价所采用的方法。合适的转让定价方法能够有效体现关联交易定价中独立交易原则的内涵。目前国际认可的转让定价方法基本上都参考了《OECD 转让定价指南》总结的几种方法。这种转让定价方法的一致性，有利于跨国交易的转让定价风险控制，同时为解决国际

---

① 撇脂定价法（Market-skimming Pricing），又称高价法或吸脂定价（Skimming Prices），即在产品刚刚进入市场时将价格定位在较高水平（即使价格会限制一部分人的购买），在竞争者研制出相似的产品以前，尽快地收回投资，并且取得相当的利润。然后随着时间的推移，再逐步降低价格使新产品进入弹性大的市场。一般而言，对于全新产品、受专利保护的产品、需求的价格弹性小的产品、流行产品、未来市场形势难以预测的产品等，可以采用撇脂定价策略。

转让定价争议提供了磋商的基础。

《OECD转让定价指南》将转让定价方法分为传统交易方法和基于利润的方法。传统交易方法是通过与非关联交易的价格进行比较来确定受控交易价格,具体包括可比非受控价格法、再销售价格法和成本加成法;基于利润的方法是将关联交易与非关联交易的利润进行比较,从而间接验证关联交易价格的合理性,具体包括利润分割法和交易净利润法。

7.2.3.1 可比非受控价格法

可比非受控价格法(Comparable Uncontrolled Price Method)是对受控交易的价格与非受控交易的价格直接进行比较,以确定关联方交易价格是否合理的方法。在公开市场上,买方或卖方从自己的利益出发,各自为争取最大利益讨价还价,最终达成双方都能接受的价格,也就是OECD所称的独立交易价格。集团内的关联方之间就关联交易价格进行沟通时,双方既考虑交易卖方或买方的意愿价格,也从集团整体利益出发,调整交易的价格。因此,判断集团内关联方之间的交易价格是否符合独立交易原则,最直观最有效的方法就是参考市场中非关联交易的价格,即以可比非受控价格判断受控价格的合理性。

根据《OECD转让定价指南》,如果满足以下两个条件之一,那么一项非受控交易与一项受控交易即为可比(即该项非受控交易就是可比非受控交易),可使用可比非受控价格法:

(1)在进行比较的交易之间或进行这些交易的企业之间存在的差异(如果存在的话)对公开市场上的价格没有实质性影响。

(2)能够通过合理准确的调整,以消除此类差异所产生的实质性影响。

如果存在可比非受控交易,可比非受控价格法是运用独立交易原则最直接、最可靠的方法,比其他方法更可取。

根据图7-1,关联企业1与关联企业2之间的受控交易(实线所指)可以参照交易1、交易2与交易3价格确定。其中,交易1与交易2是内部可比非受控交易,而交易3是外部可比非受控交易,参照的前提是交易1、交易2、

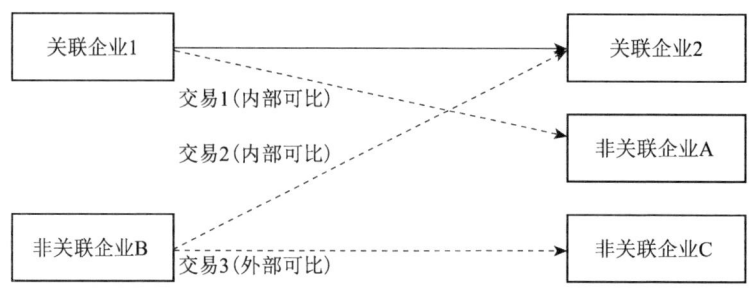

图 7-1   可比非受控价格法

交易 3 在产品、功能风险、合同条款、经济环境、经营策略等各个方面可比或可被做出合理的调整。

实际上，要找到与受控交易可比的非受控交易，且两项交易间不存在对价格有实质性影响的差异，是一件很困难的事。因为五类可比因素当中任何一点差异都可能对交易价格产生影响，而且也很难通过可比性调整来消除上述因素对价格的影响，因此可比非受控价格法在实务中应用的并不多。根据美国的《预约定价与双边磋商报告》，美国 2015 年签订的预约定价安排（Advanced Pricing Arrangement，APA）当中，有 11% 采用了可比非受控价格法。[1] 国家税务总局发布的《中国预约定价安排年度报告（2019）》披露，2005—2019 年，我国共签署的 177 例预约定价安排中，有 6 例使用了可比非受控价格法。[2] 实践中，通常在以下情形中应用可比非受控价格法：

（1）企业与关联方和非关联方之间有可比交易。存在内部可比交易的情况下，可以使用可比非受控价格法。由于通常很容易找出内部关联交易与非关联交易之间的不可比之处，实际在这种情形下应用可比非受控价格

---

[1]   Announcement and Report Concerning Advance Pricing Agreements，March 31，2016，第 11 页。IRS2016 年之后的预约定价报告中，没有再披露交易（净利润法以外的其他方法所占的比例）。

[2]   国家税务总局.中国预约定价安排年度报告（2019）［EB/OL］. 2020：24（2020-12-24）http://www. chinatax. gov. cn/chinatax/n810214/n810606/c5157990/5157990/files/c630ef4297cc43558f303b9e05947e3d.pdf.

法的案例很少。

（2）购买或销售有公开市场交易的货物。以非关联方之间在公开市场上交易的价格信息为标准确定关联交易的价格，如海关数据、商品交易所数据或其他可靠数据来源的信息。使用这些数据时，要对规模、数量、地理位置等的差异做出适当的调整。

（3）确定无形资产特许权使用费。在确定无形资产特许权使用费时，可以寻找类似无形资产交易的费率，根据这些交易的费率确定关联企业间无形资产特许权使用费的费率。当用于无形资产特许权使用费定价时，可比非受控价格法通常被称为"可比非受控交易法"（Comparable Uncontrolled Transaction）。

（4）确定关联借款利息率。纳税人与非关联方，或者两个非关联方之间确定的借贷资金利息率可以作为关联方之间借贷利息率的衡量标准。可以作为标准的利息率指标，包括银行借贷利息、公开市场上的 LIBOR + Spread Rate。Spread Rate 由几项因素决定，包括借款人的信用等级、贷款期限、纳税人所属的跨国集团、通货膨胀率等。

在 Cotton Naturals（I）Pvt. Ltd. v. CIT 案例中，纳税人以银行对外借款利息率及其他公司外币借贷利息率作为可比标准，确定与关联公司直接借贷利息的合理性，就是应用了可比非受控价格法。[1] 本书第 8 章将对于如何应用可比非受控价格法确定关联贷款利率有更详细的介绍。

（5）确定服务价格。纳税人在非关联交易中所提供服务的价格作为受控交易的可比价格。在 Nihilent Technologies（2014）[2] 及 Velankani Software（2014）[3] 案例中，纳税人使用向非关联方收取的工时费率作为可比非受控价格确定与关联方之间的服务价格，获得了法庭的认可。

---

[1]　案例具体情况参见 https://itatonline.org/archives/cit-vs-cotton-naturals-i-pvt-ltd-delhi-high-court-transfer-pricing-entire-law-on-determining-alp-of-transaction-of-loan-of-money-to-ae-discussed/。

[2]　案例具体情况参见 https://www.casemine.com/judgement/in/5d31e3103321bc7f596f430f。

[3]　案例具体情况参见 https://www.casemine.com/judgement/in/5b78207e9eff430e1391bac1。

7.2.3.2　再销售价格法

再销售价格法（Resale Price Method）是指企业从关联企业购得产品后，再销售给独立企业，用再销售给独立企业的价格（再销售价格）减去适当的毛利（再销售毛利），作为最初从关联企业购买产品的独立交易价格。由于企业在销售产品时，需要获得必要的毛利来弥补企业发生的销售费用和其他费用，同类交易会要求相同的毛利，所以可以根据再销售的价格（市场公平价格）扣除毛利来推出合理的购买价格。

应用再销售价格法的关键是确定再销售毛利，可以参照同一企业在可比非受控交易中购买并销售产品（关联企业 2 销售给非关联企业 C）获取的再销售毛利确定受控交易中的再销售毛利，也可以用独立企业（非关联企业 D 销售给非关联企业 E）在可比非受控交易中获取的再销售毛利作为参考（见图 7-2）。

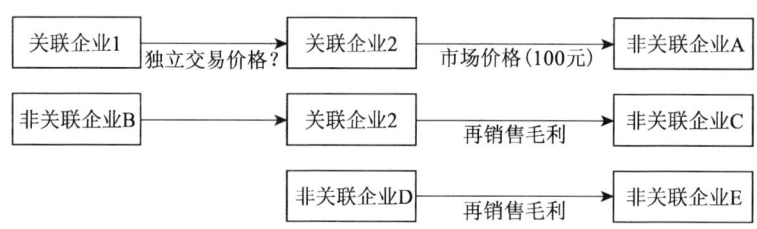

图 7-2　再销售价格法

再销售价格法的公式为：

$$转让定价 = 再销售价格 \times (1 - 再销售毛利率)$$

其中，

$$再销售毛利率 = \frac{再销售毛利}{销售收入} = \frac{销售收入 - 销售成本}{销售收入}$$

再销售价格法的适用需要满足以下两个条件之一：

（1）比较的交易之间或进行这些交易的企业之间存在的差异对公开市场上的再销售毛利没有实质性影响。

（2）虽然存在的差异对再销售毛利有影响，但是能够合理准确的调整，消除此类差异所产生的实质性影响。

因为产品差异对毛利率产生的实质性影响比对价格产生的影响要小,在使用再销售价格法时,为消除产品差异而要做的调整比使用可比非受控价格法时少。一般来讲,毛利率代表了扣除产品成本之后得到的总的补偿,补偿的高低一般与企业具体承担的功能、风险和使用的资产相关,而与具体产品关系不大。例如,经销公司在销售烤面包机时所发挥的功能(考虑到所使用的资产和承担的风险)和销售搅拌机时的功能是相同的,因此在市场经济条件下,这两种活动所得到的补偿应处于类似的水平。但是,如果存在一些因素会影响毛利水平,如关联企业开展业务的方式与独立企业有实质性差异;所发挥的功能(考虑到所使用的资产和承担的风险)有差异;再销售企业通过加工或使用无形资产实质性地增加产品的价值;销售企业所处的市场层次(批发或零售)有差异;再销售企业拥有再销售的专有权利时,必须对这种差异进行调整,或选用其他合适的转让定价方法。

此外,有关支出计入产品成本还是计入销售管理费用,会对交易的毛利产生很大的影响。如果受控交易和非受控交易的会计处理不同,在计算再销售价格毛利时,要对所使用的数据进行适当的调整,以确保使用同样的口径计算毛利率。

再销售价格法一般适用于再销售者未对商品进行改变外形、性能、结构或者更换商标等实质性增值加工的简单加工情形或者单纯的购销业务。例如,分销商 A 公司从关联公司 B 公司采购服装,然后在市场进行销售,A 公司从 B 公司采购价格的制定方法为:A 公司销售服装的市场价格为 100 元,A 公司所在国家服装销售行业的毛利率为 25%,则 A 公司从 B 公司的采购价格为 $100 - 100 \times 25\% = 75$(元)。

在实务当中,由于上述很多因素会对毛利产生实质性影响且差异很难消除,导致再销售价格法应用的并不多。例如,2015 年度,虽然美国签订的预约定价安排中,有 27% 的受测试对象属于分销商,但采用再销售价格法的比例很少,和成本加成法等方法合在一起,所占比例低于 3%。但实务中也有应用的案例。例如,中国 2005—2019 年已签署的 APA 中,有一例使用了再销售价格法,这唯一的一例是在 2010 年使用的。[1] 又如在 M/s.Swarovski India Private Limited, New Delhi v. ACIT, New Delhi 案例[2]中,法官认为 Swarovski 印度公司从关联公司采购商品,没有对采购的商品进行实质性的增值加工就销售给第三方,再销售价格法是合适的定价方法。

7.2.3.3 成本加成法

成本加成法(Cost Plus Method)是以受控交易中财产(或服务)的成本为基础,加上一个适当的成本加成额,作为受控交易的独立交易价格。对受控交易中成本加成额的确定可以参照同一供应方在可比非受控交易中的成本加成额,也可以参考独立企业在可比交易中获得的成本加成额。

成本加成法的公式为:

$$转让定价 = 关联企业的产品销售成本 \times (1 + 成本加成率)$$

其中,

$$成本加成率 = \frac{销售毛利}{销售成本} = \frac{销售收入 - 销售成本}{销售成本}$$

根据独立交易原则,如果满足以下两个条件之一,可采用成本加成法:

(1) 在进行比较的交易之间或进行这些交易的企业之间存在的差异,对公开市场上的成本加成率没有实质性影响。

(2) 如果存在的差异对成本加成率有实质性影响,能够进行合理准确的调整,消除此类差异所产生的实质性影响。

与再销售价格法一样,产品差异对成本加成率的影响相对其他因素较

---

[1] 国家税务总局.中国预约定价安排年度报告(2019)[EB/OL].2020:24[2020-12-24]. http://www.chinatax.gov.cn/chinatax/n810214/n810606/c5157990/5157990/files/c630 ef4297cc43558f303b9e05947e3d.pdf.

[2] 案例详情请参见 https://www.casemine.com/judgement/in/5d4fab574a932679ec300fe2#。

小，对产品（服务）的可比性要求没有可比非受控价格法要求高。如果存在对成本加成率有实质性影响的其他因素，如交易各方所发挥功能有差异，或是一方使用自有资产而另一方使用租赁资产，或是一方使用了有价值的无形资产等，都需要进行调整。如果调整无法消除差异，则需要考虑其他合适的转让定价方法。

同样的，成本加成法也会受到会计核算方法的影响，必须用具有一致性的方法来衡量关联企业与独立企业的毛利增加额。由于各国间对于判定成本与费用的标准可能不同，某种费用在一国被视为成本，在另一个国家可能会被视为费用加以考虑，这会影响成本加成法的适用性。如果受控交易和非受控交易核算的会计方法不同，就应对所采用的数据进行适当的调整，以确保可比交易采用的成本构成相同，从而确保一致性。

由于存在以上限制，成本加成法的使用也并不普遍。例如，2015 年，美国签订的 APA 中，成本加成法和再销售价格法合在一起，所占比例低于 3%。又如，中国 2005—2019 年已签署的 APA 中，有 20 例使用了成本加成法。[①] 其相对应用的比例虽然高于再销售价格法，但是也远低于交易净利润法。值得注意的是，这 20 例中，有 16 例都是 2010 年度以前使用的[②]，这说明了成本加成法近年使用非常少。

7.2.3.4　交易净利润法

交易净利润法（Transactional Net Margin Method）是指企业参照可比非受控交易的利润指标，确定关联交易利润水平的方法。通过对关联交易利润水平分析间接完成关联交易价格是否符合独立交易原则的判断。利润指标包括息税前利润率、完全成本加成率、资产收益率、贝里比率等。这是在无法直接确定受控交易的独立交易价格情况下所采取的一种间接方法，也是目前应用比较广泛的转让定价方法。

---

① 　国家税务总局.中国预约定价安排年度报告（2019）［EB/OL］.2020：24［2020-12-24］. http://www.chinatax.gov.cn/chinatax/n810214/n810606/c5157990/5157990/files/c630 ef4297cc43558f303b9e05947e3d.pdf.

② 　同上。

由于直接获取可比交易价格的难度较大，毛利又存在很多不确定性影响因素，因此，《OECD 转让定价指南》明确可以通过确定合理利润，间接确定关联交易价格是否合理。在企业产品品种多、关联交易复杂的情况下，应用这种方法对测算关联交易定价是否符合独立交易原则较为可行。例如，A 公司是生产制造企业，B 公司是 A 公司的母公司。两家公司之间的关联交易包括：B 公司为 A 公司提供产品图纸和生产所需的专利技术；B 公司向 A 公司派遣高层管理人员，负责 A 公司生产、财务、人事等方面的工作；B 公司通过内部管理系统协调公司的资金运作，在 A 公司资金不足时，B 公司通过内部资金池划转资金给 A 公司，并按使用时间收取利息；A 公司将生产出来的产品销售给 B 公司。对 A 公司与 B 公司之间的关联交易进行评估时，尽管单独从每项交易入手进行分析有利于提高分析的精准度，但是确定 A 公司合理的利润水平及应缴纳的企业所得税额是转让定价分析与调查的最终目的。因此，可以通过采用交易净利润法，对关联交易结果进行合并分析，确定整体利润与独立交易原则结果是否一致。

运用交易净利润法对企业进行可比性分析时，主要关注企业执行的功能、承担的风险和使用的资产，以及影响利润的其他因素，具体包括经济环境差异、行业和市场情况、经营规模、经济周期和产品生命周期等。通过可比性分析，确定可比企业筛选标准和筛选条件，对不可比因素进行调整，最终确定关联交易应当实现的利润水平。交易净利润法所评估的纳税人通常是履行职能较为简单，从关联交易中获取常规经营利润的一方。

交易净利润法是转让定价分析中应用最多的方法，美国 2015 年所签署的 APA 中，有 79% 案例采用了该方法[1]。中国 2005—2019 年已签署的

---

[1] IRS. The announcement and Report Concerning Advance Pricing Agreement[EB/OL]. (2016-03)[2020-07-08]. https://www.irs.gov/pub/irs-utl/2015apmastatutoryreport.pdf.

APA 中,有 165 例使用了交易净利润法,在所有案例中所占的比例也是 79%。[①]因此,稍后将详细介绍如何应用交易净利润法进行转让定价分析。

7.2.3.5　利润分割法

独立交易原则确立初期,电子化与网络化并没有如今这么发达,进行跨国贸易没有现在这么便利,与市场、产品、技术相关的无形资产也没有达到目前这么大的影响力。再加上跨国公司投资于境外,在没有信息技术支持的情况下,对子公司的管理控制能力较弱,集团内部没有实现完全一体化。近些年,随着全球贸易、投资、资本一体化进程的深入推进,跨国公司全球化运营的管理控制程度加深,集团内部交易联结度不断加强。同时,集团一体化管理也为集团整体带来一定利润,如内部一体化管理降低交易成本,集团采购获得额外折扣,集团整体资金运作获得收益等。在比较复杂的集团交易中,单独对某类交易或交易中的某个环节进行独立交易原则的评估,易存在"只见树木不见森林"的局限性,因为跨国企业集团的职能已经融合在一起了,跨国集团通过投资链上各子公司统一协调运转,实现最终的收益。此外,新技术应用、新产品开发、品牌优势、地域特殊需求等无形资产为跨国集团带来巨大获利空间。这些发展变化给传统转让定价方法的应用带来挑战。

利润分割法(Profit Split Method)是转让定价调整方法的一个突破。传统的转让定价方法都立足于交易的一方调整关联企业中某一方的交易价格或利润,这对于关联交易内容较为单一、可以通过评估交易一方的价格或利润来对关联交易价格合理性进行判断的情形是可行的。在交易双方都有无形资产的投入贡献或者双方的经济活动密切联系、难以分离评估的情形下,利润分割法才是相对较为可行的调整方法。利润分割法从关联交易实现的整体利润水平出发,根据关联交易双方对关联交易合并利润(实际或者预计)的贡献计算各自应当分配的利润额。利润分割法在考虑关联交易双

[①]　国家税务总局.中国预约定价安排年度报告(2019)[EB/OL].2020:24[2020-12-24]. http://www.chinatax.gov.cn/chinatax/n810214/n810606/c5157990/5157990/files/c630 ef4297cc43558f303b9e05947e3d.pdf.

方对利润的贡献情况时，要结合各方功能、风险及资产方面的投入，通过相关指标的设定来确定双方对利润的贡献程度，并据此分割利润。利润分割法主要包括一般利润分割法和剩余利润分割法。

一般利润分割法通常根据关联交易各方所执行的功能、承担的风险和使用的资产，采用符合独立交易原则的利润分割方式，确定各方应当取得的合理利润。当难以获取可比交易信息但能合理确定合并利润时，可以结合实际情况考虑与价值贡献相关的收入、成本、费用、资产、雇员人数等因素，分析关联交易各方对价值做出的贡献，在各方之间进行利润分配。

剩余利润分割法将关联交易各方的合并利润减去分配给各方的常规利润后的余额作为剩余利润，再根据各方对剩余利润的贡献程度进行利润分配。剩余利润分割法的应用包括以下几个步骤：

第一步是确定整体待分割的利润，这个利润应当是双方共同实现完成的。

第二步是确定双方常规利润水平，可以通过寻找可比公司确定交易双方履行常规职能应当实现的利润水平。

第三步是选择合适的指标，对剩余的利润进行分配。这个指标可以是费用或资产类指标，也可以是人员工资等。在选取指标时，首先应当选取能体现交易职能的数据，并且在口径上应保持一致，如交易双方的指标要选取对应时间段的数据。

利润分割法有其应用的灵活性，也有其应用的难度。一般适用于关联交易双方均对利润创造具有独特贡献的情况，如双方都具有独特的无形资产，难以找到可比信息确定独立交易价格，或者关联交易业务高度整合，难以单独评估各方交易结果的情形。利润分割法的假设条件是独立企业之间也会按照各自对交易利润的贡献比例来分割总利润。利润分割法的另一个优点是可以分析关联企业间可能发生而独立企业之间不会或不可能发生的独特的业务活动，如集团统一采购等。由于利润分割法对交易的双方都进行评估，关联交易的任何一方都不会面临极端、不可能的利润结果。

使用利润分割法应当体现利润在经济活动发生地和价值创造地征税的

基本原则。由于跨国集团的经营活动多由集团统一安排和控制，集团内企业为集团的整体功能、整体收益做出贡献，单独从个别环节进行分析会存在不足。从未来看，对集团价值链进行分析，按照价值贡献水平确定总体利润在集团内关联交易各方的分配水平，将会是划分跨境税源的重要分析思路。

近年来，利润分割法的应用逐渐增多。美国 2015 年所签署的 APA 中，有 7% 的案例采用了该方法。中国 2005—2019 年已签署的 APA 中，有 10 例使用了利润分割法。[①] 其中有 5 例是在 2019 年使用的，说明近年来使用利润分割法的次数有明显增加。但从目前应用来看，利润分割法也存在很多难点。例如，如何取得整体交易财务信息，选择什么样的指标合理划分各方的利润水平等，都需要根据具体情况具体分析。

7.2.3.6　全球公式分配法

全球公式分配法（Global Formulary Apportionment Method）是跨国公司采用的一种在子公司之间分摊费用或分配利润的一种方法。这一方法将跨国企业在全球实现的总体利润按照事先确定好的公式在不同国家的关联企业中进行分配。应用这一方法时，首先要确认参与分配利润的各个独立实体，如在各国设立的子公司或常设机构，然后统一核算标准，确定全球合并利润金额，最后建立用于分配全球利润的公式。由于适用的管辖地域不同、跨国交易内容不同，公式所包括的要素也有所不同，通常包括投入资本、资产、工资、销售收入、各实体所发生的费用等要素。

全球公式分配方法并不符合独立交易原则，在应用中也存在较多的实际问题，世界上大多数国家的税务机关并不认可该方法。有些国家曾经试图将全球公式分配法作为独立交易原则的替代方法加以使用，但由于该方法在应用中的诸多问题，受到 OECD 及大多数国家的反对，中国法律法规也未将这一方法纳入转让定价方法的范围。对于纳税人在关联交易中采用这

---

① 国家税务总局.中国预约定价安排年度报告（2019）[EB/OL].2020：24[2020-12-24]. http://www.chinatax.gov.cn/chinatax/n810214/n810606/c5157990/5157990/files/c630ef4297cc43558f303b9e05947e3d.pdf.

一方法进行价格或利润分配,税务机关将会通过独立交易原则对纳税人关联交易重新进行分析评估,对出现的差异进行调整。

具体而言,全球公式分配法主要存在以下问题:

首先,从税务机关角度来看,很难建立一个被各国所接受的划分跨国公司全球所得的计算公式。由于各国会计核算制度不同、税收政策差异等,为统一计算标准,跨国企业集团及其主管税务机关必须在全球税基的测量、会计制度的应用、如何测量和评估各项因素对所得影响等方面达成一致。然而,由于存在税收管辖权冲突,为了维护本国利益,各国都希望在公式中强调那些在其管辖范围内占支配地位的因素,如无形资产的投入、市场费用、人工费用等,因此,对于公式中应当包括哪些因素及如何量化各项因素,各方通常很难达成一致意见。此外,还要考虑跨国公司人为地将公式中所使用的生产要素向低税国转移的可能性。在涉及多国分配的情况下,对国际信息透明度提出更高的要求,并需要一定程度的国际合作,而这在国际税收领域是不现实的。公式分配法要求跨国公司参与分配的实体所在的所有国家就公式达成一致意见,如果所有国家不能就应用全球公式分配法达成一致,跨国公司需要遵从两种完全不同的体制。换句话说,对同一组交易,他们被迫要按两种完全不同的标准计算归属于其成员的利润,这样不但会增加纳税人的遵从成本,而且会导致每一案例都存在潜在的双重征税(或征税不足)。

此外,采用公式分配利润这一做法本身是否合理值得商榷。预先确定的公式并未考虑市场的状况、单个企业的特殊情况及管理者自己对资源的分配,因而产生的利润分配与交易的特定事实缺乏合理联系。特别是以成本、资产、工资和销售收入等因素结合起来的公式,意味着各税收管辖区的每个集团成员按照公式组成要素获得利润,而不管跨国公司集团成员在功能、资产、风险、效率上的差异。这种方法有可能会给在独立经营情况下本来会亏损的实体分配利润。

在确定各成员的销售额及资产价值时也会面临许多困难,尤其在无形资产估价方面,这些困难将因各国不同的会计准则和多种货币的存在而更加明显。为了获得对整个跨国公司集团利润有意义的测量，各国的会计准则必须一致。当然，其中一些困难，如资产和无形资产的估价困难在应用其他转让定价方法时也存在，但对结果的影响没有全球公式分配法那么大。

应用全球公式分配法的另一个困难是对汇率变动的处理。汇率变动不仅会使独立交易原则的应用变得复杂，而且对全球公式分配法会有更大的影响。举例来说，如果公式依赖成本，而其中一国特定货币持续强势于另一国关联企业用于记账的货币，在全球公式分配法下，汇率变动会导致使用强势货币关联企业名义上工资成本增加，将会分到更多的利润，但实际上，强势货币是会使该企业出口缺乏竞争力，从长期来看企业的利润会下降。而独立交易原则要求对纳税人的特定事实和环境进行分析，其更容易应对汇率变动的经济后果。

其次，从管理角度来看，应用全球公式分配法实际上可能产生无法忍受的遵从成本和数据要求，因为企业必须汇集整个跨国公司集团的信息，并以特定管辖国的货币、账簿和税务会计法规为基础将信息报送给各管辖当局。这就导致应用全球公式分配法比在独立交易原则下准备资料的负担更重，处于不同税收管辖地的子公司仍需要按照当地的法律规定进行会计记录和纳税申报。因此，如果不是所有国家都认可公式的组成要素或组成要素的测量方法，那么应用全球公式分配法的成本就会进一步增大。

7.3 转让定价方法的选择与使用：经济分析

这里的经济分析是指根据前述行业分析和功能风险分析的结果，选择合适的转让定价方法，并应用选定的转让定价方法对关联交易定价是否合理进行分析。如前所述，转让定价方法可以分为基于交易的传统方法和基于利润的方法。基于交易的传统方法包括可比非受控价格法、再销售价格法和成本加成法。传统方法是寻找可比的交易，并且基于可比交易确定关联交易的合理价格。而基于利润的方法则是要寻找与被测试关联方（tested，也称测试对象，或被验证企业）相对可比的公司或企业（以下简称可比公司），然后基于可比公司的利润水平确定被验证企业的合理利润水平。

7.3.1 选择转让定价方法

《OECD 转让定价指南（1995 年版）》认为选择转让定价方法时有优先顺序，应该优先选用传统方法，在无法应用传统方法的情况下，再选择基于利润的方法。该指南认为，基于利润的方法是不得已的选择，只有在无法应用传统方法的情况下，才可以应用基于利润的方法。《OECD 转让定价指南（2010 年版）》不再要求按优先顺序来选用转让定价方法，认为应当根据每个案例的具体事实环境选择最适当的方法。但是指南仍然明确，在基于利润的方法与传统方法都同样可靠适用的情况下，应当优先选择传统方法。《UN 转让定价指南》一直认为，各转让定价方法之间没有任何优先顺序，应该根据实际情况，选择最能得到可靠结果的方法，最适当的方法就是最好的方法，这一原则也被称为最佳方法原则（Best Method Rule）。由此可见，随着对转让定价认识的不断深入，转让定价方法在应用中的选择顺序、适用范围、适用条件等方面的限制性逐渐降低，在符合独立交易原则的前提下，纳税人可以选择使用任何转让定价方法。但是由于各种方法对可比条件的要求、数据资料的需求不同，在具体应用中需要根据案例实际状况做出正确选择。

传统交易方法在什么情况下是适用的呢？可比非受控价格法是判断关联交易是否符合独立交易原则最直接的方法。但是，通常我们很少能够获得真正的可比交易，因为受控交易与非受控交易之间的任何差异都可能对交易价格产生实质性的影响。所以，我们很可能采用成本加成法或再销售价格法，通过比较受控和非受控交易之间其他不太直接的指标（如毛利）来确定关联企业间的交易是否符合独立交易原则。当纳税人的主要职能活动基本体现在收益表中费用类以上的项目时，使用传统的转让定价方法是比较合适的。例如，纳税人在销售货物时，只需要考虑销售活动中的直接成本，除了采购商品之外，基本没有其他职能活动，就可以通过销售毛利间接确定商品价格,因为毛利比较稳定可靠。反之,如果费用项目的种类很多,金额很大,说明纳税人承担了很多功能和风险,要找到可比的交易或企业确定毛利率很难,选用毛利进行比较就不太合适了。事实上,由于缺少公开的非受控交易的可靠信息,传统方法的应用受到很大的限制。通常是纳税人同时具有可比的受控交易和非受控交易,可以获得交易的详细信息时,传统方法是最为适宜的。

基于利润的方法在什么情况下是适用的呢？基于利润的方法通过与非受控交易比较,确定纳税人受控交易的利润水平。对高度一体化的交易来说,分析纳税人的净利润比分析毛利能够提供更为可靠的结果。在某些情况下,尽管关联交易并非高度一体化,也不涉及无形资产,但是由于各国会计制度的差异,毛利的核算口径可能不一致,而不同的会计制度下,营业利润的核算在口径上更为一致,使用基于利润的方法也更为合适。

我国的转让定价法律条款大体遵从了《OECD 转让定价指南》的有关建议,但是在调整方法上没有规定优先顺序。2009 年国家税务总局发布的《特别纳税调整实施办法(试行)》(国税发〔2009〕2 号)详细说明了各种转让定价方法的适应条件和适用范围,其主要思路是根据交易内容、承担职能、履行风险情况确定最适合的转让定价方法。尽管如此,从该文件的具体规定也可以看出,可比非受控价格法适用任何关联交易,在符合其应用条件的情况下,仍然被认为是最可靠的转让定价方法。同时,除《OECD 转让定价指南》的五种方法外,我国转让定价相关法规接受符合独立交易原则的其他方法。2017 年发布的《特别纳税调查调整及相互协商程序管理办法》(国家税务总局公告 2017 年第 6 号印发)虽然废止了 2 号文件中诸多条款,但转让定价方法部分基本保留了 2 号文件中的规定,同时也明确了其他符合独立交易原则的方法包括成本法、市场法和收益法等资产评估方法,以及其他能够反映利润与经济活动发生地和价值创造地相匹配原则的方法。这为我国税务机关选择适合的转让定价方法提供了更多灵活性。

无论是跨国公司还是税务机关在对关联交易进行评估时都必须考虑选择一种或几种方法进行评估或者验证。尽管各国适用的转让定价方法有所差异，但总体上都是遵从《OECD 转让定价指南》的原则和方法而做出的具体规定。转让定价方法的国际一致性为减少国际税务争议、避免双重征税提供了磋商合作的基础，是跨国经济发展的必然要求。

在某些情况下，若没有哪种方法是令人信服的，就需要采取较为灵活的方式确定独立交易价格，如多种方法结合使用。因此，在转让定价方法的选择方面，应努力找到一个既符合独立交易原则，又能被各方接受的方法，要考虑到具体案例的事实和情况，包括各种证据的相互结合，以及不同方法的相对可靠性。实践中，只要转让定价方法能被跨国企业集团中参与交易的各成员及相应具有税收管辖权的税务机关所接受，都是被允许使用的。

如前所述，在所有转让定价方法中，实务应用最广泛的是交易净利润法，因此，下面重点介绍交易净利润法的应用步骤。

7.3.2　交易净利润法的应用步骤

交易净利润法的主要思路是根据功能风险分析的结果确定被验证企业及筛选可比公司的标准，然后在数据库中选出与被验证企业较为可比的公司，根据可比公司的利润水平来确定关联交易中被验证企业合理的利润率。目前常用的数据库有 BvD 公司的 OSIRIS 数据库和标准普尔公司的 COMPUSTAT 数据库①。为了保证数据的可获得性与可验证性，一般是从数据库的上市公司当中寻找可比公司。使用交易净利润法主要有以下几步：

（1）根据功能风险分析的结果，确定测试对象（被验证企业）。所谓选取测试对象，就是从关联交易的双方中选定一方，通过测试该一方的利润率是否达到合理的水平，来间接判断关联交易的价格是否合理。一般来讲，会选择关联交易中功能相对简单、风险较少的一方作为测试对象，因为相比功能较复杂、风险较高的一方，承担功能少、承担风险有限的一方，其获利能力也平稳，而且更接近行业平均水平，更容易通过可比数据

---

① 目前国内用得较多的数据库是 OSIRIS 数据库。

确定利润范围。

（2）搜寻可比公司。在行业分析和功能风险分析的基础上，确定搜寻条件，主要包括所属行业分类和地理区域。例如，要确定中国某汽车零部件生产企业与海外关联企业的交易利润率，可以将搜寻条件确定为"地区＝亚太区""行业＝汽车零部件""是否上市＝上市公司"，将搜寻条件输入数据库，搜寻符合条件的公司，同时获得这些公司的经营范围等基础资料。通过查看这些基础资料，初步排除在经营业务和功能风险方面与被验证企业差异较大的企业。对于保留的企业，再通过查看年报和其他公开资料进行进一步筛选，最后确定可比公司。

（3）确定利润率指标。在比较被验证企业与可比公司的利润率时，可以采用完全成本加成率、销售利润率、贝里比率、资产收益率等指标。具体选择哪一个指标，取决于受验证企业和可比公司的具体情况。一般来讲，选择的利润率指标应该不受关联交易的影响，应该能够反映企业承担的功能、风险情况，而且应该能够被准确合理地计算。

（4）确定比较年度。企业经营往往存在一定的周期。被验证企业和可比公司，如果一个处于经营周期的高峰，一个处于低谷，就会影响对合理利润的判断。因此，采用交易净利润法时，为了克服行业周期和经营周期的影响，往往会计算可比公司几年利润率的平均值，以此来确定受验证企业的合理利润率。

（5）进行必要的调整。尽管在寻找可比公司的过程中，我们都尽可能地选择那些与被验证企业最可比的公司，但可比公司和被验证企业之间仍然可能存在一定的差异，可以通过必要的调整去减少这些差异对利润率的影响。常见的调整包括会计调整和资本性调整。①

（6）确定受验证企业利润率的值域区间。被最后保留的可比公司，利润率有高有低，可以用适当的统计学方法，来确定一个合理的区间，作为被验

---

① 资本性调整就是调整基于营运资本（包括应收账款、应付账款、存货等）的利润水平指标，用以反映被验证企业与可比企业之间由于营运资本占用不同而对营业利润产生的差异。

证公司的合理利润区间。目前，实务中较常采用的是四分位法，也就是计算可比公司利润率的四分位区间，作为被验证企业利润率的合理区间。①

7.3.3 交易净利润法应用过程中的重要问题

问题一：使用什么数据库搜寻可比公司？

市面上可以用来搜寻可比公司的数据库很多，最常用的是标准普尔公司的 Compustat 数据库和 Bueau van Dijk 的 OSIRIS 数据库，其他常用的还有 Avention（之前叫作 OneSource）、Mergent、Bloomberg、Orbis 等数据库。由于中国的税务机关经常使用的是 OSIRIS 数据库，因而大部分中国境内的咨询机构和纳税人也使用 OSIRIS 数据库。

OSIRIS 数据库是 BvD 旗下的大型专业财务数据库，有 155 个国家超过 80 000 家上市公司（含中国深/沪及海外上市公司）的数据，向专业用户提供了深入分析各国上市公司所需的详细财务报表与分析比率、股权结构、企业评级数据等。OSIRIS 数据库是目前欧美各国证券投资分析、企业战略经营分析、跨国企业转让定价、公司财务分析等研究领域广泛使用的知名实证分析数据库。OSIRIS 数据库中也收录了全球近 3 200 家重要的非上市公司的历年经营分析数据。

由于财务会计准则具有国家和行业的差异，为正确反映出一家公司的财务情况，并同时提供准确的跨国检索与对比分析，OSIRIS 数据库中的每份公司报告中，数据按深度分为 5 个层次，分别以两种预设的货币——美元、欧元显示。为了能够准确开展跨国、跨行业检索与分析，库中各上市公司的财务数据按不同财务格式分层呈现，由标准模板深入原始财务数据。每家公司报告中都含有一份默认的标准同业对比报告，使用户可直接将任一家公司与其同行业公司进行比较。

---

① 四分位法将所有观察值按大小排序，排在最底端 1/4 位置上的数叫下四分位数，排在上 1/4 位置上的数叫上四分位数，排在最中间的数值为中位值，上、下四分位数之间的区间叫作四分位区间。如果被测试企业的关联交易利润水平处于可比公司四分位区间之内，一般即可认为其转让定价遵循了独立交易原则。

问题二:如何确定筛选条件?

数据库中有很多家公司的信息,以 OSIRIS 数据库为例,数据库中有全球约 80 000 家上市公司,为了能够帮助用户更快更好地进行搜寻,数据库根据不同的指标对公司进行了标记。为不同的指标赋值,就可以设定筛选标准,找到符合筛选条件的公司。在转让定价分析中,通常需要设置的标准包括:

(1) 行业: OSIRIS 数据库中提供了四类行业选择方式,除了"国际行业分类标准"(Global Industry Classification System),还提供了欧洲、北美、美国的三种行业分类代码。实务中比较多使用美国的行业分类代码(US SIC)。通过选择与测试对象相同或相近的 SIC 编码,可以将可比公司的选择范围缩小到相同或类似的行业。除了 SIC 代码,也可在文本检索中输入行业名称,但是,由于每个人用文字描述行业时,使用的词语不太统一,会影响搜寻的结果,实务中主要还是通过 SIC 确定可比公司搜寻范围。

(2) 地区:由于各国各地区的经济和政治环境差异较大,会影响可比性。我们一般需要将可比公司的范围限制在与测试对象所处的地区环境比较接近的区域,这点可以通过为"所属区域"指标赋值来实现。所属区域可以选某一个或某些具体的国家,也可以选某一地区,比如"亚太及远东""欧洲"和"北美"等。页面上端的"Address of information"表示注册地,"Trading address"表示经营地,在设置时要注意区分,转让定价分析往往采用"Trading address"。

(3) 是否上市:鉴于非上市公司的数据并未经过严格的审计,且非上市公司的公开资料相对较少,很难有充足的信息可用来判断可比性,因此在寻找可比公司的时候,我们通常仅选择上市公司。

(4) 财务数据:从财务数据的角度,设置一些筛选条件,可以将一些不可比的公司直接排除,减少后期筛选的工作量。例如,如果财务数据显示某公司连续 3 年亏损,则说明该公司的经营存在异常情况,这些情况可能使该公司与测试对象存在不可比的因素,因此可设定条件删除。又如,如果测试对象没有或仅承担有限的研发功能和风险,那么可以设置筛选条件,将研发费用占销售收入比例超过3%的企业删除,等等。

(5) 独立性指标:独立性指标是 OSIRIS 数据库根据企业的股权架构判断企业独立程度的一个指标。通过将独立性指标设为筛选条件,可以将那些受关联交易影响比较大的可比公司筛除。但实际上,独立性指标和关联交易之间并没有必然的联系,股权结构比较集中的企业不一定会有大量的关联交易,企业利润不一定受关联交易影响。在可比公司有限的情况下,最好不把独立性指标作为筛选条件,而是最后通过审阅公司的年度报告来确认关联交易的金额及对企业利润的影响程度。

通过设置以上筛选条件,可以从数据库中筛选出初步可比的公司。之后,需要阅读数据库中导出的业务描述(Business Description)。根据这些业务描述,将明显不可比的公司删除,一般会保留 10～20 家初选的公司,通过分析公司年报信息进行下一步筛选。在下一步筛选阶段,主要看公司的功能与风险是否与测试对象有明显的不同,如大量从事研究开发和营销活动的公司,以及有大量专利、专有技术、营销渠道、知名品牌的公司,和仅承担有限功能的测试对象不可比,应当剔除。举个例子,如果测试对象是一家从事服装加工的 OEM 厂商,那么李宁、七匹狼等拥有知名品牌和诸多门店的公司就不应被选为可比公司。

问题三:为什么要使用四分位区间?

在某些案例中,可以得到符合独立交易原则的单一数据信息用于确定被验证企业的价格或者利润水平。但是,在多数情况下,由于可获得的数据信息有限,我们按照上述思路选择的可比公司都只在一定程度上与被验证企业可比,为消除异常数据和不可比因素的影响,我们需要选择一组可比公司(通常是 5 个以上可比公司),采用统计分析方法确定一个值域,即符合独立交易原则的值域区间。在有些国家或者在有些预约定价安排中,只要被验证企业的价格或利润指标在值域区间内,即可判断其符合独立交易原则,但在有些情形下,如转让定价调查中,区间中位值才是衡量被验证企业价格或利润水平的主要参考数据,被验证企业的相关指标只有在中位值以上,才会被认定为符合独立交易原则。

理论上,可以使用任何统计方法确定可比的值域,但在实务中使用最多的是四分位法。四分位法,是把所有数值由小到大排列并分成四等份,处于三个分割点位置的数值是四分位数。

(1)第一四分位数(Q_1),又称"下四分位数",等于该样本中所有数值由小到大排列后,位于 25% 处的数字。

(2)第二四分位数(Q_2),又称"中位数",等于该样本中所有数值由小到大排列后,位于 50% 处的数字。

(3)第三四分位数(Q_3),又称"上四分位数",等于该样本中所有数值由小到大排列后,位于 75% 处的数字。

转让定价分析中,通常将第一四分位数与第三四分位数之间的区间(Inter-Quartile Range,四分位区间)称作公平值域。

实际上,不论《OECD 转让定价指南》还是《UN 转让定价指南》,都没有明确支持使用统计学方法来缩小值域,而是强调应该尽可能地从可比性角度出发,剔除不那么可比的交易或企业。指南也没有在多种统计方法中特别强调或推荐使用四分位区间。实务中,四分位区间之所以比其他统计方法应用得更为广泛,可能是因为其他统计学方法涉及复杂的数学概念,不太容易理解和应用。而四分位法比较简单直接,更容易被从事财务工作的人员理解和接受。国家税务总局发布的《特别纳税调查调整及相互协商程序管理办法》(国家税务总局公告 2017 年第 6 号)第 25 条明确规定,税务机关分析评估被调查企业关联交易是否符合独立交易原则时,可以根据实际情况选择算术平均法、加权平均法或者四分位法等统计方法,逐年分别或者多年度平均计算可比企业利润或者价格的平均值或者四分位区间。

问题四:利润率指标是否位于四分位区间内就可以了,还是需要达到中位值?

如前所述,公平值域是在无法确定哪个数据更可比的情况下,使用统计方法来确定可比价格或者利润的一种参考。理论上讲,公平值域内的数据具有相同的可靠性，因此，当可比公司的利润率落在公平值域时，就可以作出关联交易定价符合独立交易原则的结论。但是，也有一些国家，如罗马尼亚、委内瑞拉、斯洛文尼亚等，要求以中位值为标准调整测试对象的利润率。我国转让定价的相关法规并未明确是以公平值域还是中位值作为判断关联交易是否符合独立交易原则的标准。实务当中，企业在准备同期资料的时候，包括在进行预约定价谈签时，基本都将整个公平值域作为合理区间。但需要注意的是，6号公告明确规定，税务机关对企业进行转让定价调查时应当按照不低于中位值的标准进行调整。① 该规定与《OECD转让定价指南》存在部分偏离。《OECD转让定价指南》的观点是，如果企业的利润水平在四分位区间之内，就无须进行调整。对于为什么在转让定价调查调整过程中，一定要按照不低于中位值的标准进行调整，国家税务总局并没有给出解释，也许仅仅是为了减少基层执法人员的自由裁量权。目前国内的现状是，只要不被列为转让定价调查对象，利润率在四分位区间内都是被认可的。而一旦被列为调查调整对象，就必须按照不低于中位值的标准进行调整。这也从侧面说明了企业平时认真准备同期资料，在同期资料中验证关联交易定价合理性，避免被列为转让定价调查对象的重要性。

问题五：确定四分位区间时，是否有可比公司的数量要求？

对于经过筛选之后，至少需要多少家可比公司，并没有一个明确的规定。但是站在统计学的角度，如果可比公司数量太少，所谓的四分位区间在统计学上也就没有什么意义了。一般来说，可比公司至少要有5家，计算出来的四分位区间才有意义。

问题六：如果在数据库中找不到足够的可比公司怎么办？

相对其他方法，交易净利润法对可比公司的要求相对宽泛一些，主要是寻找与被验证企业执行的功能、承担的风险、使用的资产可比的公司，选择范围相对宽泛。如果按照既设的标准找不到足够的可比公司，可以放宽标

---

① 具体条文参见《国家税务总局关于发布〈特别纳税调查调整及相互协商程序管理办法〉的公告》（国家税务总局公告2017年第6号）第25条。

准,扩大筛选范围。例如,选择的地理范围可以从单个国家扩大到更多经济环境较为可比的国家,或扩大行业范围,选择来自其他类似行业的功能风险较为可比的企业。或者将销售费用、研发费用所占收入的比例从不超过1%改为不超过3%。

对于特殊交易行为,在放宽标准也无法找到可比公司的情况下,可以调整转让定价方法,从企业自身经营活动入手分析价值创造的贡献因素,采用合适的方法予以分析。例如,使用利润分割法来确定企业在关联交易中应当获得的利润水平时,针对企业特殊价值贡献,可以考虑通过贡献分割的方法,直接从关联交易双方对实际利润的贡献程度入手,确定各自应当获得的利润。这种从企业内部经济活动入手来进行收益的分配方法,在一定程度上解决了找不到足够可比公司的难题。

问题七:如何选择合适的利润指标?

在使用交易净利润法时,需要选择合适的利润指标判断被验证企业利润的合理性。利润指标的选取应当考虑以下因素:关联交易的本质,交易各方执行的功能、承担的风险和使用的资产情况,各种指标的优点和不足,数据的可靠性等。此外,由于利润指标的计算以企业会计处理结果为基础,在应用指标时需要考虑关联交易对会计科目的影响程度。

关于利润指标,6号公告第20条规定,交易净利润法以可比非关联交易的利润指标确定关联交易的利润。利润指标包括息税前利润率、完全成本加成率、资产收益率、贝里比率等。具体计算公式如下:

$$息税前利润率 = \frac{息税前利润}{营业收入} \times 100\%$$

$$完全成本加成率 = \frac{息税前利润}{完全成本} \times 100\%$$

$$资产收益率 = \frac{息税前利润}{\dfrac{年初资产总额 + 年末资产总额}{2}} \times 100\%$$

$$贝里比率 = \frac{毛利}{营业费用 + 管理费用} \times 100\%$$

1）息税前利润率①

可以从企业的会计报表计算出的利润指标有毛利、营业利润、净利润等。在上述公式中主要选用的是息税前利润。息税前利润是销售收入减去销售成本及分配的营业费用、管理费用的金额，是没有扣除利息和所得税之前的利润。利息一般受资本结构的影响较大，而所得税受各国的所得税税制影响很大，如果要采用税后利润作为指标，可比公司与被验证企业所在国家的税制必须可比。选用息税前利润来进行比较，可以排除资本结构和税制等不可比因素对分析的影响。

在计算利润时，是否考虑某些费用或收入金额，要与企业在关联交易中履行的职能活动相联系。例如，确定汇兑损益是否应当被包含在利润项目中，首先，要考虑汇兑损益是否与关联交易相关，被验证企业是否应当承担汇兑风险。其次，要考虑对产生汇兑损益的应收和应付账款的对冲处理。事实上，如果被验证企业承担了相关的外汇风险，则相关的汇兑损益就应该被计入净利润，或者可以对其进行单独考量。

息税前利润率指标常常被用于确定从关联方购买产品销售给非关联方，或者加工之后再销售给非关联方的情况，因为相对成本端而言，销售端所含的关联交易金额较少。从非关联方采购产品的销售收入不应当包含在对关联交易收益的分析确认中，除非该非关联交易对关联交易不产生实质性影响，或者非关联交易与关联交易紧密联系不能合理准确地单独分析。

2）完全成本加成率

当企业从非关联方采购，然后销售给关联方时，可以使用完全成本加成率作为利润率指标。所谓的完全成本，既包含与生产活动相关的直接和间接成本，又包含一些与交易相关的合理分配的销售费用和管理费用。使用成本加成率，要求被验证企业成本费用的归集和分配原则与可比公司保持一致，但实践中很难了解可比公司对各成本费用的会计处理会影响这一方法的可靠性。使用完全成本时，影响相对较小。

---

① 业内人士习惯根据英文 operating margin 称之为"营业利润率"。

3）资产收益率

当资产（而非成本或收入）能更好地体现被验证企业在关联交易中的贡献时，资产收益率作为确定企业利润率的指标是比较合适的。可以考虑在某些生产企业或其他资产密集型、资本密集型的企业中运用这一指标。通常将营运资产作为分母计算资产收益率。营运资产包括房屋、土地、设备和厂房等固定资产，以及存货、应收账款（减去应付账款）等流动资产，还有专利、专有技术等无形资产。除金融行业外，企业的投资和现金通常不属于营运资产。使用资产收益率指标，如何确定资产的价值是需要好好考虑的问题。使用资产的账面价值可能会影响分析的准确性。例如，某些企业资产已经折旧完毕，而其他企业资产较新并且仍在折旧。又如，某些企业是通过收购拥有无形资产，无形资产的价值在账面有充分的体现，比较接近市场价值；而其他企业使用自己开发的无形资产，账面只反映了开发成本。类似这样的情况会影响可比性，但是又很难统一采用市场价值去计算。一是很多可比公司无形资产的市场价值并不可知；二是即使知道其市场价值，市场价值的确认也存在很大的不确定性。因此，具体选择账面价值、市场价值还是其他可能的价值确认方法，要结合具体案例的交易规模、复杂程度及进行分析所需花费的成本等因素进行考虑。无论如何，需要意识到资产收益率指标本身存在的局限性，并在选择可比公司时就尽量避免选取资产结构和资产来源差异比较大的企业。

4）贝里比率

通常在利润率指标中很少使用毛利，因为企业将费用归集为营业费用还是销售成本具有一定的主观性，会影响被验证企业和可比公司的可比性，因此，使用贝里比率指标也具有一定局限性。贝里比率最早是在美国使用的，《OECD 转让定价指南（2010 年版）》引入了这一指标。贝里比率是用毛利除以企业发生的营业费用和管理费用，比较适合分析有限风险销售企业的利润水平，因为它们的采购成本都会直接流向下一环节，属于转嫁成本（Passthrough Cost）。它们对整个价值链的贡献主要来自企业的营业费用和管理费用，贝里比率正好衡量营业费用和管理费用对利润的贡献。贝里比率不适用于对生产活动的评价，因为为生产企业创造利润的活动既包括销售和管理活动，也包括产品生产活动。贝里比率也无法反映固定资产和无形资产等的贡献，不适用于固定资产、无形资产等起重要作用的企业，仅适用于那些没有使用无形资产的风险有限的销售商或服务提供商。

以上这些指标当中，使用最广泛的是息税前利润率和完全成本加成率。美国2015年所签订的APA中，有62%使用了息税前利润率，25%使用了贝里比率，5%使用了资产（或资本）收益率，其他利润指标使用的比例占8%。[①] 我国2005—2019年签订的APA中，有67例使用了息税前利润率，有96例使用了完全成本加成率，有2例使用了资产收益率，没有使用过贝里比率。[②]

利润指标选择不当会影响转让定价分析的结果，导致纳税人做出不正确的判断。因此，选择合适的利润率指标非常重要。选择指标时还需要关注以下几个方面内容：一是与关联交易的相关性。原则上应当选择那些反映关联交易功能风险的因素构成的分析指标。二是与可比公司在数据上的一致性。在计算指标时，要保持被验证企业与可比公司在会计核算上的一致性。三是指标之间的相互验证性。由于各项指标都是对企业利润率的一个评价，因此，各项指标在经过合理性调整后，其分析结论应当保持一致。必要的时候，可以多选择几个利润率指标进行分析，如果结果趋于一致，可以提高结果的可靠性。如果不同利润率指标之间的差异比较大，需要分析造成差异的原因是否是可比公司与被验证企业在功能或风险上的差异较大，并排除不可比的企业。

除了上文中列出的指标，是否可以使用其他指标呢？针对具体案件的

[①] IRS. The announcement and Report Concerning Advance Pricing Agreement[EB/OL]. (2016-03)[2020-07-08]. https://www.irs.gov/pub/irs-utl/2015apmastatutoryreport. pdf.

[②] 国家税务总局.中国预约定价安排年度报告(2019)[EB/OL].2020:24[2020-12-24]. http://www. chinatax. gov. cn/chinatax/n810214/n810606/c5157990/5157990/files/ c630ef4297cc43558f303b9e05947e3d.pdf.

情况,考虑关联交易和行业因素,也可以考虑其他指标作为计算利润率的分母,如房地产企业可以选择零售面积、物流行业可以考虑运输产品的重量、服务行业可以考虑雇员人数、作业时间等。但是很多情况下,由于很难从可比公司获得相关的数据信息,影响了其他评估指标的使用。

问题八:为什么需要对企业多年度的数据进行分析？确定比较年度时,是 3 年还是 5 年？是用当年的数据和平均数进行比较,还是都用平均数进行比较？

实践中,可能会存在两家公司,它们的功能风险情况非常可比但处于不同经济周期的情况,或者它们比较可比但其中某一家可比公司当年受特殊因素的影响,财务数据出现异常,或者它们虽然处于同一经济周期,但是由于可比公司的财务报告需要经过审计才能公布,公布之后数据库公司需要一定的时间整理和录入,相关数据往往要到年报公布次年较迟的时间才可以查询,因此在准备当年度的同期资料时,往往只有可比公司上一年度的利润数据,甚至上上一年度的财务数据,这可能造成可比公司的财务数据与被验证企业的财务数据处于不同的周期。为了减少偶然因素、行业周期、数据滞后等因素对利润值域的影响,往往先对可比公司当年度及以前年度的财务指标进行加权平均,然后再对加权平均之后的利润指标计算四分位区间。《OECD 转让定价指南》和《UN 的转让定价指南》都建议使用多年的数据提高可比性,但这并不是强制性要求。我国 6 号公告第 25 条规定,税务机关分析评估被调查企业关联交易是否符合独立交易原则时,可以根据实际情况选择算术平均法、加权平均法或者四分位法等统计方法,逐年分别或者多年度平均计算可比公司利润或者价格的平均值或者四分位区间。由此可见,我国同时接受按单年度数据或多年度平均数据进行比较。

至于在使用多年度平均数据时,是使用 3 年平均还是 5 年平均,不论 OECD 和 UN 的指南,还是 6 号公告都没有明确的指示。在实务当中,一般是使用 3 年平均数据,但如果有明确的证据表明企业或可比公司的经济周期是五年或者更长的年度,也可以采用更多年度的平均数据。

问题九：企业亏损是否一定意味着关联交易定价不合理？

如果企业出现亏损或者微微盈利的情况，其利润率一般都是在可比公司的四分位区间之外。如果被验证企业的利润率落在税务机关确定的公平值域之外，并不意味着受控交易的定价一定不合理，纳税人仍然有机会提供证据证明其交易条件符合独立交易原则。如果纳税人不能提供这样的事实证据，税务机关就可能按照不低于公平值域中位值的标准做出调整。

一般用来解释企业亏损的理由包括以下几项：

（1）成立初期亏损。企业刚刚成立时，有较高的设立费用。与此同时，新的工厂和人员需要一段时间进行调试和适应，才能达到设计的产量或才有足够的订单。在此之前，企业的实际产量较小，单个产品分配的固定成本高，无法实现盈利。即使是没有关联交易的独立企业，成立初期一般也会处于亏损状态。因此，税务机关一般可以接受成立初期亏损。

（2）不可抗力因素。如果被验证企业在被考察期间经历了一些不可抗力因素（如自然灾害、金融危机等），可能会影响其经营，使受测试对象陷入亏损状态，这也影响受测试对象与可比公司的可比性。企业在准备同期资料时，可以分析和估算这些不可抗力因素对企业利润的影响，说明亏损并非由关联交易定价不合理所致。对于这些特殊情况造成的亏损，如果企业解释合理，税务机关通常也是可以接受的。

（3）跨国公司的经营策略。在某些情况下，企业为进入新的市场、增加在已有市场上的份额、推介新产品或服务、阻止潜在的竞争者，可能会降低其产品价格，甚至出现短期亏损。如果企业能够出具资料，证明企业的亏损是由于在市场上执行低价策略所致的，税务机关也有可能会接受该解释，但前提条件是企业具有市场开发职能并承担相关风险，前期发生与市场开发相关的费用导致企业亏损，但是未来应该获得较高的收益回报。

问题十：可比公司的选择是否有很大的主观性？如何保证税务机关会认同纳税人选取的可比公司？

在可比公司的搜寻与选择过程中，不论是搜寻标准的设定，还是具体公司是否入选，都包含主观判断的因素。因此，针对具体公司是否可比，纳税人和税务机关的观点之间往往存在差异。纳税人很难保证所有入选的可比公司都可以得到税务机关的认可，但是，并不能就因此认为可比公司可以随意选取。实际上，正是因为选取可比公司具有一定的主观性，作为企业，更要注重可比公司选取的准确性、客观性，必须认真研究每一家公司的具体信息，找出其与被验证企业可比与不可比的方面。如果确定因为某一个原因不可比，则需要保证受此因素影响的所有公司均不得入选，而不能选择性适用。没有人可以保证税务机关或其他第三方会认可纳税人所选取的所有可比公司，但工作做得越细致，标准越统一，被税务机关认可的可能性就越高。

问题十一：哪些可比性调整是税务机关可以接受的？

如果受控交易与可比交易之间存在实质性差异，可能需要对可比交易的利润指标进行可比性调整。《OECD 转让定价指南》中提出一些可能的调整，如会计差异调整、分部调整、营运资本调整（资本性调整）、风险调整等。其中，营运资本调整被大多数国家广泛接受，但我国仅可以在被验证企业为来料加工企业时进行营运资本调整。6 号公告第 26 条规定，税务机关分析评估被调查企业为其关联方提供的来料加工业务，在可比公司不是相同业务模式，且业务模式的差异会对利润水平产生影响的情况下，应当对业务模式的差异进行调整，还原其不作价的来料和设备价值。企业提供真实完整的来料加工产品整体价值链相关资料，能够反映各关联方总体利润水平的，税务机关可以就被调查企业与可比企业因料件还原产生的资金占用差异进行可比性调整，利润水平调整幅度超过 10% 的，应当重新选择可比企业。除上述规定外，税务机关对因营运资本占用不同产生的利润差异不做调整。由此可以看出，在我国除了对来料加工的利润进行调整时可以使用资本性调整，其他对营运资本差异进行的调整是不被接受的。至于是否可以做其他类型的调整，6 号公告没有明确，但在实操中，税务机关基本不接受其他类型的调整。

问题十二：关联股权交易应该适用什么定价方法？

起初，税务机关对关联交易的关注，主要集中于有形资产的交易，后来开始关注融资、无形资产类的交易。近年来，又开始关注关联股权交易。关联股权交易价格评估的基本原则仍然是独立交易原则，但是股权价值不能用基于毛利或利润的方法进行验证，除了可比非受控价格法以外，之前介绍的转让定价方法都无法应用。因此，需要新的方法来验证关联股权交易价格的合理性。实际上，投资领域的专业人士采用多种方法确定股权的价值，常用的方法包括市场法、重置成本法和收益法。这些方法是非关联独立企业进行股权价值评估经常采用的方法，符合独立交易原则，可以借鉴与参考。

（1）市场法，也称市场价格比较法（Market Approach）。这是利用市场上相同或者相似资产的近期交易价格，经过直接比较或者类比分析以确定资产价值的评估方法。市场法适用于在市场上能找到与被测试交易相同或者相似的非关联可比交易时的价值评估。市场法是一种简单有效的方法，但需要有比较发达的同类资产交易市场。当市场上存在较多同样资产的交易市场，可以获得相对可比的价格信息。但与被评估资产完全相同的资产是很难找到的，这就要求对类似资产的价格进行调整。目前市场法一般适用于对土地、建筑物、通用工业设备等资产的评估。

如果应用市场法评估股权价格，可以比照同行业公司近期的股票交易价格作为其购买该企业股权的报价依据。具体可以采用如下指标：

① 市盈率[Price-Earnings Ratio（P/E Ratio）]，即股票价格除以每股收益。购买股权的公司用该指标乘以被购买公司的利润收益作为股权的购买价格。可以参照同行业公司的市盈率确定被收购公司的市盈率。

② 企业价值与销售比率[Enterprise-Value-to-Sales Ratio（EV/Sales）]，购买股权的公司用该指标乘以被收购公司的销售收入作为股票的购买价格。同样的，这一指标的确定也是参照同行业其他公司的数据。

需要注意的是，上市公司股权的流动性与非上市公司存在很大的差异，若采用上市公司的市盈率等指标来评估股权价值，必须做出适当的调整。

（2）重置成本法（Replacement Cost Method），也称资产基础法。重置成本法的理论基础在于任何一个理性的人购买某项资产的价格不会高于当时购买相同或类似替代品的价格。重置成本就是在现行市场条件下，重新购买一件全新的产品所支付的全部货币总额，它与原始成本的内容构成相同，但二者反映的物价水平是不同的，前者反映的是评估日的市场物价水平，后者则反映当初购买时的物价水平。在其他条件一定的情况下，重置成本越高，其价值也就越大。此外，资产价值还会随着本身的消耗和其他各种因素的变化而相应变化。综合考虑以上因素，重置成本法的基本计算公式为：

资产的评估价值＝重置成本－实体性贬值－经济性贬值－功能性贬值

重置成本法比较适用于以固定资产、土地房产等资产为主的企业，不适用于服务行业企业，因为服务行业企业基本是轻资产的，创造价值的主要是人员和创意。

（3）收益法（Discounted Cash Flow Method），也称折现法。收益法的理论基础是一项资产的价值是利用它所能获取的未来收益的现值，其中的折现率反映了投资该项资产并获得收益的风险回报率，通常采用平均加权资本成本指标（Weighted Average Cost of Capital，WACC）。预估未来收益可以采用自由现金流指标进行计算（净收入＋折旧/摊销－资本性支出－流动资本变化）。收益法需要对未来进行预测，包括很多不确定性因素，其应用具有一定难度，但业界普遍认为这是进行资产评估最合理的方法。收益法一般适用于企业整体资产和可预期未来收益的单项资产评估，尤其在股权评估中应用得特别广泛。它通过预测交易标的企业未来能够获得的收益，通过一定折现率将其转化为现值来确定评估企业的价值。

7.4　案例：盛大公司的转让定价经济分析

以下是李博士团队为盛大公司设置的筛选条件：

（1）地域选择：中国。

（2）行业选择：依照美国的标准行业分类编码 US SIC 代码，在 OSIRIS 数据库中搜索归于下列代码的上市公司：

① 2833 Medicinal Chemicals and Botanical Products。

② 2834 Pharmaceutical Preparations。

③ 2836 Biological Products，Except Diagnostic Substances。

（3）独立性指标：保留 OSIRIS 数据库中独立性指标为 A＋、A、A－或 U 的公司。其中，A＋、A 或者 A－表明没有任何单个股东控制该公司的股份超过 25％；U 表明该公司股东持股情况不清楚。

剔除满足以下第（4）至第（12）中任意一条或以上的公司：

（4）2013—2015 年缺少两年或两年以上财务数据。

（5）3 年连续亏损或只有两年财务数据且两年均亏损。

（6）从事重大研发活动（即 3 年加权平均研发费用/净销售额＞1％）。

（7）从事重大销售和市场营销活动（即 3 年加权平均销售费用/净销售额＞5％）。

（8）2013—2015 年 3 年平均主营业务成本占销售收入的比例小于 60％。

（9）剔除具有专利、专有技术等显著无形资产的公司。

（10）主营业务存在明显差异。

（11）主营产品存在明显差异。

（12）剔除关联交易占比超过 25％的公司。

其中，第（1）至第（8）项条件是在 OSIRIS 数据库中设置好的，由数据库直接筛选；第（9）至第（12）项条件是需要通过审阅公司的业务描述和年报来筛选的。

根据上面设置的条件，数据库初步筛选出了 30 多家公司，考虑到入选的公司量太少，无法保证有足够的可比公司，李博士团队又放松筛选条件，将第（1）项中的区域范围从中国扩大至远东及亚太地区，将上述第（3）项筛选标准剔除，并将第（6）项筛选标准中研发费用占净销售额的比重放松到

3%,第(7)项销售费用占净销售额的比重放松到 10%。

修改了标准之后,初步筛选出来的企业增加到 130 多家。李博士团队的成员通过阅读业务描述,将明显不可比的企业剔除,剩下 16 家企业。通过阅读这些企业的年报,进一步剔除了存在明显不可比因素的企业,其中,有 4 家企业拥有品牌和大量专利技术,有 2 家企业拥有自己的销售渠道,有 3 家企业关联交易比例超过 25%,有 1 家企业曾在比较期内经历重大重组活动。经过反复比较和筛选,最终保留了 6 家企业作为可比公司。

鉴于对多年财务数据采用加权平均法能更有效地包容受控与非受控交易的差异(如功能、产品、经济周期等),李博士团队计算了可比公司 2013—2015 年度息税前利润率和完全成本加成率的 3 年加权平均数,并使用所有公司的 3 年加权平均息税前利润率及完全成本加成率计算四分位区间。考虑到盛大公司的销售收入全部都是关联交易,息税前利润率的计算受到关联交易影响的程度更大,李博士团队选择使用完全成本加成率作为比较的指标。

以下是结论:

可比公司的第一四分位数为 2.19%,中位值为 5.94%,第三四分位数为 7.39%。根据上述分析,报告期间,盛大公司 2015 年的完全成本加成率位于可比公司 2013—2015 完全成本加成率的四分位区间,说明盛大公司的关联交易符合独立交易原则。

李博士团队也按照同样的方法为盛大公司准备了其他年度的同期资料报告。虽然同期资料报告的结论都是盛大公司的关联交易符合独立交易原则,但李博士团队同时也提醒企业注意潜在的转让定价风险,包括盛大公司的利润率与集团整体和其他机构相比,相对偏低。盛大公司除了从 U 国企业进行采购,向 Z 国企业进行销售,还向位于 K 国的企业支付巨额特许权使用费,以及向 T 国企业支付各种类型的服务费等,从国别报告来看,交易对方的利润率都较高,而则税率较低,主管税务机关必然会质疑这些交易的必要性和合理性。

第8章

特殊事项文档：资本弱化

在李博士团队的努力下，盛大公司终于在税务局规定的日期之前完成了同期资料，张总松了一口气。出于谨慎，张总在上交报告之前又研究了一遍42号公告，发现公告里面有提到成本分摊协议特殊事项文档和资本弱化特殊事项文档。可是李博士准备的报告中并没有这两样资料。张总赶紧给李博士打电话，问李博士是怎么回事。李博士向张总解释说，这两个文档都是特殊事项文档，只有关联债资比超过标准比例，需要说明符合独立交易原则的企业才需要准备资本弱化事项文档；只有签署了成本分摊协议的企业才需要准备成本分摊协议特殊事项文档。

为了帮助张总理解，李博士又多花了点时间，详细地介绍了资本弱化特殊事项文档和成本分摊协议特殊事项文档。

8.1 资本弱化的定义

资本弱化是指企业和企业的投资者为了最大化自身利益或其他目的，在融资和投资方式的选择上，降低股本的比重，提高贷款的比重，造成企业负债与所有者权益的比率超过一定限额的现象。

跨国公司向境外子公司注入资金时往往利用资本弱化来降低子公司的应交税款，因为境外的子公司向母公司或其他关系公司贷款的话，子公司向关联企业支付的利息可以在税前扣除，从而减少子公司的应纳税所得额。

跨国公司通过资本弱化来避税的主要途径有两个：一个是通过增加债务资本的比例来增加利息扣除；二是通过提高关联企业借款利率来增加利

息扣除。各国的反资本弱化法规基本也是针对以上两个途径实施管理，从而限制可以扣除的利息额，具体有两种方法：一是公平交易法，即看关联方的贷款条件是否与非关联方的贷款条件相同，如果不同，则关联方的贷款可能被视为隐蔽的募股，对多支付的利息按照股息征税；二是固定比率法，主要是看公司资本结构是否超过特定的债务资本比率，对于超过特定比率的债务利息不允许税前扣除，视同股息征税。除了将债务与资本进行比较，也可以参考利息与某些因素（如收入、利润或现金流）的比率来限制利息的扣除。①

过去 10 年，各国政府对利息扣除的管理越来越重视。一是因为 2008 年金融危机以后，大批公司资金紧张，关联企业间融资的现象越来越普遍；二是因为 OECD 对 BEPS 行动计划的研究与宣传工作，让越来越多的政府意识到资本弱化对税基的影响。根据安永会计师事务所 2013 年的调查，有 39% 的受访者认为所在公司会因为集团内融资交易在未来两三年内与税务机关产生转让定价争议。在 2016 年的调查中，这一数字上升到 48%。②

8.2　中国的资本弱化管理

资本弱化虽然与成本分摊协议同一时间正式进入中国的税收法规，但相对成本分摊协议而言，税务工作者更熟悉资本弱化。一方面是因为大多数财税人员在学习财务管理课程时，就学了利息的税盾效应，知道了资本弱化；另一方面是因为资本弱化的概念比较简单，相对容易理解。实际上，在《企业所得税法》正式提出资本弱化的概念之前，已经有税务机关应用转让

① 易奉菊.国际税收：理论、实务与案例［M］.上海：立信会计出版社，2017：163.
② ERNEST & YOUNG. 2016-17 Transfer Pricing Survey Series：Controversy Avoidance and Resolution［EB/OL］.2017：4［2020-06-12］. file:///C:/Users/1/Downloads/ey-transfer-pricing-controversy-avoidance-and-resolution.pdf.

定价相关法规，对关联企业之间贷款利息进行调整。① 即使如此，绝大多数财务与税务工作者对如何准备资本弱化的同期资料还是比较陌生的。

一直以来，资本弱化的问题在中国最主要的体现并不在于债资比例高，而在于关联企业之间的融资利率高。这主要是因为中国在2014年3月1日之前，一直实行注册资本实缴登记制，企业营业执照上的注册资本是多少，该公司的银行验资账户上就必须有相应数额的资金。而且，外商投资企业在注册成立的时候，必须经过外经贸部门的批准，外经贸部门发放批准证书时，会根据《中华人民共和国中外合资经营企业法》及《中华人民共和国中外合资经营企业法实施条例》确定外商投资企业的注册资本与投资总额之间的比例（俗称投注比）②，从而间接限制了外商投资企业债务和资本的比例。但是，关联企业之间的借款利率高于正常利率水平，降低应纳税所得额的现象仍然存在。

《企业所得税法》规定，企业从其关联方接受的债权性投资与权益性投资的比例超过标准而发生的利息支出，不得在税前扣除。其中，不得在计算应纳税所得额时扣除的利息支出应按以下公式计算：

不得扣除利息支出＝年度实际支付的全部关联方利息×（1－标准比例÷关联债资比例）

其中，标准比例对金融企业来说，为5∶1；对其他企业来说，为2∶1。

---

① 广州市国税局对某跨国企业之间提供无息贷款进行调整的案例虽然并不属于资本弱化的范畴，但也体现出税务机关很早就开始关注关联企业之间贷款引起的转让定价问题。

② 具体比例规定源自《国家工商行政管理局关于中外合资经营企业注册资本与投资总额比例的暂行规定》（工商企字〔1987〕第38号）。具体来说，中外合资经营企业的注册资本与投资总额的比例，应当遵守如下规定："（一）中外合资经营企业的投资总额在三百万美元以下（含三百万美元）的，注册资本至少应占投资总额的十分之七。（二）中外合资经营企业的投资总额在三百万美元以上至一千万美元（含一千万美元）的，其注册资本至少应占投资总额的二分之一，其中投资总额在四百二十万美元以下的，注册资本不得低于二百一十万美元。（三）中外合资经营企业的投资总额在一千万美元以上至三千万美元（含三千万美元）的，其注册资本至少应占投资总额的五分之二，其中投资总额在一千二百五十万美元以下的，注册资本不得低于五百万美元。（四）中外合资经营企业的投资总额在三千万美元以上的，其注册资本至少应占投资总额的三分之一，其中投资总额在三千六百万美元以下的，注册资本不得低于一千二百万美元。"

实际上,中国的资本弱化管理规定同时采用了固定比率法和公平交易法,对于超过规定的债资比例的利息支出,不允许扣除。同时,《财政部　国家税务总局关于企业关联方利息支出税前扣除标准有关税收政策问题的通知》(财税〔2008〕121 号,以下简称财税〔2008〕121 号文件)第二条规定,企业如果能够按照《企业所得税法》及其实施条例的有关规定提供相关资料,并证明相关交易活动符合独立交易原则的;或者该企业的实际税负不高于境内关联方的,其实际支付给境内关联方的利息支出,在计算应纳税所得额时准予扣除。2 号文件第 89 条也规定,如果企业能够证明超过规定比例的利息支出符合独立交易原则,并能提供资料证明交易符合独立交易原则的,可以扣除。我们注意到,2 号文件第 89 条规定已经被 42 号公告废止,而 42 号公告并未明确规定符合独立交易原则的利息支出可以扣除,只是单纯规定,企业关联债资比例超过标准比例需要说明符合独立交易原则的,应当准备资本弱化特殊事项文档,并没有明确说明符合独立交易原则的关联方利息支出可以扣除。但是由于财税〔2008〕121 号文件仍有效,如果有同期资料证明超过规定比例的利息支出符合独立交易原则的,应该可以扣除。

42 号公告规定资本弱化特殊事项文档包括以下内容:

(1) 企业偿债能力和举债能力分析。

(2) 企业集团举债能力及融资结构情况分析。

(3) 企业注册资本等权益投资的变动情况说明。

(4) 关联债权投资的性质、目的及取得时的市场状况。

(5) 关联债权投资的货币种类、金额、利率、期限及融资条件。

(6) 非关联方是否能够并且愿意接受上述融资条件、融资金额及利率。

(7) 企业为取得债权性投资而提供的抵押品情况及条件。

(8) 担保人状况及担保条件。

(9) 同类同期贷款的利率情况及融资条件。

(10) 可转换公司债券的转换条件。

(11) 其他能够证明符合独立交易原则的资料。

可以看到,对于如何准备资本弱化的同期资料,42 号公告只是简单地列举了需要包括的内容,但对每一项资料具体需要准备什么,所需要资料的详细程度,都没有具体的说明;税务机关等也没有出台其他更加具体的规定。因此,我们还是需要借鉴其他国家的做法。

8.3 资本弱化同期资料与贷款定价的经验借鉴

我们查阅了很多国家的转让定价法规,发现各国对于资本弱化的同期资料都没有很具体的介绍。究其原因,可能是大多数国家的反资本弱化法规都设置了各种各样的"安全港"规则,对于债资比在一定范围内,或者利率在一定水平内的关联借款,允许扣除利息支出。① 例如,新加坡的税务机关,每年会公布税务机关可以接受的指导性利率水平。企业可选择按税务机关公布的指导性利率确定关联借款的利率水平。如果关联借款的利率不是参照指导性利率确定的,就需要准备详细的转让定价分析,并准备同期资料来证明关联贷款的利率符合独立交易原则。② 有了"安全港",大部分企业就会选择"安全港"的庇护,因此,需要准备资本弱化同期资料的企业并不多,关于如何就关联借款进行转让定价分析和准备同期资料的规定也不详细。

但随着近年来对税基侵蚀与利润转移的认识越来越深入,世界各国对关联企业间利用金融交易侵蚀税基的现象也越来越关注,逐步加强了对利用资本弱化侵蚀本国税基的管理。OECD 于 2018 年出台了针对金融交易的征求意见稿,美国等国家也修订了本国的法规,对资本弱化的同期资料管理进行了进一步的规定。

---

① Australian Government Board of Taxation.Review of the Thin Capitalisation Arm's Length Debt Test[EB/OL].2014:5[2020-07-08]. https://taxboard.gov.au/consultation/thin-capitalisation-arms-length-debt-test.
② INLAND REVENUE AUTHORITY OF SINGAPORE [EB/OL]. [2019-05-19]. https://www.iras.gov.sg/irashome/Businesses/Companies/Working-out-Corporate-Income-Taxes/Specific-topics/Transfer-Pricing/Other-Issues/.

8.3.1 美国的资本弱化同期资料管理①

美国税法体系中，针对利息扣除的法规包括以下几个条款：

（1）国内收入法典 163（j）［Internal Revenue Code（IRC）Section 163 （j），Interest：Limitation on Deduction for Interest on Certain Indebtedness］，163（j）条款的主要目的是限制低资本高负债公司的利息扣除，这一条对美国公司在偿付外国关联贷款时当期所能抵扣的利息数量做出了明确规定，因此这一条款在美国通常被称为"资本弱化条款"。

（2）国内收入法典 385 条款（IRC §385，Treatment of Certain Interests in Corporations as Stock or Indebtedness），385 条款主要是明确美国企业的利息支出究竟属于负债类支出还是属于权益类支出。

（3）国内收入法典 482 条款第 2 节（§1.482‑2，Determination of Taxable Income in Specific Situations），第 482 条款第 2 节主要是规定如何确定利息支出符合独立交易原则。

8.3.1.1 IRC§163（j）限制条款的一般适用②

当美国公司向外国关联方借入现金，或者当美国公司向外国非关联方借款时，由外国关联公司担保，则适用 IRC§163（j）限制条款。受到限制不允许扣除的利息被称为超额利息（Excess Interest）。超额利息是纳税人当年的利息费用中，超过以下三个项目之和的部分：

（1）当年收息收入。

（2）纳税人当年调整后的应纳税所得额的 30%。

（3）纳税人融资购买用于销售或租赁的汽车，以购买的汽车作为抵押品

---

① BKD CPAS & ADVISORS. Inbound related party loans transfer pricing consideration［EB/OL］.（2016‑08‑03）［2019‑05‑16］. https：//www. bkd. com/alert-article/2016/08/inbound-related-party-loans-transfer-pricing-considerations-foreign-investors.

② IRS. Basic questions and answers about the limitation on the deduction for business interest expense［EB/OL］.［2019‑05‑17］.https：//www.irs.gov/newsroom/basic-questions-and-answers-about-the-limitation-on-the-deduction-for-business-interest-expense.

取得的贷款所支付的利息费用。

IRC§163(j)条款规定当年不可扣除的利息可以向以后年度结转，直至被完全扣除。但是，这些可以延后扣除的利息也同样受到 IRC§163(j)中有关条款的限制。

8.3.1.2　385 条款对于如何判断利息支出与股息支出的规定

IRC 385 条款最主要的目的是防止企业通过公司倒置避税[①]，同时控制关联企业通过利息费用将利润转入低税率地区。385 条款授权美国财政部制定法规，确定企业支付的利息是应该被认定为股息、利息还是两者的结合。385 条款中有关于企业如何准备相关资料的规定。美国财政部之所以要求企业准备相应资料，是希望 IRS 可以凭借企业准备的资料，快速有效地判断出负债的实际性质。如果企业既没有满足资料要求，又没有合理理由，相应的负债支出就会被当作股息进行处理。[②]

385 条款规定，税务机关在判断借款双方到底是借贷关系还是股权关系时，应当考虑以下几个方面的因素：

（1）双方之间是否存在书面的无条件承诺，借款方要在某个日期之前或贷款方要求之时，偿还本金和利息。

（2）贷款是否有低于或高于公司其他负债的清偿顺序。

（3）公司的负债与所有者权益比率。

（4）负债是否可转换成公司股份。

（5）贷款方与公司股东之间的关系。[③]

美国财政部和国内收入署根据法律的授权于 2016 年 10 月 21 日制定了执行 385 条款的暂行规定。该规定要求，对于 2018 年 1 月 1 日当日或之后产生的关联债务，企业应在负债发行之后 60 天内准备好下列书面资料，以

---

① 关于公司倒置避税，请参见易奉菊.国际税收：理论、实务与案例[M].上海：立信会计出版社，2017：107-109.

② 参见网址 https://home.kpmg/us/en/home/insights/2018/09/tnf-prop-regs-removal-of-section-385-documentation-regulations.html。

③ 具体规定见 https://www.law.cornell.edu/uscode/text/26/385。

证明借款确实属于负债的性质：

（1）证明借款方需要在某一个或多个固定日期无条件支付特定金额的书面资料。

（2）证明贷款者有权要求借款方执行相关义务的资料。

（3）证明按照合理预期，借款方具备偿还能力的书面资料。

（4）证明借贷关系持续存续的行动记录，如借款方及时支付本息，贷款方在借款方未支付本息时可采取的行动。

但是，美国财政部在 2018 年又重新检视了相关规定，认为该条款中的资料要求增加了企业的负担，将需要准备资料的债务发生时间又推迟了 12 个月，即 2019 年 1 月 1 日之后产生的债务才需要准备以上资料，并最终于 2019 年 11 月 4 日取消了企业为关联债务准备书面资料的要求。① 因此，美国企业实际上从未按 385 条款的要求为关联债务准备过上述资料。

8.3.1.3 IRC§1.482-2②

根据第 482 条款的规定，有三种方法可以证明关联企业间贷款利率符合独立交易原则：

1）联邦利率安全港［Applicable Federal Rate（AFR）Safe Haven］

482 条款规定，只要满足下列条件，关联企业间的借款可以不被调整：

（1）利率不低于同期联邦利率的 100％（下限），并且不高于同期联邦利率的 130％（上限）。

（2）如果没有收取利息，或者收取的利息低于下限，则按照下限值来确定独立交易利率，每半年计息。

---

① NATIONAL ARCHIVES. Federal Register The Daily Journal of United States Government［EB/OL］.（2009-04-11）［2019-05-25］. https://www.federalregister.gov/ documents/2019/11/04/2019-23817/removal-of-section-385-documentation-regulations.

② LEGAL INFORMATION INSTITUTE. Electronic Code of Federal Regulations. 26 CFR §1.482-7-Methods to determine taxable income in connection with a cost sharing arrangement［EB/OL］.［2019-05-17］. https://www.law.cornell.edu/uscode/text/26/ 482.

（3）如果收取的利息高于上限，则按照上限值来确定独立交易利率，每半年计息，除非纳税人可以使用更合理的方法确定一个合适的利率。

在与联邦利率进行比较时，如果贷款的年限少于 3 年，则使用联邦短期利率；如果贷款的年限超过 3 年少于 9 年，则使用中期利率；如果贷款年限超过 9 年，则使用长期利率。

需要注意的是，如果贷款人本身主要从事贷款业务，则不能使用联邦利率安全港，必须按照贷款人向非关联方提供同期同类贷款的利率来确定。此外，联邦利率安全港只适用于美元贷款，对非美元贷款不适用。

2）成本加成法

如果贷款者是从第三方处获得发放贷款所需的资金，那么贷款的公平利率应该等于贷款者支付的利率加上贷款者在借款与贷款过程中发生的费用。除非纳税人能够证明其他利率更为合理。

3）市场利率法

符合独立交易原则的利率应该是独立第三方之间为同期同类贷款支付的利率。在比较利率时，应该考虑所有相关的因素，包括贷款金额、贷款期限、增信措施、借款人信用评级等。

与美国其他类型交易的转让定价方法适用规则相同，判断关联贷款利息是否符合独立交易原则，也是根据具体的事实和情况进行判断，选取最合适的方法，不同的方法之间并无优劣之分。

8.3.2　OECD 对于金融交易的规定

OECD 于 2020 年 2 月 11 日发布了《金融交易转让定价指南》，为金融交易的转让定价分析提供了参考[1]。《金融交易转让定价指南》主要分为六个部分：第一部分是绪论；第二部分介绍《金融交易转让定价指南》与《OECD

---

[1]　OECD.Transfer Pricing Guidance on Financial Transactions［EB/OL］.（2020 - 02 - 11）［2021 - 06 - 27］. https://www. oecd. org/tax/beps/transfer-pricing-guidance-on-financial-transactions-inclusive-framework-on-beps-actions-4-8-10.htm.

转让定价指南》D.1部分①之间的关系，阐述如何准确分析和描述关联的金融交易；第三部分重点介绍企业财务性交易（Treasury Functions）的转让定价分析，包括关联贷款、现金池和对冲交易；第四部分重点介绍担保交易的转让定价分析；第五部分讨论自保险交易的转让定价分析；第六部分介绍如何确定无风险收益率和风险调整后的收益率。OECD的《金融交易转让定价指南》中的前五个部分，将会被综合进《OECD转让定价指南》，作为指南的第十章。第六部分的内容将会被综合进《OECD转让定价指南》第一章的D.1.2.1。下面我们将介绍与关联贷款转让定价分析联系较密切的内容。

8.3.2.1 辨识金融交易的商业和财务关系

《金融交易转让定价指南》提出，准确描述关联金融交易是对金融交易定价进行分析的前提。

（1）准确描述关联金融交易需要对企业所在的行业进行分析。因为行业之间存在的差异，如行业所处的周期、政府管制程度、行业中金融资源的可获得性等会对企业的融资成本产生较大的影响。

（2）准确描述金融交易需要对企业和企业集团的融资策略进行分析。例如，企业如何对不同项目的融资需求排序、某家企业在集团内的战略地位、企业或集团是否有既定的信用评级目标或者债务权益比率目标、企业是否与同行业企业采用了不同的融资策略等。

（3）准确描述交联金融交易需要全面辨认与交易相关的经济与商业因素，包括交易合同条款、交易各方承担的功能、使用的资产和承担的风险、金融产品或服务的性质、经济环境、交易各方的经营策略等。

① 交易合同条款。非关联企业在进行金融交易时，双方的权利和义务通常在书面合同中明确规定。但是关联企业之间签订的金融交易合同往往比较简略，或者实际交易与合同规定存在差异，因此，必须查阅其他相关文件，并了解企业的实际操作，才能准确确定金融交易的实际情况。

---

① 《OECD转让定价指南》D.1部分的标题为"辨识商业和财务关系"，主要就如何辨识关联企业之间的商业和财务关系、准确描述关联交易提供指引。

② 功能与风险分析。对关联的金融交易进行转让定价分析，也需要厘清交易各方承担的功能、使用的资产与承担的风险。贷款方履行的功能包括对贷款的风险进行分析评估、决定贷款条件、发放贷款、记录贷款，以及持续地跟进和审核贷款情况。需要注意的是，在分析贷款方承担的风险时，如果发放贷款的企业实际并不对风险实施控制，也不具备承担财务风险的能力，那么这些风险的实际承担方是对风险实际实施控制的，而且是有足够财务能力承担风险的企业。而发放贷款的企业只应获得无风险的收益率。借款方承担的功能主要是保证有足够的资金来按时偿还本息、必要时提供抵押、履行贷款合同中规定的各项义务。

③ 金融产品或服务的性质。公开市场上交易的金融产品或服务有不同的特性，这些特性会影响金融产品或服务的定价，因此，在对金融产品定价时，必须详细地分析金融产品或服务的性质。比如，确定贷款利率时，需要了解贷款金额、到期日、还款进度、贷款目的和性质（并购、按揭还是商业信用赊账）、是属于优先（还是次级）偿还贷款、借款人的地理位置、币种、抵押物、担保以及担保的可靠程度、使用固定利率还是浮动利率等。

④ 经济环境。金融交易的价格受经济环境的影响较大。比如，金融交易的币种、地理位置、当地的法规、借款人所处的行业、借款时间等都会影响交易的价格。一些宏观指标，如中央银行贷款基准利率、银行同业拆借利率、重大金融事件等也会影响金融工具的价格。因此，在寻找可比金融交易的时候，并不适合使用多年平均数据，反而与关联金融交易发生时点越接近的交易越可比。币种也是影响金融交易价格的重要因素，如果币种不同，其他因素可比的交易价格也可能有较大的差异。即使是采用同一币种的金融交易，在不同国家的金融市场之上也可能存在价格差异，因为这些国家往往面临不同程度的利率控制、汇率控制、外汇管制和其他法律限制。

⑤ 交易各方的经营策略。经营策略会对独立企业间的金融交易定价产生影响。比如，如果借款方正在经历重组，就可能会改善借款方的经营状况和财务状况，从而导致贷款方决定发放贷款。因此，准确描述金融交易也需要考虑企业的经营策略。如果可比交易的借款方与关联交易的借款方经营

策略相似,那么转让定价分析的结果就更为可靠。一般来讲,借款方所在集团的融资政策、关联企业之间已经存在的借贷关系等都是需要考虑的经营策略。

从《金融交易转让定价指南》第二部分的内容可以看出,对金融交易进行转让定价分析不仅仅要对金融交易本身进行准确描述,还需要像其他类型交易的转让定价分析一样,考察行业、经济环境、功能风险等多个方面的因素。

8.3.2.2　关联贷款的转让定价分析

《金融交易转让定价指南》第三部分 C3.1 介绍如何对关联贷款进行转让定价分析,重点强调了以下几点问题。

1）借贷双方的考虑

《金融交易转让定价指南》强调在分析交易各方的关系及交易环境时,必须同时从关联借款方和贷款方看问题,既要考虑贷款方可能承受的风险,也要考虑借款方因为接受和使用贷款可能发生的风险。对于贷款方来说,在进行贷款决策时,需要考虑借款方各方面的状况,影响借款方与贷款方的宏观因素,以及资金的机会成本。贷款方通常需要对借款方进行详尽的尽职调查,不仅要了解企业,还要了解企业借款的目的、借款结构,基于预测的现金流量表和资产负债表评估还款来源。关联企业之间可能不需要像独立企业那样通过深入的尽职调查来了解借款方的财务状况（因为这些信息在集团层面都可以获得）,但是也必须像独立企业一样,根据借款方的信用风险和经济环境等因素来确定贷款的利率。

非关联交易中的借款方在获得短期和长期资金的过程中,总是追求优化他们的加权平均资金成本（Weighted Average Cost of Capital）[1]。另外,借款方还会考虑由于经济环境的变化产生的影响,可能的变化包括利率变

---

[1]　加权平均资本成本是指企业以各种资本在企业全部资本中所占的比重为权数,对各种长期资金的资本成本加权平均计算出来的资本总成本。加权平均资本成本可用来确定具有平均风险投资项目所要求的收益率。

化、汇率变化、企业因为经营困难无法按期支付本息、企业无法获得更多债务或权益性融资。借款方也会考虑是否在合约中设定重新谈判贷款条件的条款，以便在宏观利率下降时争取降低融资成本。

2）信用评级的使用

信用评级对于贷款方确定借款方的可信度、评估贷款风险、寻找可比交易具有重要的作用。

信用评级可以针对某跨国企业或企业集团，被称为"发行主体信用评级"（Issuer Credit Rating）。该评级是基于跨国企业或企业集团根据约定支付本息的能力和意愿而确定的，体现了该借款人相对其他借款人的信用强弱。通常信用评级越低，说明违约的风险越大，贷款人会要求更高的利率作为回报。

在金融市场上，可以找到不同信用评级的企业融资利率的公开信息用于转让定价分析，也可以用同一企业或集团内的其他企业向第三方借款的利率作可比的利率。

《金融交易转让定价指南》强调，信用评级相同的企业在信誉度上也可能存在差异。此外，即使两家企业的重要财务比率相同，其他因素（如所处的行业）也可能会导致这两家企业的信用评级不同。还有一些特殊情况，比如新创立的企业、刚经历重组的企业，与其他因素可比或类似的企业相比也可能有不同的信用评级。因此，企业集团在安排关联企业间贷款时，应该准备好相关资料，说明集团内某企业信用评级的结果与理由。

信用评级也可以针对某次发行的金融工具，被称为"发行债项信用评级"（Issue Credit Rating）。发行债项信用评级考虑金融产品的特性，评级结果可能与发行主体信用评级不同。如果市场上可以找到与某项关联贷款可比的交易，在发行主体信用评级和发行债项信用评级同时可得的情况下，采用发行债项信用评级相同的交易作为可比交易更合适。

由于大部分信用评级机构只有针对企业集团的信用评级，而没有针对某企业或某债项的信用评级，因此，很多企业采用可公开获得的金融模型计算某企业或债项的信用评级，并利用此评级去市场上寻找可比的交易。《金融交易转让定价指南》分析了应用公开获得的金融模型进行评级需要注意的问题：这些模型偏重使用定量数据，对定性资料的使用不足；金融模型的计算过程与算法缺乏透明度。相对来说，独立的评级机构在进行评级时所做的工作更多也更为深入。如果所使用的金融模型得出的评级结果总是与独立评级机构的结果接近的话，则该金融模型的评级结果较为可靠。

3）企业作为集团成员的影响

在对企业进行信用评级时是否需要考虑企业作为集团成员可能获得的支持呢？《金融交易转让定价指南》认为，非关联贷款方在考虑是否给集团成员发放贷款时，往往会考虑企业作为集团成员可能获得的支持。评级机构在评定企业信用等级时，也会考虑借款企业作为集团成员可能从集团获得的支持。但集团成员是否会获得支持与借款企业在集团中的战略地位和重要性有关。与集团有紧密联系的、从事集团核心业务的企业，往往可以从集团获得支持。从事非核心业务的集团成员未必会从集团获得支持。不应仅因为被评估企业是集团的成员企业就提高企业的信用评级。

4）约定（Covenants）

非关联方贷款合同中，通常有一些特定条款来降低贷款方的风险，被称为约定。约定条款包括发生约定（Incurrence Covenants）和维护约定（Maintenance Covenants）。发生约定，通常禁止借款方在取得贷款方同意之前从事某些行为，如处置资产、发债等。维护约定，要求借款方的财务指标在贷款持续期内都维持在一定的水平。如果借款方的财务表现不佳，贷款方可以采取必要的措施。约定条款主要是解决信息不对称问题。关联企业之间的信息不对称往往不像非关联企业那样严重，但是在进行关联贷款定价时，需要考虑非关联企业贷款合同是否有类似的约定条款，以及类似条款对贷款利率的影响。

5）担保

如果有第三方提供了担保，贷款方应考察在借款方无法偿还贷款本息的情况下担保者是否有能力偿还。因此，需要对担保者的信用情况进行考察，因为最终的信用风险是在担保者身上。

6）贷款费用

非关联企业在贷款过程中，除了利息还会向借款方收取一些费用。在研究关联贷款的定价时，也应该考虑这些费用。

7）确定独立交易利率的方法

《金融交易转让定价指南》分析了可以用来分析关联贷款定价的几种方法，并强调最合适的方法是可比非受控价格法与资金成本法（Costs of Funds Approach）。

① 可比非受控价格法。《金融交易转让定价指南》认为，关联贷款交易与其他类型的关联交易存在一个重大的区别，即金融市场比较发达，信息相对公开，贷款交易有可能得到很多可比交易的信息。因此，相对商品、服务等关联交易来说，分析关联贷款交易更容易使用可比非受控价格法。《金融交易转让定价指南》指出一些关键因素与贷款利率直接相关，在寻找可比交易时必须关注贷款的这些关键因素。例如，没有担保的贷款或属于次级受偿的贷款通常会增加贷款利率；有较强担保或保证的贷款通常会降低贷款利率。《金融交易转让定价指南》在介绍可比非受控价格法时，明确提出可比交易可以是外部可比交易，也可以是内部可比交易。

② 信用违约掉期（Credit Default Swap）①。信用违约掉期反映了底层资产的信用风险，在找不到底层资产（如贷款）的可比交易的情况下，可以考虑使用信用违约掉期的点差作为关联贷款的风险溢价。但是信用违约掉期作为金融工具，它的点差除受底层资产的信用风险影响之外，还会受其他因素的影响，如掉期合约的流动性等，因此使用这种方法对关联贷款定价时，需要仔细考量其他因素的影响。

③ 资金成本法。使用资金成本法，就是把贷款方的资金成本（贷款方的融资成本）加上发放贷款过程中的成本（非经营性资金成本），再加上风险溢

---

① 信贷违约掉期，也称贷款违约保险，是一种可供投资人规避信用风险的契约，由承受信用风险的一方（买方）与另外一方（卖方）进行交换，在契约期间，买方需定期支付一笔固定的费用给卖方（类似权利金的概念），以换取在违约事件发生时，有权将持有的债券以面额卖给卖方，此债券面额即为契约的名义本金。

价和预期利润率来确定贷款的利率。这种方法在商业银行贷款定价时也广泛使用。使用资金成本法时，需要考虑市场上其他贷款人的资金成本，也需要考虑借款人面临的其他选择。

④ 银行意见法。《金融交易转让定价指南》明确表示，企业提供的来自非关联银行的就发放某笔贷款的利率的书面意见不能作为企业确定独立交易利率的证据。《金融交易转让定价指南》认为此种方法并不是基于实际发生的交易进行比较，而且书面意见并不代表银行真正发放贷款时的实际利率。银行在真正发放贷款之前，还会进行深入的尽职调查，经过完整的审批程序，最终的利率很可能不同于书面意见中的利率。

⑤ 经济模型法。经济模型法是通过经济学模型确定贷款利率的方法。经济模型法一般从无风险利率出发，针对贷款的一系列属性，如内在风险、流动性风险、预期通胀率等确定风险溢价。一些经济学模型还会考虑贷款人的费用。经济模型法的结果是否可靠，取决于该模型采用的参数和内在假设。需要注意的是，模型的结果并不代表独立企业之间实际发生的交易。但在找不到可靠的可比交易的情况下，也可以尝试用经济模型法来确定关联贷款的独立交易利率。

8.3.3　商业银行贷款利率定价方法

在金融市场上，最大的贷款者是商业银行。我们来看一下商业银行作为独立第三方，会怎么确定贷款的利率。[1] 从宏观角度分析，在借贷市场上，贷款利率的高低是由资金供给方和需求方共同决定的，资金供给曲线和需求曲线的交点决定了均衡利率和均衡贷款量。除借贷资金供求关系外，影响利率水平的还有以下因素：一是平均利润率。贷款用于企业的生产经营，

---

[1]　JAMES L. ADAMS（Supervising Examiner，Federal Reserve Bank of Philadelphia）. Development and Maintenance of an Effective Loan Policy：Part 2[EB/OL]. Community Banking Connetctions. 2015，1st quarter：18 - 20. ［2019 - 04 - 19］. https://www.communitybankingconnections.org/articles/2015/q1/development-and-maintenance-of-an-effective-loan-policy.

是企业利润的一部分,因此一国在一定时期内的平均利润率决定了利率水平的上限。二是预期通货膨胀率。通货膨胀会引起货币贬值,为了弥补借贷资金本息的价值损失,必须相应提高贷款利率。三是货币政策。当中央银行实行扩张性货币政策时,利率会下降;实行紧缩性货币政策时,利率会上升。四是国际利率水平。国际利率水平及其变动趋势对本国利率水平具有较强的"示范效应"。一般来说,国际利率下降会降低国内利率水平或抑制国内利率上升的程度,反之亦然。一国的经济、金融开放程度越高,受国际利率水平影响就越大。五是历史利率水平。利率具有较强的历史继承性,在调整利率时,历史利率水平是一个重要的参考依据。

从微观角度分析,贷款利率(P)由资金成本(C_1)、风险成本(C_2)、交易成本(贷款费用 C_3)、机会成本(无风险利率 C_4)、银行贷款的目标收益率(R_1)、借款人拟投资项目的预期收益率(R_2)等多因素决定,可以建立如下贷款定价与决策的基本模型:

(1) $P \geqslant C_1 + C_2 + C_3$。

(2) $P \geqslant R_1$。

(3) $P \geqslant C_4$。

(4) $P \leqslant R_2$。

贷款利率(P)在满足上述四个不等式的条件下,根据贷款的供求状况和借贷双方的地位,最终通过谈判决定。只有商业银行贷款定价满足了以上条件,信用风险和经营费用才能得到充分的补偿,预期的盈利目标才能得到保障。

具体而言,西方商业银行贷款定价主要有以下几种方式:

1) 成本加成贷款定价法(Cost-Plus Loan Pricing)

这是一种较为传统的定价方式,它认为任何银行贷款的利率都应包括以下四个因素:银行筹集可放贷资金的成本、贷款费用(非资金性经营成本)、预计补偿违约风险的成本(风险溢价)、贷款的预期利润。计算公式如下:

贷款利率＝资金成本＋贷款费用＋预计补偿违约风险的成本＋预期利润

采用这种定价方法有一些基本条件：一是商业银行能够精确地测算并分配其经营成本到每一项业务、每一个客户，这要求商业银行有一个精心设计的成本管理系统。二是商业银行能充分估计出贷款的违约风险、逾期风险及其他相关风险，以确定每一笔信贷业务的风险溢价，这要求商业银行拥有完善的贷款风险管理系统。

2）价格先导定价方法（Price Leadership Loan Pricing）

这是国际银行广泛采用的一种定价方法，具体操作程序如下：首先选择某种基准利率作为基价，然后针对客户贷款风险程度的不同确定风险溢价（"加点数"或"乘数"），最后根据基准利率和风险溢价来确定该笔贷款的实际利率。计算公式如下：

$$贷款利率 = 基准利率 + 风险溢价点数$$

或

$$贷款利率 = 基准利率 \times 风险溢价乘数$$

采用这种定价方法的基本条件：一是有可供商业银行选择的基准利率，一般认为是银行对最值得信赖的客户发放短期流动资金贷款时所给予的最低利率（也称优惠利率）。随着货币市场的发展，同业拆借利率（如LIOBR）、CD 利率、商业票据利率、国库券利率等也可以成为基准利率的选择对象。二是商业银行要充分估算出贷款的违约风险，以确定在基准利率之上的加点数或乘数。

3）客户盈利分析方法（Customer Profitability Analysis Loan Pricing）

价格先导定价法的一个变形是"客户盈利分析方法"，要求在贷款定价时把同贷款客户的所有商业关系考虑在内，即将贷款客户给银行带来的所有收支项目都纳入贷款定价中，扩大了贷款定价的概念。也有文献称该方法为"综合收益分析方法"，并把它与前两种方法并列。

客户盈利分析方法首先为客户设定一个目标利润，然后比较银行为该客户提供所有服务的总成本、总收入及银行的目标利润，以此来衡量定价水平。银行为客户付出的总成本包括：存款账户的管理费用、贷款的管理费用、贷款资金的利息成本、贷款的违约成本。银行从客户获得的总收入包括客户存款的投资收入、各种中间业务（服务费）收入、贷款的利息收入。计算公式如下：

$$贷款利率 = \frac{银行的目}{标利润率} + \left(\frac{为该客户提供的}{所有服务的总成本} - \frac{为该客户提供所有服务中}{除贷款利息以外的其他收入} \right) \div 贷款额$$

西方商业银行贷款定价方法是建立在以下基础之上的：一是高度成熟、发达的金融市场。统一的金融市场体系和完备的市场工具、广泛的市场参与和充分竞争、自由的市场机制、发达的交易手段、完善的金融数据服务和先进的信息系统支持形成了权威的市场基准利率（无风险利率），为银行贷款定价提供了重要的参照系。二是弹性的、灵活的利率管理政策。中央银行通过市场手段引导利率，利率市场化程度很高，商业银行具有充分的贷款定价自主权。三是西方商业银行经过长期发展和技术、经验的积累，建立了比较成熟的成本核算、财务管理、风险计量方法和拥有完善的管理信息系统，具备了贷款定价的内部条件。

近几年，在中国境内的国有银行、股份制银行和部分外资银行的分支机构已由其总行牵头研发了相对科学的贷款定价方法，主要运用成本加成法定价。少数外资银行和地方法人机构主要运用基准利率加点法进行贷款定价。[①]

8.4　资本弱化同期资料

前面一节介绍了美国、OECD 关于关联贷款税收管理的相关规定及商业银行对贷款利率进行定价的方法，目的是更好地介绍如何准备资本弱化同期资料。我们认为，完整的资本弱化同期资料包括两个部分：一是与贷款

---

① 　王晓峰.利率市场化下商业银行定价能力分析——以大连为例［EB/OL］.金融时报，2016 -05-09［2019-04-23］. http://www.financialnews.com.cn/ll/xs/201605/t20160509_ 96794.html.

相关的法律文本，在贷款发生时就应该签署并保存，以备税务机关检查；另一部分是资本弱化同期资料报告，应用特定的转让定价分析方法验证贷款利率是否符合独立交易原则。

8.4.1　贷款合同

关联企业间的贷款，应该像非关联企业之间那样，签订贷款合同。贷款合同里面至少需要列明以下事项：

（1）借款目的：应该清晰地说明是用于营运资本还是长期融资。

（2）签约方：列明所有的贷款方和借款方。

（3）借款金额和币种。

（4）借款利率：要说明利率是固定的还是浮动的。

（5）付息日期：特定日期或间隔时间，如每三个月。

（6）借款期限：贷款开始日和到期日。

（7）借款的归还：贷款本息归还的频次与金额。

（8）保证条款：贷款是否有抵押措施，采用何种抵押措施。

（9）担保：是否有第三方提供担保，担保方的具体名称。

（10）修订：贷款存续期间的任何修订。

8.4.2　资本弱化同期资料报告

通过上述对美国资本弱化管理的规定与 OECD 关于《金融交易转让定价指南》的介绍，我们了解到，一份完整的资本弱化同期资料报告应首先介绍影响贷款可比性分析的因素，如行业的状况、各方承担的功能与风险、具体的贷款条件等，然后基于这些因素选择合适的转让定价方法，并应用该方法确定合理的贷款利率。具体来说，一份完整的资本弱化同期资料报告应该包括贷款的基本情况、经济分析与行业分析、功能风险分析、转让定价分析。需要说明的是，由于国内目前针对资本弱化的同期资料没有完整的指南，也没有公开披露的案例，这些内容仅供参考。

8.4.2.1 贷款的基本情况

贷款的基本情况包括企业集团的情况、借款方企业的情况、贷款方企业的情况，以及关联贷款的具体情况。

（1）企业集团的情况。主要介绍交易双方所在企业集团的状况，包括企业集团的架构、集团从事的业务类型与分布比例、企业的发展战略与融资策略等。

（2）借款方企业的情况。它包括企业的名称、注册情况、业务情况、财务状况等。

（3）贷款方企业的情况。它包括企业的名称、注册情况、业务情况、财务状况等。

（4）关联贷款的具体情况。根据贷款合同与实际情况，介绍关联贷款的金额、期限、还款安排、有无担保等对贷款利率有影响的关键因素。此外，企业如果有非关联贷款，也应该列出贷款的金额、期限、利率等关键因素。

在分析关联贷款合同条件时，要特别注意关联贷款合同并不一定清楚写明了所有的交易条件，或者在合同实际执行过程中，实际执行情况与合同条款的规定存在很大的差异。因此，必须审阅其他文件，了解各方实际执行的情况，以准确清晰地描述关联贷款合同条件。

对贷款定价产生重大影响的企业策略。如果贷款企业正经历兼并收购，非关联借款人预计并购双方的财务状况在并购后将有明显改善，则可能会发放贷款。另外，整个集团的融资策略及关联企业间是否已经存在借贷关系等都会影响贷款的利率。

8.4.2.2 经济分析与行业分析

为了保证交易可比，可比交易中独立第三方所处的经济环境与关联企业所处的经济环境应该没有显著差别，或者有差别的话，该种差别对贷款定价的影响是可以进行调整的。因此，关联贷款的转让定价分析需要像其他类型交易的分析一样，包含详细的经济分析和行业分析。相对其他类型关联交易的同期资料报告，在介绍经济环境与行业环境时，资本弱化同期资料需要特别注意影响贷款定价的经济环境因素，包括本地金融法规、借款者所处的行业、贷款发放的时间等。

（1）不同区域的金融市场存在不同的金融法规。各地对金融管制的程度不同，会对金融产品的定价产生重要影响。例如，在有利率管制、外汇管制、金融市场准入限制的地区，资金无法在该地区与其他地区之间自由流动，资金成本与其他地区有很大的差异。因此，在这些地区发放的贷款，其定价与自由开放的金融市场的贷款定价之间，可比性相对较低。

（2）币种也是影响贷款利率可比性的重要因素。每种货币的通货膨胀率、汇率都不同，在寻找可比交易的时候，要寻找与关联贷款币种相同或性质类似的交易。

（3）借款者所处的行业不同，对于贷款利率也会产生一定的影响。最明显的是在其他因素可比的情况下，农业贷款、工业贷款与商业贷款之间的利率会存在一定的差异。同样是工业贷款，分别处于新兴行业或成熟行业、朝阳产业或夕阳行业的企业，其可以获得的贷款利率往往也有差异。因此，在准备资本弱化同期资料时，也应分析关联贷款企业所处的行业，包括企业所在行业分类、行业发展周期、主要竞争对手等。具体可参见本书第 5 章"本地文档：行业分析"部分。

8.4.2.3 功能风险分析

在描述实际的金融交易时，功能分析要描述各方承担的职能、使用的资产和受控交易各方承担的风险。在本书第 6 章"本地文档：功能风险分析"中，我们重点介绍了如何对工商业企业进行功能风险分析。在对关联企业贷款进行功能风险分析时，所关注的功能与风险与分析普通工商业企业的关联交易时关注的功能与风险不同。

对于借出企业来说，最主要的功能通常包括获得贷款所需资金、贷款风险分析和评估、贷款定价、监控和评估已发放贷款、回收贷款、风险管理等，还有普通工商企业也都会有的营销与销售职能、行政与管理职能等。其所承担的风险主要包括贷款不可回收风险、汇率风险、利率风险等。

从借入者的角度，相关的功能通常包括评估贷款需求，保证有足够的资金偿付到期本息，提供抵押物，监控和完成与贷款合同相关的其他义务。

8.4.2.4　转让定价分析

本部分应用合适的转让定价方法对贷款利率进行分析。如前所述，用于分析关联贷款是否符合独立交易原则的方法包括资金成本法、可比非受控价格法。首先要介绍每种方法的基本原理，然后选择合适的转让定价方法分析关联贷款利率的合理性。下面，我们将重点介绍如何应用可比非受控价格法进行关联贷款定价分析。

可比非受控价格法是将一项受控贷款交易中的价格与另一项可比非受控贷款交易中的价格进行比较的方法。如果发现两种价格有差异，说明关联贷款交易价格不合理。可比非受控价格法要求两种交易中的贷款具有高度的可比性。可比非受控交易可以采用内部可比交易，也可以采用外部可比交易。由于外部可比交易数量可观，且有相应的数据库，因而往往应用外部可比交易来确定符合独立交易原则的关联贷款利率。在寻找可比非受控贷款交易的过程中，需要经过以下几个步骤：

第一步，确定数据库。目前市场上有不同的金融数据库，可供寻找可比的贷款交易。这些数据库根据公开的资料，对金融交易按照不同的因素进行归类整理。

目前应用较多的金融交易数据库有 Bloomberg 的金融数据库、BvD 的金融数据库和 Royalty Range 数据库，以及路透的 Loan Connector 数据库。具体选用哪个数据库，虽然主要取决于企业的偏好，但最好与所处国家和地区的税务机关采用的数据库保持一致，因为一旦与税务机关就关联贷款定价发生争议，双方可以应用同样的数据讨论所选交易的可比性。不过截至目前，我国的国家税务总局并未购买任一金融数据库进行可比分析，所以企业仍可按照自己的偏好来使用数据库。

第二步，确定筛选标准。在数据库中，每笔金融交易都根据一定的关键因素进行了分类。必须根据待验证关联交易的性质确定关键因素的值域，然后将其输入到数据库中进行初选。一般使用的关键因素包括贷款日期、贷款金额、贷款币种、贷款者所在国家或地区、有无担保等。纳税人可以根据功能风险分析、经济分析和行业分析的结果，确定影响待验证交易定价的主要因素，并在数据库中设定相关因素的值域范围。

第三步，导出并筛选可比交易。将确定的筛选标准输入数据库，导出数据库中同类型的交易，并根据交易描述对导出的交易进行进一步的筛选，确定可比交易。

第四步，确定合理的贷款利率。对最终入选的可比交易应用统计方法确定合理的利率值域，最常用的是四分位法，确定可比贷款利率的上下四分位数和中位数。

资本弱化同期资料的转让定价分析部分要完整描述选择交易定价方法的过程和搜寻可比交易的过程，便于同期资料的阅读者判断方法使用的正确性及结果的可靠性。

李博士告诉张总，由于盛大公司 2015 年的关联债资比例并未超过标准比例，无须为 2015 年准备资本弱化同期资料。但是李博士的团队也应用可比非受控价格法做了一个非常高层面的分析，对盛大公司关联企业间的贷款风险作了评估。

盛大公司与关联公司之间有一笔贷款，贷款的基本情况如下：

（1）贷款发放日期：2014 年 10 月 1 日。

（2）到期还款日：2019 年 9 月 30 日。

（3）贷款金额：3 000 万美元。

（4）贷款币种：美元。

（5）还款方式：到期时一次性偿还全部贷款本金。

（6）贷款利率：固定利率。

（7）贷款优先性：次顺位。

（8）是否有母公司担保：无。

（9）是否提供抵押：无。

（10）行业：医药行业。

（11）集团公司信用评级：BBB（评级机构）。

（12）子公司独立评级：BB（企业自行评估）。

为了在数据库中寻找合适的可比交易，可以在数据库中设置以下筛选条件：

（1）贷款币种：美元、英镑或欧元。

（2）贷款年限：一级市场为4.5～5年，二级市场为4～6年。

（3）信用级别：为了反映相对于外部债的次顺位债务性质，将信用级别适当调低至B+/BB-。

（4）借款者区域：美国、英国或欧洲。

（5）行业分类：医药行业。如果没有足够数量的可比交易，可以放宽到更广的行业。

根据以上标准在金融数据库中进行搜寻，李博士团队一共搜寻出8笔可比的交易，其中有3笔是重复的，去除之后，还有5笔可比的交易。对这5笔交易进行汇率调整和到期日调整之后，得出的四分位区间是（3.36%～3.50%～4.01%），中位值是3.50%，可以初步确认符合独立交易原则的贷款利率位于3.36%～4.01%，盛大公司向关联公司借款的利率为6%，高于四分位区间。

8.5　案例：应用可比非受控价格法分析关联贷款的合理利率

为了更好地理解如何应用可比非受控价格法分析关联贷款的合理利率，可以参考自然棉制品公司 Cotton Naturals（I）Pvt. Ltd.（纳税人）诉CIT（税务局）这一实际判例。①

自然棉制品公司是印度的税务居民，是印度的服装制造企业，主要生产

---

① Delhi High Court. CIT vs. Cotton Naturals（I）Pvt Ltd（Delhi High Court）［EB/OL］. ［2019-12-21］. https://itatonline.org/archives/cit-vs-cotton-naturals-i-pvt-ltd-delhi-high-court-transfer-pricing-entire-law-on -determining-alp - of-transaction-of-loan-of-money-to - ae-discussed/.

马术运动所需要的服装、马鞍及各种配套产品。为拓展美国市场,扩大对美国的出口,该公司在美国成立了子公司——JPC 马术用品公司。印度母公司与在美国的子公司存在多项关联交易,其中一项是提供金额为 100 万美元的贷款,年利率为 4%,该利率主要参考了第三方银行给出的出口信贷的利率而确定。印度税务局负责转让定价的官员认为企业应该参照印度本地贷款利率来收取利息,判定独立交易利率(Arm's Length Rate)应该是14%,并以此利率为标准进行转让定价调整,调增所得税款 700 万印度卢比。纳税人不同意此调整,将此案提交到争议解决小组(Dispute Resolution Panel,DRP)。DRP 将合理交易利率降低至 12.2%,并将转让定价调整金额降低至 500 万印度卢比,税务局据此结果征收了税款。

纳税人随后向所得税上诉法庭提起上诉。自然棉制品公司在上诉文书中提出以下观点:可比非受控价格法是确定贷款利率最合适的方法。由于该公司发放给关联企业的是外汇贷款,应该用外汇贷款交易作为可比交易。因此,应该参照 LIBOR 来确定此笔贷款的利率,而不是用印度国内的基准利率来确定,纳税人提出该公司与花旗银行之间的类似贷款利率安排低于4%,另外一家公司与花旗银行之间类似贷款的利率也是 4%。因此,对于争议中的关联交易,不仅可以找到内部可比交易,也可以找到外部可比交易。在可比期间内,LIBOR 是 2.708 8%,低于纳税人与关联企业之间的贷款利率。因此,印度税局所做的转让定价调整是不合理的。2013 年 2 月 8 日,印度的所得税上诉法庭做出决定,认为税务局所做的转让定价调整是不合适的。

税务机关不服所得税上诉法庭的判决,将此案提交至德里高院。德里高院于 2015 年 3 月 27 日做出判决。德里高院最终做出有利于纳税人的判决,认为应该用 LIBOR 而不是印度的基准利率作为比较的标准,由于纳税人所使用的利率已经在合理的范围之内,不应再进行转让定价调整。德里高院在做出此判决的时候,提出以下观点:

(1) 税务机关不应该决定纳税人是否需要从事某项交易。是否从事某项交易纯粹是纳税人的权利。

（2）纳税人之间的商业和业务关系不应该被重新定义。转让定价法规的目的并不是要重新定义交易的性质，应该根据现有交易本身的条件去确定合理的利率。

（3）纳税人提供贷款给美国子公司的目的是满足美国子公司营运资本的需要，是一种权宜性的安排，主要目的是扩大对美国市场的出口。在确定独立交易利率时应该考虑这一因素。

（4）税务局通过纳税人可以在印度本地市场上赚取的利息来确定跨境关联贷款利率的方法不合适。德里高院认为，这种方法不符合逻辑，不可以被接受。因为跨境贷款与国内贷款是不一样的，跨境贷款不能以印度卢比来偿还。但是德里高院同意税务局下面的观点，即印度储备银行公布的出口信贷利率与本案中的利率无关，不能作为确定独立交易利率的依据，因为该利率是印度储备银行为鼓励和帮助出口而制定的。

（5）德里高院同时否决了税务局根据交易成本进行调整的建议。德里高院强调根据惯例，一般是由借款方承担交易成本。在此案中，纳税人是贷款方，因此交易成本与独立交易利率的确定无关。

（6）与争议有关的贷款是在上一个税务年度发放的，但税务机关没有使用上一个税务年度的独立交易利率。德里高院指出，所得税条例中的转让定价规定要求应该使用交易发生年度的数据来确定独立交易价格，因此，应该使用贷款发放当年的市场利率，而不是调整年度的市场利率来确定贷款的独立交易利率。

（7）印度税务机关不应该区分跨境借款与跨境贷款，不应该对跨境贷款应用印度基准利率而应该对跨境借款应用 LIBOR。

（8）决定跨境贷款利率的主要因素是贷款所使用的币种，而不是借款方或贷款方所在国家或地区的币种。

德里高院最终决定不改变上诉法庭的决定，驳回了印度税务局的请求。

第 9 章

特殊事项文档：成本分摊协议

　　介绍完资本弱化特殊事项文档,李博士对张总说,相对于资本弱化,需要准备成本分摊协议文档的企业更少,国内很多从事税务工作的人员是在2007 年才首次听说"成本分摊协议"(Cost Sharing Agreement)这个概念的。当时新的《企业所得税法》的第 6 章第 41 条规定,企业与其关联方共同开发、受让无形资产,或者共同提供、接受劳务发生的成本,在计算应纳税所得额时应当按照独立交易原则进行分摊。《企业所得税法》只是提出关联企业共同开发无形资产和接受劳务时应该按独立交易原则分摊成本,并未明确提出"成本分摊协议"这一概念,直到新《企业所得税法实施条例》颁布时,"成本分摊协议"这一概念才正式出现在官方文件中。《企业所得税法实施条例》第 112 条规定:"企业可以依照企业所得税法第四十一条第二款的规定,按照独立交易原则与其关联方分摊共同发生的成本,达成成本分摊协议。企业与其关联方分摊成本时,应当按照成本与预期收益相配比的原则进行分摊,并在税务机关规定的期限内,按照税务机关的要求报送有关资料。企业与其关联方分摊成本时违反本条第一款、第二款规定的,其自行分摊的成本不得在计算应纳税所得额时扣除。"关于成本分摊,《企业所得税法实施条例》提出了最主要的两个原则:一是独立交易原则;二是成本与预期收益相配比的成本分摊原则,并提出了成本分摊的资料要求。从成本分摊协议正式进入中国税收法规,至今已有 10 多年的时间,然而大部分从事转让定价工作的人员对这一概念仍然非常陌生,一般的财税工作人员更是不知所云。主要原因是中国只有极少数的企业有成本分摊这样的安排,大多数企业并无签订成本分摊协议的必要,也没有接触成本分摊协议的条件。

然而，按照现行的规定，签订成本分摊协议的企业，必须准备成本分摊协议特殊事项文档，因此，我们仍然用一章的篇幅对成本分摊协议的同期资料做一个介绍。

9.1 成本分摊协议的定义

如上所述，中国的转让定价法规直接使用了成本分摊协议的概念，并没有解释这一概念的含义。我们参考 OECD 和美国对成本分摊的定义，了解下成本分摊到底是什么。

9.1.1 OECD 对成本分摊的定义

《OECD 转让定价指南》中，将成本分摊称为成本贡献安排（Cost Contribution Arrangement，CCA），并将其定义为不同企业就开发、制造或取得资产、服务或权利达成一致的一个框架，该框架确定参与企业之间如何分摊成本、分担风险，以及参与的各个企业在这些资产、服务和权利中享有的权益。[①]《OECD 转让定价指南》规定，一个典型的成本贡献安排有以下几个特点：

（1）每个参与方都希望从成本贡献安排中获得预期收益（Anticipated Benefits）。因为开发活动是否成功有很大的不确定性，实际收益可能并不如预期，有的开发活动甚至以失败告终，毫无收益，但这并不影响参与方在开发活动开始之前，就按照可能获得的预期收益来签订协议。

（2）每个参与方的贡献额与未来可从成本贡献安排中获得的预期收益成正比。

---

① 原英文表述为：A CCA is a framework agreed among business enterprises to share the costs and risks of developing, producing or obtaining assets, services, or rights, and to determine the nature and extent of the interests of each participant in those assets, services, or rights.

(3) 每位参与方有权作为所有者,而不是作为被许可方去实现其在成本贡献安排中的权益。也就是说,参与方在使用相关权益时不需要支付特许权使用费。相反,任何非参与方使用该权益时,需要向参与方支付相应的对价。

9.1.2　美国对成本分摊的定义

美国税法中,关于成本分摊的规定详见 482 条款第 7 节,根据该款的规定,成本分摊安排(Cost Sharing Arrangement,CSA)是关联参与方之间达成的根据他们的合理预期收益(Reasonably Anticipated Benefits,RAB)分担无形资产开发成本与风险的安排。[①]

可以看到,OECD 和美国都用了"安排",而非"协议"。"安排"相对"协议"而言,范围更广,是关于共同开发无形资产的一系列书面或者非书面的约定框架;而"协议"是双方就安排主要事项签署的书面合约,只是满足成本分摊安排的合约要求。因此,本章也主要使用"成本分摊安排"这一概念,仅在引用中国法规时,使用"成本分摊协议"这一概念。

另外,OECD 的成本贡献安排与美国的成本分摊安排,仅仅是看问题的角度不同。OECD 注重参与方对无形资产开发成本的贡献,而美国注重对无形资产开发总成本的分担,两者之间并无实质性差异。因此,除非特别介绍 OECD 的相关规定时会使用"成本贡献安排"这一术语,本章中统一使用"成本分摊安排"这一概念。

要理解成本分摊安排,首先需要厘清与其相关的一系列概念。我们根据美国国内收入法典的规定,列出一些关键概念的含义,具体如下[②]:

[①]　原英文表述为: A Cost sharing arrangement. A cost sharing arrangement is an arrangement by which controlled participants share the costs and risks of developing cost shared intangibles in proportion to their RAB shares.

[②]　相关定义来自美国国内收入法典 §1.482-7(a)(1),(b)(1)(i). LEGAL INFORMATION INSTITUTE. Electronic Code of Federal Regulations. 26 CFR §1.482-7-Methods to determine taxable income in connection with a cost sharing arrangement[EB/OL]. [2020-08-05].https://www.law.cornell.edu/cfr/text/26/1.482-7.

（1）受控参与方（Controlled Participants）。所谓受控参与方，是通过签署成本分摊安排，未来可从使用成本分摊无形资产获益的受控纳税人，也可以称为关联参与方。

（2）成本分摊无形资产（Cost Sharing Intangibles，CSI）。成本分摊无形资产是在成本分摊安排下的无形资产开发活动所形成的无形资产，包括平台贡献交易提供的无形资产。

（3）无形资产开发活动（Intangible Development Activities，IDA）。无形资产开发活动是指在成本分摊安排下，所有为了研发或者试图研发 CSI 而进行的活动，包括受控关联方预期会为无形资产研发做出贡献的活动在内。

（4）无形资产开发成本（Intangible Development Cost，IDC）。成本分摊安排下，所有无形资产开发活动发生的成本都是无形资产开发成本。

（5）成本分摊交易（Cost Sharing Transactions，CST）。成本分摊交易是受控关联方根据各自使用 CSI 的预期收益，分享无形资产开发成本而相互之间发生的支付交易。CST 对应的是非关联参与方之间在没有外部贡献的情况下相互之间的交易。如果是有外部贡献，就需要按平台贡献交易给提供资源的关联方适当的补偿。

（6）平台贡献交易（Platform Contribution Transaction，PCT）。平台贡献指的是关联受控方会投入的用于开发 CSI 的任何资源、能力或权益，这些资源、能力或权益可以是关联受控方开发、维护或外购的。平台贡献的资源、能力或权益一般只能用于成本分摊开发活动，受控参与方需要根据合理预期的原则，给贡献资源、能力、权益的一方适当的补偿，这些就是平台贡献交易。

（7）合理预期收益（Reasonably Anticipated Benefits，RAB）。合理预期收益是指受控参与方预期可以从使用成本分摊无形资产中获得的收益。所谓收益，指的是使用无形资产额外产生的收入，加上节约的成本，再减去因为使用 CSI 增加的成本。

9.1.3　成本分摊安排的类型

OECD 和美国都认可两种形式的成本分摊：一种是共同开发无形资产；另外一种是共同购买服务。从实施的情况来看，大部分成本分摊安排是关于共同开发无形资产的，而共同取得服务的成本分摊安排并不多。其中的原因可能是特许权使用费的金额与无形资产开发的成本没有必然联系，特许权使用费往往高于无形资产开发成本，低税地的关联公司通过参与成本分摊，以避免将来支付高额的特许权使用费，从而将更多的利润留在避税地，避税效果明显。但是，对于共同购买服务，分摊的成本往往和购买服务的成本紧密相连，且金额差异不大，只能减少支付相关费用中涉及的流转税（如果有的话），因此实际应用得不多。

9.2　成本分摊安排的管理

9.2.1　我国对成本分摊的管理规定

我国关于成本分摊管理的规定，主要体现在《特别纳税调整实施办法（试行）》（国税发〔2009〕2 号）中。

《特别纳税调整实施办法（试行）》规定，成本分摊协议的参与方对开发、受让的无形资产或参与的劳务活动享有受益权，并承担相应的活动成本。关联方承担的成本应与非关联方在可比条件下为获得上述受益权而支付的成本相一致。参与方使用成本分摊协议所开发或受让的无形资产不需另外支付特许权使用费。

已经执行并形成一定资产的成本分摊协议，参与方发生变更或协议终止执行，应根据独立交易原则做如下处理：

（1）加入支付，即新参与方为获得已有协议成果的受益权应做出合理的支付。

（2）退出补偿，即原参与方退出协议安排，将已有协议成果的受益权转让给其他参与方应获得合理的补偿。

（3）参与方变更后，应对各方受益和成本分摊情况做出相应调整。

（4）协议终止时，各参与方应对已有协议成果做出合理分配。

企业不按独立交易原则对上述情况做出处理而减少其应纳税所得额的，税务机关有权做出调整。

根据《特别纳税调整实施办法（试行）》的规定，成本分摊应该按独立交易原则支付交易对价，即指要遵循分摊成本与预期收益相配比的原则。《特别纳税调整实施办法（试行）》同时规定，成本分摊协议执行期间，参与方实际分享的收益与分摊的成本不相配比的，应根据实际情况做出补偿调整。

9.2.2　美国对成本分摊的管理规定

美国对于成本分摊的管理规定集中在美国国内收入法典482条款第7节中。主要规定如下。

9.2.2.1　确认为CSA安排的条件

根据美国国内收入法典482条款的规定，只有达到以下条件的安排才是CSA安排：

1）实质性要求

① 成本分摊交易。所有的受控参与方必须承诺，而且实际上参与了成本分摊交易，在成本分摊交易中，受控参与方相互间必须支付合适的金额，以保证每个纳税年度每个受控关联方分担的无形资产开发成本与它所获得的合理预期收益份额相配。

② 平台贡献交易。所有受控参与方必须承诺，且实际上参与平台贡献交易。在平台贡献交易中，每一受控参与方（PCT付款方）有义务且实际上给每位提供了平台贡献的受控参与方（PCT收款方）进行支付，支付金额符合独立交易原则。

③ 权益分配。每位受控参与方必须拥有成本分摊无形资产的权益，从而将来无须就使用这些权益再做任何支付，而且各自的权益互不重叠

交叉。

2）管理性要求

成本分摊安排必须满足 482 条款第 7 节第 k 段的要求。

3）对平台贡献交易的要求。

每个受控参与方必须在成本分摊安排签订当日或之后，对于预期会对 CSI 有贡献的平台贡献，尽早签订 PCT 协议。

4）权益分配

（1）基于地域的权益分配。成本分摊安排可以按地域分配权益。整个世界的权益必须在两个或以上的参与方之间进行分摊，各方至少享有一个地域的权益，相互之间的地域互不交叉，加总之后又覆盖全部的区域。每一受控参与方拥有永久和排他性的权利，可以在他的区域范围内使用、消费或处置相关资产，集团内其他成员在指定区域使用 CSI 时，需要向其付费。

（2）根据使用领域分配权益。参与各方可以根据使用领域（不管分配时是否已知）来划分各方的权益。CSI 所有可能使用的领域需要被辨认，每一受控参与方拥有永久和排他性的权利，可以在特定的领域使用、消费或者处置相关资产。

（3）其他权益分配。受控参与方可以使用其他方法分配权益，只要符合以下标准就可以：

① 用以划分权益的基础可以在受控参与方之间清楚地划分。

② 可以用参与方的数据独立难证是否各方持续一致地使用这一基础来划分权益。

③ 各方的权益互不重叠交叉，具有排他性和永久性。

④ 可以较可靠地预估受控参与方使用 CSI 获得的收益。

9.2.2.2　CSA 中需要证明定价合理性的交易与方法

一般而言，证明成本分摊安排定价的合理性，其所采用的原则与方法与转让定价法规所要求的原则与方法是一致的，都需要符合独立交易原则。

对成本分摊安排来说，具体需要通过以下方法对其中的交易进行说明：

（1）使用预期收益法证明成本分摊交易，即证明成本分摊安排的各参与方所负担的无形资产开发成本与其可获得的预期合理收益相配比。

（2）证明平台贡献交易的定价符合独立交易原则。平台贡献交易专指各参与方预期投入到成本分摊中的任何资源、能力或权益。按照转让定价的一般原则，参与方的这些投入应当按照独立交易原则得到适当的支付，称为平台贡献支付（PCT Payment）。平台贡献支付的定价可以按照美国国内收入法典第 482 条款中其他对于转让定价方法的规定，如对无形资产的定价，以及美国国内收入法典第 482 条款第七节第 k 段的补充规定。

（3）参考其他方法证明交易的合理性：

① 非 CSA 的参与方对 CSA 的贡献。如果同一企业集团中，有其他成员（非 CSA 参与方）对 CSA 做出了贡献，则参与各方应对该贡献者给予报酬。该报酬应该作为无形资产开发成本的一部分。

② 成本分摊无形资产的权益转让。如果在任何时候，成本分摊的参与方将其在成本分摊资产中的权益转让给另一受控企业，受让方应按公平交易原则向转让方支付报酬。

③ 其他与 CSA 有关的交易。受控参与方之间发生并非 PCT 和 CST 的受控交易，也需要按照独立交易原则支付对价，所采用的方法应该符合转让定价相关法规的要求。

④ 不符合 CSA 时的受控交易。如果相关安排不满足 CSA 的要求，那么受控关联方之间的交易就必须用美国国内收入法典第 482 条款中的其他方法去验证合理性，而不能采用 CST 和 PCT 的方法。

9.2.2.3 与独立交易原则的协调

对 CSA 来说，只要每个参与方分担的 IDC 与其预期的收益比例相等，并且每一参与方为平台贡献支付的成本与其预期收益相等，就可以认为其符合独立交易原则。

9.3　成本分摊同期资料

9.3.1　我国对成本分摊的资料要求

根据《国家税务总局关于规范成本分摊协议管理的公告》(国家税务总局公告 2015 年第 45 号,以下简称 45 号公告)的规定,企业应自与关联方签订(变更)成本分摊协议之日起 30 日内,向主管税务机关报送成本分摊协议副本,并在年度企业所得税纳税申报时,附送《中华人民共和国企业年度关联业务往来报告表》。45 号公告公布之前,企业签订成本分摊协议,需要层报国家税务总局备案,否则不允许扣除相关成本。45 号公告发布之后,成本分摊从事前备案改为由税务机关实行后续管理,对不符合独立交易原则和成本与收益相匹配原则的成本分摊协议,实施特别纳税调查调整。企业执行成本分摊协议期间,参与方未按实际分享的收益与分摊的成本做出补偿调整的,税务机关应当实施特别纳税调查调整。

根据 2 号文件的规定,成本分摊协议主要包括以下内容:

(1) 参与方的名称、所在国家(地区)、关联关系、在协议中的权利和义务。

(2) 成本分摊协议所涉及的无形资产或劳务的内容、范围,协议涉及研发或劳务活动的具体承担者及其职责、任务。

(3) 协议期限。

(4) 参与方预期收益的计算方法和假设。

(5) 参与方初始投入和后续成本支付的金额、形式、价值确认的方法以及符合独立交易原则的说明。

(6) 参与方会计方法的运用及变更说明。

(7) 参与方加入或退出协议的程序及处理规定。

(8) 参与方之间补偿支付的条件及处理规定。

(9) 协议变更或终止的条件及处理规定。

(10) 非参与方使用协议成果的规定。

为了证明成本分摊交易定价的合理性，企业应该准备特殊事项同期资料。42号公告规定，成本分摊协议特殊事项文档包括以下内容：

（1）成本分摊协议副本。

（2）各参与方之间达成的为实施成本分摊协议的其他协议。

（3）非参与方使用协议成果的情况、支付的金额和形式，以及支付金额在参与方之间的分配方式。

（4）本年度成本分摊协议的参与方加入或者退出的情况，包括加入或者退出的参与方名称、所在国家和关联关系，加入支付或者退出补偿的金额及形式。

（5）成本分摊协议的变更或者终止情况，包括变更或者终止的原因、对已形成协议成果的处理或者分配。

（6）本年度按照成本分摊协议发生的成本总额及构成情况。

（7）本年度各参与方成本分摊的情况，包括成本支付的金额、形式和对象，作出或者接受补偿支付的金额、形式和对象。

（8）本年度协议预期收益与实际收益的比较以及由此做出的调整。

（9）预期收益的计算，包括计量参数的选取、计算方法和改变理由。

可以看到，42号公告仅列出了成本分摊协议的原则性框架，对于哪些交易需要进行转让定价分析，具体如何判断定价方法是否合理，需要准备哪些资料，如何判断资料是否充分等问题并没有很明细的规定。究其原因，可能是国内成本分摊的案例较少，缺乏实操经验所致。因此，我们将参考OECD与美国关于成本分摊资料的规定，进一步介绍如何准备成本分摊同期资料。

9.3.2　OECD对成本分摊同期资料的建议

OECD认为，成本分摊的参与方最好能够准备和获得说明以下问题的资料：

（1）成本分摊安排的性质。

（2）成本分摊安排的主要条款。

（3）相关条款是否符合独立交易原则。

OECD 强调，上述要求并非最低要求，也非最高要求。所有的信息应该与成本分摊相关，并且有用。参与方具体应该准备什么资料，要根据每个成本分摊安排的具体情况而定。一般来讲，要准备上面的资料，参与方必须能够获得在成本分摊安排下从事的各种活动的相关细节，如其他参与方的名称与住址、各方的预期收益和分摊成本的测算方法、成本分摊活动的预期成本与实际成本等。

OECD 同时建议，当税务机关要求时，纳税人应该提交相关资料。

OECD 还特别列出了在成本分摊安排刚刚设立时可能相关和有用的信息，包括以下信息：

（1）参与方的名称。

（2）与 CCA 相关的其他关联企业名称，如通过其他各种方式，可能会使用 CCA 的成果的关联企业。

（3）CCA 相关活动的范围，以及管理与控制相关活动的办法。

（4）成本分摊的持续期间。

（5）各参与方在预期收益中所占比例的计量方法，在计量过程中所用到的假设。

（6）未来各方使用成本分摊成果，实现预期收益的方法。

（7）每位参与方对成本分摊的初始贡献，要详细介绍如何确定各参与方初始贡献及后续贡献的金额（包括预算额和实际调整额），以及如何在不同参与方之间适用一致的会计准则，以确定相关活动的费用。

（8）责任和义务的分配，及管理与控制各方履行这些责任义务的机制，特别是与无形资产开发、提高、维护、保护和使用等相关的责任和义务，以及在成本分摊过程中使用的有形资产。

（9）当有新的参与方加入，或者原有的参与方退出成本分摊时，对此进行处理的程序与结果。

（10）与余额调整相关的规定，以及当经济形势发生变化时如何对协议条款进行调整的相关规定。

OECD 认为，在成本分摊的存续期内，以下信息为有用信息：

（1）安排的任何变化（如关于参与方、活动对象），同期资料要分析这样的变化产生的影响。

（2）确定成本分摊预期收益的测算（Projections）与实际结果的比较。

（3）因实施成本分摊的年度总费用及每个参与方的贡献，还有关于如何确定每个参与方的贡献额的详细分析。

从上面的介绍可以看出，OECD 关于同期资料的要求也是原则性规定，其中的原因可能是 OECD 作为一个国际组织，只能对相关的内容提出框架性的建议，各个国家需要在框架协议的基础上，根据各国的具体情况，通过国内法进一步细化。

9.3.3　美国对成本分摊安排的资料要求

对于成本分摊，美国国内收入法典的 482 条第 7 节规定得十分详细，对于我们有比较好的借鉴作用。① 其中，482 条第 7 节第 k 段专门规定了对成本分摊安排的征管要求。根据 482 条款第 7 节第 k 段的规定，CSA 在征管上要满足四个方面的要求：一是合约要求；二是资料要求；三是会计要求；四是报告要求。其中第一、第二和第三点都是对资料的要求，我们将重点介绍。

9.3.3.1　成本分摊安排的合约要求

482 条款第 7 节第 k 段规定，成本分摊安排在初步形成及发生任何修订时，都需要有一份参与各方签署的书面合约，合约中需要注明下列事项：

（1）列出所有的关联参与方，如果关联集团内有其他成员可能从共同开发的无形资产中获益，也必须列出。如果是国内实体，需要列出实体的地址；如果是外国实体，需要说明实体注册的国家或地区。

（2）列出所有未来 IDA 的范围，以及预期会形成的无形资产或无形资

---

① LEGAL INFORMATION INSTITUTE. Electronic Code of Federal Regulations. 26 CFR §1.482‐7‐Methods to determine taxable income in connection with a cost sharing arrangement［EB/OL］.［2020‐08‐15］. https：//www. law. cornell. edu/cfr/text/26/1.482‐7.

产的类别。

（3）列出成本分摊安排的各参与方未来可能承担的功能与风险。

（4）说明成本分摊各参与方如何分享无形资产的权益,列明每个参与方在无须任何其他支付的情况下,可从无形资产中获得的收益。

（5）计算参与方合理预期收益的方法。

（6）列举成本分摊安排中所有 IDC 的类别。

（7）明确关联参与方必须采用一致的会计核算方法来确定 IDC 和 RAB。①

（8）要求关联参与方的 CST 必须涵盖所有与成本分摊安排相关的无形资产开发成本。

（9）要求关联参与方的 PCT 必须涵盖与该成本分摊安排有关的所有平台贡献。

（10）说明在 CSA 形成或修订时每一个(或一组)平台贡献交易下应该支付费用的金额和形式。

（11）说明 CSA 形成的日期和持续时间,CSA 可能被修订或终止的条件,以及修订或者结束 CSA 的结果。

482 条款第 7 节第 k 段同时规定,任何无形资产开发成本发生后的 60 天内,关联参与方必须书面签署成本分摊合约,才可以被认定完成了成本分摊的同期资料要求。

9.3.3.2 成本分摊安排的资料要求

一般来讲,关联参与方必须及时更新,并保存足够的资料来证明成本分摊安排满足合约要求和资料要求。

CSA 的关联参与方必须及时更新和保存足够的资料,包括以下资料:

（1）描述 IDA 现有的范围,说明:

① 上面合约要求中预期形成的成本分摊无形资产列表中,发生的任何项目增加或减少。

---

① 具体的会计方法见 482 条款第七节的第(d)段和第(e)段。

② 任何形成的成本分摊无形资产，以及每位参与方在其中享有的权益。

③ 对成本分摊无形资产所进行的任何进一步的开发。

（2）说明每一关联方可以从使用成本分摊无形资产中获得的收益。

（3）在成本分摊持续期间每一关联参与方承担的功能与风险。

（4）提供每一关联参与方的行业描述，包括影响 CST 与 PCT 定价的经济和法律因素。

（5）说明每一关联参与方在成本分摊安排下，在每一纳税年度发生的无形资产开发活动。

（6）描述用来评估每一受控关联方的合理预期收益的方法，包括：

① 所有用来评估收益的假设。

② 所有关于合理预期收益份额的更新。

③ 解释为什么选择使用这一方法，为什么所用的方法是测量各方合理预期收益份额的最佳方法。

④ 描述所有的平台贡献。

⑤ 指出每一个（或每组）平台贡献交易所涉及的交易类型。

⑥ 明确在特定的时间段内，每一个（组）PCT 的应付金额。

⑦ 描述并解释按照独立交易原则，用来确定平台贡献交易应付款的方法，包括为什么所使用的方法为最佳方法、所使用的方法的经济分析、其他曾经考虑过并最终放弃使用的方法、在 CSA 生效后参与方获得的有助于决定所选用方法是否合理使用的数据、评估 PCT 支付金额时所使用的折现率、关于为什么合并或不合并交易的讨论、母公司的加权平均资本成本。

9.3.3.3　同期资料的提交

每一个受控参与方必须在税务机关提出要求之后，在 30 天之内将成本分摊的同期资料提交给税务机关，经税务机关同意，递交资料的日期可适当延长。

9.3.3.4　成本分摊的报告要求

每个关联参与方都需要向美国 IRS 提交《关联参与方成本分摊协议报

告表》,在报告表中,要说明以下内容:

(1) 报告表的提交方是成本分摊安排的受控参与方。

(2) 提交方的税务识别号。

(3) 列出所有受控参与方,包括每个受控参与方的设立国家和地区、税务识别号等。

(4) 说明无形资产开发成本发生的最早日期。

(5) 说明关联参与方签署(或修订)成本分摊安排的日期,或者根据482条款第7节第k段要求记录成本分摊安排的日期(如果和签署日期不同的话)。

报告表需要在任何无形资产成本开始发生90天之内,或者在纳税人成为受控参与方90天之内,首次提交给IRS。之后在成本分摊安排的持续期,每年进行年度税务申报时,需要将首次申报表的复印件附在申报表后面,如果首次申报表中的情况发生变化,需要在年度申报时以列表的形式说明。

附录 1 MNE SA 集团国别报告

附表 1-1 国别报告—所得、税收和业务活动国别分布表

跨国企业集团名称：MNE SA

会计年度：2017 年 1 月 1 日至 2017 年 12 月 31 日

币种：欧元

国家（地区）	收入			税前利润（亏损）	已缴纳企业所得税（收付实现制）	本年度计提的企业所得税	注册资本	留存收益	雇员人数	有形资产（除现金及现金等价物）
	非关联方	关联方	总计							
A	610 315 000	515 510 000	1 125 825 000	114 565 000	41 300 000	38 870 000	87 500 000	450 000 000	8 965	874 385 000
B	29 271 000	412 000	29 683 000	3 678 000	1 344 000	1 231 000	4 000 000	15 629 000	260	5 973 000
C	6 313 000	19 053 000	25 366 000	3 293 000	619 000	508 000	3 500 000	12 111 000	15	1 023 000
D	81 851 000	188 351 000	270 202 000	29 040 000	8 510 000	8 266 000	22 000 000	80 380 000	2 074	273 981 000
E	15 667 000	1 456 000	17 123 000	1 728 000	486 000	378 000	2 000 000	8 570 000	150	2 645 000
F	65 224 000	52 533 000	117 757 000	13 502 000	3 424 000	3 320 000	10 500 000	46 161 000	949	109 317 000
G	14 022 000	1 622 000	15 644 000	1 659 000	231 000	185 000	1 000 000	7 669 000	96	2 531 000
H	1 450 000	46 392 000	47 842 000	836 000	296 000	248 000	7 000 000	526 000	520	82 512 000
I	89 000	5 527 000	5 616 000	216 000	56 000	34 000	500 000	1 536 000	10	775 000
J	14 226 000	1 320 000	15 546 000	1 727 000	318 000	281 000	2 000 000	10 852 000	131	3 062 000
K	57 694 000	111 743 000	169 437 000	23 394 000	4 182 000	3 700 000	15 000 000	64 200 000	987	129 300 000
L	23 785 000	512 000	24 297 000	2 351 000	934 000	850 000	4 000 000	5 016 000	241	3 725 000

（续表）

国家（地区）	收入			税前利润（亏损）	已缴纳企业所得税（收付实现制）	本年度计提的企业所得税	注册资本	留存收益	雇员人数	有形资产（除现金及现金等价物）
	非关联方	关联方	总计							
M	64 962 000	98 833 000	163 795 000	15 951 000	5 898 000	5 543 000	20 000 000	36 199 000	1 520	129 902 000
N	7 373 000	39 803 000	47 176 000	22 288 000	0	0	1 750 000	3 498 000	13	544 000
O	57 292 000	5 823 000	63 115 000	5 629 000	1 583 000	1 421 000	12 000 000	12 851 000	615	8 163 000
P	13 981 000	128 000	14 109 000	1 582 000	389 000	376 000	2 500 000	2 634 000	134	2 265 000
Q	110 896 000	125 595 000	236 491 000	24 415 000	9 142 000	8 466 000	30 000 000	60 414 000	1 840	279 533 000
R	34 811 000	247 000	35 058 000	1 841 000	712 000	502 000	6 000 000	3 084 000	313	3 645 000
S	56 989 000	87 390 000	144 379 000	6 943 000	1 970 000	1 741 000	20 000 000	14 794 000	1 296	11 202 000
T	19 450 00	17 537 000	19 482 000	6 338 000	475 000	321 000	4 000 000	2 201 000	28	1 274 000
U	379 000	681 2000	7 191 000	4 189 000	198 000	165 000	1 000 000	505 000	7	812 000
V	31 299 000	70 120 000	101 419 000	5 343 000	1 720 000	1 335 750	20 000 000	8 641 000	939	79 505 000
W	75 998 000	4 012 000	80 010 000	2 598 000	837 000	799 000	3 000 000	8 099 000	565	4 593 000
X	3 871 000	841 000	4 712 000	212 000	89 000	49 000	500 000	461 000	31	446 000
Y	7 562 000	912 000	8 474 000	327 000	154 000	107 000	1 200 000	698 000	63	806 000
Z	814 000	34 379 000	35 193 000	10 274 000	1 295 000	1 217 000	383 000	5 576 000	16	3 372 000

附表1-2 国别报告—跨国企业集团成员实体名单

跨国集团企业名称：MNE SA 集团

会计年度：2017年1月1日至2017年12月31日

国家(地区)	该国家(地区)的成员实体名称	成员实体注册成立地	主要业务活动												
			研发	持有或管理无形资产	采购	生产制造	销售、市场营销或分销	行政、管理或支持服务	向非关联方提供劳务	集团内部融资	金融服务	保险	持有股份或其他权益工具	非营运企业	其他
A	MNE Manufacturing (A) Co					X									
	MNE Sales (A) Co						X								
	MNE Services (A) Co							X							
	MNE Holdings (A) Co												X		
B	MNE Sales (B) Co						X								
C	MNE Serices (C) Co							X							
	MNE Finance (C) Co									X					
D	MNE Research & Development (D) Co		X												
	MNE Manufacturing (D) Co					X									
	MNE Sales (D) Co						X								
E	MNE Sales (E) Co _						X								
F	MNE Manufacturing (F) Co					X									
	MNE Sales (F) Co						X								

（续表）

国家（地区）	该国家（地区）的成员实体名称	成员实体注册成立地	主要业务活动												
			研发	持有或管理无形资产	采购	生产制造	销售、市场营销或分销	行政、管理或支持服务	向非关联方提供劳务	集团内部融资	金融服务	保险	持有股份或其他权益工具	非营运企业	其他
G	MNE Sales (G) Co						X								
H	MNE Manufacturing (H) Co					X									
I	MNE Holdings (I) Co												X		
J	MNE Sales (J) Co						X								
	MNE IP Holdings (K) Co			X											
K	MNE Manufacturing (K) Co					X	X								
L	MNE Sales (L) Co						X								
M	MNE Sales (M) Co						X								
	MNE Manufacturing (M) Co					X									
N	MNE Finance (N) Co									X					
	MNE Insurance (N) Co											X			
	MNE Holdings (N) Co												X		
O	MNE Sales (O) Co						X								
P	MNE Sales (P) Co						X								

（续表）

国家（地区）	该国家（地区）的成员实体名称	成员实体注册成立地	主要业务活动													其他
			研发	持有或管理无形资产	采购	生产制造	销售、市场营销或分销	行政、管理或支持服务	向非关联方提供劳务	集团内部融资	金融服务	保险	持有股份或其他权益工具	非营运企业	
Q	MNE Manufacturing (Q) Co					X									
	MNE Sales (Q) Co						X								
R	MNE Sales (R) Co						X								
S	MNE Manufacturing (S) Co					X									
	MNE Sales (S) Co						X								
	MNE Services (T) Co							X							
T	MNE Finance (T) Co									X					
	MNE Holdings (T) Co												X		
U	MNE Procurement (U) Co				X										
V	MNE Manufacturing (V) Co					X									
	MNE Sales (V) Co						X								
W	MNE Sales (W) Co						X								
X	MNE Sales (X) Co						X								
Y	MNE Sales (Y) Co						X								
Z	MNE Sales (Z) Co						X								

附表1-3 国别报告——所得、税收和业务活动国别分布表

跨国企业集团名称:MNE SA

会计年度:2016年1月1日至2016年1月1日

币种:欧元

国家(地区)	收入			税前利润(亏损)	已缴纳企业所得税(收付实现制)	本年度计提的企业所得税	注册资本	留存收益	雇员人数	有形资产(除现金及现金等价物)
	非关联方	关联方	总计							
A	601 745 000	509 460 000	1 111 205 000	111 920 000	41 995 000	36 920 000	87 500 000	405 660 000	8 260	822 825 000
B	28 955 000	465 000	29 420 000	3 678 000	1 276 000	1 189 000	4 000 000	14 337 000	241	5 738 000
C	5 866 000	19 258 000	25 124 000	3 166 000	537 000	472 000	3 500 000	11 162 000	14	998 000
D	80 782 000	186 283 000	267 065 000	30 390 000	8 336 000	8 135 000	22 000 000	72 787 000	1 940	253 666 000
E	16 411 000	1 250 000	17 661 000	1 893 000	475 000	420 000	2 000 000	7 872 000	140	2 896 000
F	64 051 000	53 053 000	117 104 000	11 983 000	3 275 000	3 029 000	10 500 000	41 893 000	879	99 670 000
G	13 909 000	1 522 000	15 431 000	1 429 000	192 000	172 000	1 000 000	7 588 000	91	2 387 000
I	96 000	1 265 000	1 361 000	150 000	57 000	34 000	500 000	1 394 000	8	721 000
J	13 772 000	1 550 000	15 322 000	1 850 000	288 000	275 000	2 000 000	9 884 000	120	2 859 000
K	56 374 000	61 101 000	117 475 000	11 352 000	2 651 000	2 429 000	8 000 000	52 730 000	905	121 536 000
L	21 760 000	540 000	22 300 000	1 964 000	721 000	700 000	4 000 000	4 572 000	228	3 535 000
M	58 886 000	89 944 000	148 830 000	13 404 000	5 283 000	4 784 000	20 000 000	34 031 000	1 420	126 110 000

（续表）

国家（地区）	收入			税前利润（亏损）	已缴纳企业所得税（收付实现制）	本年度计提的企业所得税	注册资本	留存收益	雇员人数	有形资产（除现金及现金等价物）
	非关联方	关联方	总计							
N	5 956 000	34 958 000	40 914 000	18 452 000	0	0	1 750 000	2 989 000	12	512 000
O	52 809 000	5 411 000	58 220 000	5 045 000	1 543 000	1 322 000	12 000 000	11 748 000	576	7 633 000
P	11 502 000	150 000	11 652 000	1 025 000	299 000	280 000	2 500 000	2 359 000	126	1 643 000
Q	101 071 000	162 955 000	264 026 000	29 271 000	10 736 000	10 136 000	34 000 000	58 839 000	1 717	259 366 000
R	28 750 000	260 000	29 010 000	1 802 000	498 000	469 000	6 000 000	2 710 000	295	3 164 000
S	46 137 000	79 344 000	125 481 000	6 752 000	1 779 000	1 574 000	20 000 000	13 480 000	1 217	10 421 000
T	2 155 000	11 859 000	14 014 000	2 253 000	421 000	304 000	4 000 000	1 994 000	30	1 217 000
U	340 000	5 500 000	5 840 000	3 250 000	190 000	160 000	1 000 000	462 000	6	738 000
V	26 071 000	61 140 000	87 211 000	5 024 000	1 767 000	1 205 760	20 000 000	7 865 000	869	72 071 000
W	66 581 000	4 301 000	70 882 000	2 389 000	845 000	765 000	3 000 000	7 330 000	521	4 275 000
X	3 420 000	752 000	4 172 000	205 000	76 000	56 000	500 000	421 000	27	412 000
Y	4 599 000	875 000	5 474 000	310 000	102 000	94 000	1 200 000	631 000	59	645 000
Z	982 000	31 165 000	32 147 000	8 963 000	1 847 000	1 000 000	383 000	5 043 000	16	3 169 000

附表 1-4 国别报告—跨国企业集团成员实体名单

跨国企业集团名称：MNE SA

会计年度：2016 年 1 月 1 日至 2016 年 12 月 31 日

国家（地区）	该国家（地区）的成员实体名称	成员实体注册成立地	主要业务活动												
			研发	持有或管理无形资产	采购	生产制造	销售、市场营销或经销	行政、管理或支持服务	向非关联方提供劳务	集团内部融资	金融服务	保险	持有股份或其他权益工具	非营运企业	其他
A	MNE Manufacturing (A) Co					X									
	MNE Sales (A) Co						X								
	MNE Serices (A) Co							X							
	MNE Holdings (A) Co												X		
B	MNE Sales (B) Co						X								
C	MNE Services (C) Co							X							
	MNE Finance (C) Co .									X					
D	MNE Research & Development (D) Co		X												
	MNE Manufacturing (D) Co					X									
	MNE Sales (D) Co						X								
E	MNE Sales (E) Co .						X								
F	MNE Manufacturing (F) Co					X									
	MNE Sales (F) Co						X								

（续表）

国家(地区)	该国家(地区)的成员实体名称	成员实体注册成立地	研发	持有或管理无形资产	采购	生产制造	销售、市场营销或分销	行政、管理或支持服务	向非关联方提供劳务	集团内部融资	金融服务	保险	持有股份或其他权益工具	非营运企业	其他
							主要业务活动								
G	MNE Sales (G) Co						X								
I	MNE Holdings (U) Co												X		
J	MNE Sales (J) Co						X								
K	MNE IP Holdings (K) Co			X											
	MNE Manufacturing (K) Co					X									
	MNE Sales (K) Co						X								
L	MNE Sales (L) Co						X								
M	MNE Sales (M) Co						X								
	MNE Manufacturing (M) Co					X									
N	MNE Finance (N) Co									X					
	MNE Insurance (N) Co											X			
O	MNE Holdings (N) Co												X		
	MNE Sales (O) Co						X								
P	MNE Sales (P) Co						X								

（续表）

国家（地区）	该国家（地区）的成员实体名称	成员实体注册成立地	主要业务活动												
			研发	持有或管理无形资产	采购	生产制造	销售、市场营销或分销	行政、管理或支持服务	向非关联方提供劳务	集团内部融资	金融服务	保险	持有股份或其他权益工具	非营运企业	其他
Q	MNE Manufacturing (Q) Co					X									
	MNE Sales (Q) Co						X								
	MNE IP Holdings (Q) Co			X											
R	MNE Sales (R) Co.						X								
S	MNE Manufacturing (S) Co					X									
	MNE Sales (S) Co						X								
T	MNE Services (T) Co							X							
	MNE Finance (T) Co									X					
	MNE Holdings (T) Co												X		
U	MNE Procurement (U) Co				X										
V	MNE Manufacturing (V) Co					X									
	MNE Sales (V) Co .						X								
W	MNE Sales (W) Co						X								
X	MNE Sales (X) Co						X								
Y	MNE Sales (Y) Co .						X								
Z	MNE Sales (Z) Co						X								

附录2　MNE SA 集团国别报告分析表

附表2-1　2017会计年度 MNE SA 集团国别报告分析表

跨国企业集团名称:MNE SA

会计年度:2017年1月1日至2017年12月31日

币种:欧元

国家（地区）	非关联方收入所占比例 非关联方收入/总收入	关联方收入所占比例 关联方收入/总收入	每位雇员产生的收入 总收入/雇员人数 '000	每位雇员产生的税前利润 税前利润/雇员人数 '000	每欧元有形资产产生的收入 总收入/有形资产 '000	每欧元有形资产产生的税前利润 税前利润/有形资产 '000	税前权益收益率 税前利润/(注册资本+累计收益)	税后权益收益率 (税前利润-当年度已计提的企业所得税)/(注册资本+累计收益)	销售利润率 税前利润/总收入	有效税率 当年计提的企业所得税/税前利润
A	54%	46%	126	13	1.29	0.13	21%	14%	10%	34%
B	99%	1%	114	14	4.97	0.62	19%	12%	12%	33%
C	25%	75%	1 691	220	24.80	3.22	21%	18%	13%	15%
D	30%	70%	130	14	0.99	0.11	28%	20%	11%	28%
E	91%	9%	114	12	6.47	0.65	16%	13%	10%	22%
F	55%	45%	124	14	1.08	0.12	24%	18%	11%	25%
G	90%	10%	163	17	6.18	0.66	19%	17%	11%	11%
H	3%	97%	92	2	0.58	0.01	11%	8%	2%	30%
I	2%	98%	562	22	7.25	0.28	11%	9%	4%	16%
J	92%	8%	119	13	5.08	0.56	13%	11%	11%	16%
K	34%	66%	172	24	1.31	0.18	30%	25%	14%	16%
L	98%	2%	101	10	6.52	0.63	26%	17%	10%	36%

（续表）

国家（地区）	非关联方收入所占比例	关联方收入所占比例	每位雇员产生的收入	每位雇员产生的税前利润	每欧元有形资产产生的收入	每欧元有形资产产生的税前利润	税前权益收益率	税后权益收益率	销售利润率	有效税率
	非关联方收入/总收入	关联方收入/总收入	总收入/雇员人数 '000	税前利润/雇员人数 '000	总收入/有形资产 '000	税前利润/有形资产 '000	税前利润/（注册资本+累计收益）	（税前利润-计当年度企业所得税）/（注册资本+累计收益）	税前利润/总收入	当年计提的企业所得税/税前利润
M	40%	60%	108	10	1.26	0.12	28%	19%	10%	23%
N	16%	84%	3 629	1 714	86.72	40.97	425%	425%	47%	0%
O	91%	9%	103	9	7.73	0.69	23%	17%	9%	25%
P	99%	1%	105	12	6.23	0.70	31%	23%	11%	24%
Q	47%	53%	129	13	0.85	0.09	27%	18%	10%	35%
R	99%	1%	112	6	9.62	0.51	20%	15%	5%	27%
S	39%	61%	111	5	12.89	0.62	20%	15%	5%	25%
T	10%	90%	696	226	15.29	4.97	102%	97%	33%	5%
U	5%	95%	1 027	598	8.86	5.16	278%	267%	58%	4%
V	31%	69%	108	5.69	1.28	0.07	18.6%	14%	5%	25%
W	95%	5%	142	5	17.42	0.57	23%	16%	3%	31%
X	82%	18%	152	7	10.57	0.48	22%	17%	4%	23%
Y	89%	11%	135	5	10.51	0.41	17%	12%	4%	33%
Z	2%	98%	2 200	642	10.44	3.05	172%	152%	29%	12%

附表 2-2 2016 会计年度 MNE SA 国别报告分析表

跨国企业集团名称：MNE SA

会计年度：2016 年 1 月 1 日至 2016 年 12 月 31 日

币种：欧元

国家（地区）	非关联方收入所占比例 非关联方收入/总收入	关联方收入所占比例 关联方收入/总收入	每位雇员产生的收入 总收入/雇员人数 '000	每位雇员产生的税前利润 税前利润/雇员人数 '000	每欧元有形资产产生的收入 总收入/有形资产 '000	每欧元有形资产产生的税前利润 税前利润/有形资产 '000	税前权益收益率 税前利润/（注册资本+累计收益）	税后权益收益率 （税前利润-当年度企业已计提的税）/（注册资本+累计收益）	销售利润率 税前利润/总收入	有效税率 当年计提的企业所得税/税前利润
A	54%	46%	135	14	1.35	0.14	23%	15%	10%	33%
B	98%	2%	122	15	5.13	0.64	20%	14%	13%	32%
C	23%	77%	1 795	226	25.17	3.17	22%	18%	13%	15%
D	30%	70%	138	16	1.05	0.12	32%	23%	11%	27%
E	93%	7%	126	14	6.10	0.65	19%	15%	11%	22%
F	55%	45%	133	14	1.17	0.12	23%	17%	10%	25%
G	90%	10%	170	16	6.46	0.60	17%	15%	9%	12%
I	7%	93%	170	19	1.89	0.21	8%	6%	11%	23%
J	90%	10%	128	15	5.36	0.65	16%	13%	12%	15%
K	48%	52%	130	13	0.97	0.09	19%	15%	10%	21%
L	98%	2%	98	9	6.31	0.56	23%	15%	9%	36%
M	40%	60%	105	9	1.18	0.11	25%	16%	9%	36%

（续表）

国家（地区）	非关联方收入所占比例 非关联方收入/总收入	关联方收入所占比例 关联方收入/总收入	每位雇员产生的收入 总收入/雇员人数 '000	每位雇员产生的税前利润 税前利润/雇员人数 '000	每欧元有形资产生的收入 总收入/有形资产 '000	每欧元有形资产生的税前利润 税前利润/有形资产 '000	税前权益收益率 税前利润/（注册资本＋累计收益）	税后权益收益率 （税前利润－当年度已计提税的企业所得税）/（注册资本＋累计收益）	销售利润率 税前利润/总收入	有效税率 当年计提的企业所得税/税前利润
N	15%	85%	3 410	1 538	79.91	36.04	389%	389%	45%	0%
O	91%	9%	101	9	7.63	0.66	21%	16%	9%	26%
P	99%	1%	92	8	7.09	0.62	21%	15%	9%	27%
Q	38%	62%	154	17	1.02	0.11	32%	21%	11%	35%
R	99%	1%	98	6	9.17	0.57	21%	15%	6%	26%
S	37%	63%	103	6	12.04	0.65	20%	15%	5%	23%
T	15%	85%	467	75	11.52	1.85	38%	33%	16%	13%
U	6%	94%	973	542	7.91	4.40	222%	211%	56%	5%
V	30%	70%	100	5.78	1.21	0.07	18%	14%	5.76%	24%
W	94%	6%	136	5	16.58	0.56	23%	16%	3%	32%
X	82%	18%	155	8	10.13	0.50	22%	16%	5%	27%
Y	84%	16%	93	5	8.49	0.48	17%	12%	6%	30%
Z	3%	97%	2 009	560	10.14	2.83	165%	147%	28%	11%

附表 2-3　2016 会计年度与 2017 会计年度分析表

跨国企业集团名称：MNE SA

会计年度：2016 会计年度与 2017 会计年度比较

币种：欧元

国家（地区）	收入			税前利润（亏损）	已缴纳企业所得税（收付实现制）	本年度计提的企业所得税	注册资本	留存收益	雇员人数	有形资产（除现金及现金等价物）
	非关联方	关联方	总计							
A	8 570 000	6 050 000	14 620 000	2 645 000	-695 000	1 950 000	0	44 340 000	705	51 560 000
B	316 000	-53 000	263 000	0	68 000	42 000	0	1 292 000	19	235 000
C	447 000	-205 000	242 000	127 000	82 000	36 000	0	949 000	1	25 000
D	1 069 000	2 068 000	3 137 000	-1 350 000	174 000	131 000	0	7 593 000	134	20 315 000
E	-744 000	206 000	-538 000	-165 000	11 000	-42 000	0	698 000	10	-251 000
F	1 173 000	-520 000	653 000	1 519 000	149 000	291 000	0	4 268 000	70	9 647 000
G	113 000	100 000	213 000	230 000	39 000	13 000	0	81 000	5	144 000
H	1 450 000	46 392 000	47 842 000	836 000	296 000	248 000	7 000 000	526 000	520	82 512 000
I	-7 000	4 262 000	4 255 000	66 000	-1 000	0	0	142 000	2	54 000
J	454 000	-230 000	224 000	-123 000	30 000	6 000	0	968 000	11	203 000
K	1 320 000	50 642 000	51 962 000	12 042 000	1 531 000	1 271 000	7 000 000	11 470 000	82	7 764 000
L	2 025 000	-28 000	1 997 000	387 000	213 000	150 000	0	444 000	13	190 000

（续表）

国家（地区）	收入			税前利润（亏损）	已缴纳企业所得税（收付实现制）	本年度计提的企业所得税	注册资本	留存收益	雇员人数	有形资产（除现金及现金等价物）
	非关联方	关联方	总计							
M	6 076 000	8 889 000	14 965 000	2 547 000	615 000	759 000	0	2 168 000	100	3 792 000
N	1 417 000	4 845 000	6 262 000	3 836 000	0	0	0	509 000	1	32 000
O	4 483 000	412 000	4 895 000	584 000	40 000	99 000	0	1 103 000	39	530 000
P	2 479 000	-22 000	2 457 000	557 000	90 000	96 000	0	275 000	8	622 000
Q	9 825 000	-37 360 000	-27 535 000	-4 856 000	-1 594 000	-1 670 000	-4 000 000	1 575 000	123	20 167 000
R	6 061 000	-13 000	6 048 000	39 000	214 000	33 000	0	374 000	18	481 000
S	10 852 000	8 046 000	18 898 000	191 000	191 000	167 000	0	1 314 000	79	781 000
T	-210 000	5 678 000	5 468 000	4 085 000	54 000	17 000	0	207 000	-2	57 000
U	39 000	1 312 000	1 351 000	939 000	8 000	5 000	0	43 000	1	74 000
V	5 228 000	8 980 000	14 208 000	319 000	-47 000	129 990	0	776 000	70	7 434 000
W	9 417 000	-289 000	9 128 000	209 000	-8 000	34 000	0	769 000	44	318 000
X	451 000	89 000	540 000	7 000	13 000	-7 000	0	40 000	4	34 000
Y	2 963 000	37 000	3 000 000	17 000	52 000	13 000	0	67 000	4	161 000
Z	-168 000	3 214 000	3 046 000	1 311 000	-552 000	217 000	0	533 000	0	203 000

附表 2-4 2016 会计年度与 2017 会计年度比较（相对）分析表

跨国企业集团名称：MNE SA

会计年度：2016 会计年度与 2017 会计年度比较（相对）

币种：欧元

国家（地区）	收入			税前利润（亏损）	已缴纳企业所得税（收付实现制）	本年度计提的企业所得税	注册资本	留存收益	雇员人数	有形资产（除现金及现金等价物）
	非关联方	关联方	总计							
A	1%	1%	1%	2%	-2%	5%	0%	11%	9%	6%
B	1%	-11%	1%	0%	5%	4%	0%	9%	8%	4%
C	8%	-1%	1%	4%	15%	8%	0%	9%	7%	3%
D	1%	1%	1%	-4%	2%	2%	0%	10%	7%	8%
E	-5%	16%	-3%	-9%	0%	0%	0%	9%	7%	-9%
F	2%	-1%	1%	13%	5%	10%	0%	10%	8%	10%
G	1%	7%	1%	16%	20%	8%	0%	1%	5%	6%
H	新成立或购得的实体，无法进行比较									
I	-7%	337%	313%	44%	-2%	0%	0%	10%	25%	7%
J	3%	-15%	1%	-7%	10%	2%	0%	10%	9%	7%
K	2%	83%	44%	106%	58%	52%	88%	22%	9%	6%
L	9%	-5%	9%	20%	30%	21%	0%	10%	6%	5%

（续表）

国家（地区）	收入			税前利润（亏损）	已缴纳企业所得税（收付实现制）	本年度计提的企业所得税	注册资本	留存收益	雇员人数	有形资产（除现金及现金等价物）
	非关联方	关联方	总计							
M	10%	10%	10%	88%	12%	16%	0%	6%	7%	3%
N	24%	14%	15%	21%	0%	0%	0%	17%	8%	6%
O	8%	8%	8%	12%	3%	7%	0%	9%	7%	7%
P	22%	-15%	21%	54%	30%	34%	0%	12%	6%	38%
Q	10%	-23%	-10%	-17%	-15%	-16%	-12%	3%	7%	8%
R	21%	-5%	21%	2%	43%	7%	0%	14%	6%	15%
S	24%	10%	15%	3%	11%	11%	0%	10%	6%	7%
T	-10%	48%	39%	181%	13%	6%	0%	10%	-7%	5%
U	11%	24%	23%	29%	4%	3%	0%	9%	17%	10%
V	20%	15%	16%	6%	-3%	11%	0%	10%	8%	10%
W	14%	-7%	13%	9%	-1%	4%	0%	10%	8%	7%
X	13%	12%	13%	3%	17%	-13%	0%	10%	15%	8%
Y	64%	4%	55%	5%	51%	14%	0%	11%	7%	25%
Z	-17%	10%	9%	15%	-30%	22%	0%	11%	0%	6%

附录 3

国家税务总局关于完善关联申报和同期资料管理有关事项的公告

国家税务总局公告 2016 年第 42 号

为进一步完善关联申报和同期资料管理,根据《中华人民共和国企业所得税法》(以下简称企业所得税法)及其实施条例、《中华人民共和国税收征收管理法》(以下简称税收征管法)及其实施细则的有关规定,现就有关问题公告如下:

一、实行查账征收的居民企业和在中国境内设立机构、场所并据实申报缴纳企业所得税的非居民企业向税务机关报送年度企业所得税纳税申报表时,应当就其与关联方之间的业务往来进行关联申报,附送《中华人民共和国企业年度关联业务往来报告表(2016 年版)》。

二、企业与其他企业、组织或者个人具有下列关系之一的,构成本公告所称关联关系:

(一)一方直接或者间接持有另一方的股份总和达到 25% 以上;双方直接或者间接同为第三方所持有的股份达到 25% 以上。

如果一方通过中间方对另一方间接持有股份,只要其对中间方持股比例达到 25% 以上,则其对另一方的持股比例按照中间方对另一方的持股比例计算。

两个以上具有夫妻、直系血亲、兄弟姐妹以及其他抚养、赡养关系的自然人共同持股同一企业,在判定关联关系时持股比例合并计算。

(二)双方存在持股关系或者同为第三方持股,虽持股比例未达到本条第(一)项规定,但双方之间借贷资金总额占任一方实收资本比例达到 50%

以上,或者一方全部借贷资金总额的 10% 以上由另一方担保(与独立金融机构之间的借贷或者担保除外)。

借贷资金总额占实收资本比例 = 年度加权平均借贷资金/年度加权平均实收资本,其中:

$$\frac{\text{年度加权平}}{\text{均借贷资金}} = \frac{i\ \text{笔借入或者贷}}{\text{出资金账面金额}} \times \frac{i\ \text{笔借入或者贷出资金}}{\text{年度实际占用天数}/365}$$

$$\frac{\text{年度加权平}}{\text{均实收资本}} = \frac{i\ \text{笔实收资}}{\text{本账面金额}} \times \frac{i\ \text{笔实收资本年度实际}}{\text{占用天数}/365}$$

(三)双方存在持股关系或者同为第三方持股,虽持股比例未达到本条第(一)项规定,但一方的生产经营活动必须由另一方提供专利权、非专利技术、商标权、著作权等特许权才能正常进行。

(四)双方存在持股关系或者同为第三方持股,虽持股比例未达到本条第(一)项规定,但一方的购买、销售、接受劳务、提供劳务等经营活动由另一方控制。

上述控制是指一方有权决定另一方的财务和经营政策,并能据以从另一方的经营活动中获取利益。

(五)一方半数以上董事或者半数以上高级管理人员(包括上市公司董事会秘书、经理、副经理、财务负责人和公司章程规定的其他人员)由另一方任命或者委派,或者同时担任另一方的董事或者高级管理人员;或者双方各自半数以上董事或者半数以上高级管理人员同为第三方任命或者委派。

(六)具有夫妻、直系血亲、兄弟姐妹以及其他抚养、赡养关系的两个自然人分别与双方具有本条第(一)至(五)项关系之一。

(七)双方在实质上具有其他共同利益。

除本条第(二)项规定外,上述关联关系年度内发生变化的,关联关系按照实际存续期间认定。

三、仅因国家持股或者由国有资产管理部门委派董事、高级管理人员而存在本公告第二条第(一)至(五)项关系的,不构成本公告所称关联关系。

四、关联交易主要包括:

（一）有形资产使用权或者所有权的转让。有形资产包括商品、产品、房屋建筑物、交通工具、机器设备、工具器具等。

（二）金融资产的转让。金融资产包括应收账款、应收票据、其他应收款项、股权投资、债权投资和衍生金融工具形成的资产等。

（三）无形资产使用权或者所有权的转让。无形资产包括专利权、非专利技术、商业秘密、商标权、品牌、客户名单、销售渠道、特许经营权、政府许可、著作权等。

（四）资金融通。资金包括各类长短期借贷资金（含集团资金池）、担保费、各类应计息预付款和延期收付款等。

（五）劳务交易。劳务包括市场调查、营销策划、代理、设计、咨询、行政管理、技术服务、合约研发、维修、法律服务、财务管理、审计、招聘、培训、集中采购等。

五、存在下列情形之一的居民企业，应当在报送年度关联业务往来报告表时，填报国别报告：

（一）该居民企业为跨国企业集团的最终控股企业，且其上一会计年度合并财务报表中的各类收入金额合计超过 55 亿元。

最终控股企业是指能够合并其所属跨国企业集团所有成员实体财务报表的，且不能被其他企业纳入合并财务报表的企业。

成员实体应当包括：

1. 实际已被纳入跨国企业集团合并财务报表的任一实体。

2. 跨国企业集团持有该实体股权且按公开证券市场交易要求应被纳入但实际未被纳入跨国企业集团合并财务报表的任一实体。

3. 仅由于业务规模或者重要性程度而未被纳入跨国企业集团合并财务报表的任一实体。

4. 独立核算并编制财务报表的常设机构。

（二）该居民企业被跨国企业集团指定为国别报告的报送企业。

国别报告主要披露最终控股企业所属跨国企业集团所有成员实体的全球所得、税收和业务活动的国别分布情况。

六、最终控股企业为中国居民企业的跨国企业集团,其信息涉及国家安全的,可以按照国家有关规定,豁免填报部分或者全部国别报告。

七、税务机关可以按照我国对外签订的协定、协议或者安排实施国别报告的信息交换。

八、企业虽不属于本公告第五条规定填报国别报告的范围,但其所属跨国企业集团按照其他国家有关规定应当准备国别报告,且符合下列条件之一的,税务机关可以在实施特别纳税调查时要求企业提供国别报告:

(一)跨国企业集团未向任何国家提供国别报告。

(二)虽然跨国企业集团已向其他国家提供国别报告,但我国与该国尚未建立国别报告信息交换机制。

(三)虽然跨国企业集团已向其他国家提供国别报告,且我国与该国已建立国别报告信息交换机制,但国别报告实际未成功交换至我国。

九、企业在规定期限内报送年度关联业务往来报告表确有困难,需要延期的,应当按照税收征管法及其实施细则的有关规定办理。

十、企业应当依据企业所得税法实施条例第一百一十四条的规定,按纳税年度准备并按税务机关要求提供其关联交易的同期资料。

同期资料包括主体文档、本地文档和特殊事项文档。

十一、符合下列条件之一的企业,应当准备主体文档:

(一)年度发生跨境关联交易,且合并该企业财务报表的最终控股企业所属企业集团已准备主体文档。

(二)年度关联交易总额超过 10 亿元。

十二、主体文档主要披露最终控股企业所属企业集团的全球业务整体情况,包括以下内容:

(一)组织架构

以图表形式说明企业集团的全球组织架构、股权结构和所有成员实体的地理分布。成员实体是指企业集团内任一营运实体,包括公司制企业、合伙企业和常设机构等。

(二)企业集团业务

1. 企业集团业务描述，包括利润的重要价值贡献因素。

2. 企业集团营业收入前五位以及占营业收入超过5%的产品或者劳务的供应链及其主要市场地域分布情况。供应链情况可以采用图表形式进行说明。

3. 企业集团除研发外的重要关联劳务及简要说明，说明内容包括主要劳务提供方提供劳务的胜任能力、分配劳务成本以及确定关联劳务价格的转让定价政策。

4. 企业集团内各成员实体主要价值贡献分析，包括执行的关键功能、承担的重大风险以及使用的重要资产。

5. 企业集团会计年度内发生的业务重组，产业结构调整，集团内企业功能、风险或者资产的转移。

6. 企业集团会计年度内发生的企业法律形式改变、债务重组、股权收购、资产收购、合并、分立等。

（三）无形资产

1. 企业集团开发、应用无形资产及确定无形资产所有权归属的整体战略，包括主要研发机构所在地和研发管理活动发生地及其主要功能、风险、资产和人员情况。

2. 企业集团对转让定价安排有显著影响的无形资产或者无形资产组合，以及对应的无形资产所有权人。

3. 企业集团内各成员实体与其关联方的无形资产重要协议清单，重要协议包括成本分摊协议、主要研发服务协议和许可协议等。

4. 企业集团内与研发活动及无形资产相关的转让定价政策。

5. 企业集团会计年度内重要无形资产所有权和使用权关联转让情况，包括转让涉及的企业、国家以及转让价格等。

（四）融资活动

1. 企业集团内部各关联方之间的融资安排以及与非关联方的主要融资安排。

2. 企业集团内提供集中融资功能的成员实体情况，包括其注册地和实际管理机构所在地。

3.企业集团内部各关联方之间融资安排的总体转让定价政策。

（五）财务与税务状况

1.企业集团最近一个会计年度的合并财务报表。

2.企业集团内各成员实体签订的单边预约定价安排、双边预约定价安排以及涉及国家之间所得分配的其他税收裁定的清单及简要说明。

3.报送国别报告的企业名称及其所在地。

十三、年度关联交易金额符合下列条件之一的企业,应当准备本地文档:

（一）有形资产所有权转让金额（来料加工业务按照年度进出口报关价格计算）超过 2 亿元。

（二）金融资产转让金额超过 1 亿元。

（三）无形资产所有权转让金额超过 1 亿元。

（四）其他关联交易金额合计超过 4 000 万元。

十四、本地文档主要披露企业关联交易的详细信息,包括以下内容:

（一）企业概况

1.组织结构,包括企业各职能部门的设置、职责范围和雇员数量等。

2.管理架构,包括企业各级管理层的汇报对象以及汇报对象主要办公所在地等。

3.业务描述,包括企业所属行业的发展概况、产业政策、行业限制等影响企业和行业的主要经济和法律问题,主要竞争者等。

4.经营策略,包括企业各部门、各环节的业务流程,运营模式,价值贡献因素等。

5.财务数据,包括企业不同类型业务及产品的收入、成本、费用及利润。

6.涉及本企业或者对本企业产生影响的重组或者无形资产转让情况,以及对本企业的影响分析。

（二）关联关系

1.关联方信息,包括直接或者间接拥有企业股权的关联方,以及与企业发生交易的关联方，内容涵盖关联方名称、法定代表人、高级管理人员的构成情况、注册地址、实际经营地址，以及关联个人的姓名、国籍、居住地等情况。

2. 上述关联方适用的具有所得税性质的税种、税率及相应可享受的税收优惠。

3. 本会计年度内，企业关联关系的变化情况。

（三）关联交易

1. 关联交易概况

（1）关联交易描述和明细，包括关联交易相关合同或者协议副本及其执行情况的说明，交易标的的特性，关联交易的类型、参与方、时间、金额、结算货币、交易条件、贸易形式，以及关联交易与非关联交易业务的异同等。

（2）关联交易流程，包括关联交易的信息流、物流和资金流，与非关联交易业务流程的异同。

（3）功能风险描述，包括企业及其关联方在各类关联交易中执行的功能、承担的风险和使用的资产。

（4）交易定价影响要素，包括关联交易涉及的无形资产及其影响，成本节约、市场溢价等地域特殊因素。地域特殊因素应从劳动力成本、环境成本、市场规模、市场竞争程度、消费者购买力、商品或者劳务的可替代性、政府管制等方面进行分析。

（5）关联交易数据，包括各关联方、各类关联交易涉及的交易金额。分别披露关联交易和非关联交易的收入、成本、费用和利润，不能直接归集的，按照合理比例划分，并说明该划分比例的依据。

2. 价值链分析

（1）企业集团内业务流、物流和资金流，包括商品、劳务或者其他交易标的从设计、开发、生产制造、营销、销售、交货、结算、消费、售后服务、循环利用等各环节及其参与方。

（2）上述各环节参与方最近会计年度的财务报表。

（3）地域特殊因素对企业创造价值贡献的计量及其归属。

（4）企业集团利润在全球价值链条中的分配原则和分配结果。

3.对外投资

（1）对外投资基本信息,包括对外投资项目的投资地区、金额、主营业务及战略规划。

（2）对外投资项目概况,包括对外投资项目的股权架构、组织结构,高级管理人员的雇佣方式,项目决策权限的归属。

（3）对外投资项目数据,包括对外投资项目的营运数据。

4.关联股权转让

（1）股权转让概况,包括转让背景、参与方、时间、价格、支付方式,以及影响股权转让的其他因素。

（2）股权转让标的的相关信息,包括股权转让标的所在地,出让方获取该股权的时间、方式和成本,股权转让收益等信息。

（3）尽职调查报告或者资产评估报告等与股权转让相关的其他信息。

5.关联劳务

（1）关联劳务概况,包括劳务提供方和接受方,劳务的具体内容、特性、开展方式、定价原则、支付形式,以及劳务发生后各方受益情况等。

（2）劳务成本费用的归集方法、项目、金额、分配标准、计算过程及结果等。

（3）企业及其所属企业集团与非关联方存在相同或者类似劳务交易的,还应当详细说明关联劳务与非关联劳务在定价原则和交易结果上的异同。

6.与企业关联交易直接相关的,中国以外其他国家税务主管当局签订的预约定价安排和作出的其他税收裁定。

（四）可比性分析

1.可比性分析考虑的因素,包括交易资产或者劳务特性,交易各方功能、风险和资产,合同条款,经济环境,经营策略等。

2.可比企业执行的功能、承担的风险以及使用的资产等相关信息。

3.可比对象搜索方法、信息来源、选择条件及理由。

4.所选取的内部或者外部可比非受控交易信息和可比企业的财务

信息。

5. 可比数据的差异调整及理由。

（五）转让定价方法的选择和使用

1. 被测试方的选择及理由。

2. 转让定价方法的选用及理由，无论选择何种转让定价方法，均须说明企业对集团整体利润或者剩余利润所做的贡献。

3. 确定可比非关联交易价格或者利润的过程中所做的假设和判断。

4. 运用合理的转让定价方法和可比性分析结果，确定可比非关联交易价格或者利润。

5. 其他支持所选用转让定价方法的资料。

6. 关联交易定价是否符合独立交易原则的分析及结论。

十五、特殊事项文档包括成本分摊协议特殊事项文档和资本弱化特殊事项文档。

企业签订或者执行成本分摊协议的，应当准备成本分摊协议特殊事项文档。

企业关联债资比例超过标准比例需要说明符合独立交易原则的，应当准备资本弱化特殊事项文档。

十六、成本分摊协议特殊事项文档包括以下内容：

（一）成本分摊协议副本。

（二）各参与方之间达成的为实施成本分摊协议的其他协议。

（三）非参与方使用协议成果的情况、支付的金额和形式，以及支付金额在参与方之间的分配方式。

（四）本年度成本分摊协议的参与方加入或者退出的情况，包括加入或者退出的参与方名称、所在国家和关联关系，加入支付或者退出补偿的金额及形式。

（五）成本分摊协议的变更或者终止情况，包括变更或者终止的原因、对已形成协议成果的处理或者分配。

（六）本年度按照成本分摊协议发生的成本总额及构成情况。

（七）本年度各参与方成本分摊的情况,包括成本支付的金额、形式和对象,作出或者接受补偿支付的金额、形式和对象。

（八）本年度协议预期收益与实际收益的比较以及由此作出的调整。

（九）预期收益的计算,包括计量参数的选取、计算方法和改变理由。

十七、资本弱化特殊事项文档包括以下内容:

（一）企业偿债能力和举债能力分析。

（二）企业集团举债能力及融资结构情况分析。

（三）企业注册资本等权益投资的变动情况说明。

（四）关联债权投资的性质、目的及取得时的市场状况。

（五）关联债权投资的货币种类、金额、利率、期限及融资条件。

（六）非关联方是否能够并且愿意接受上述融资条件、融资金额及利率。

（七）企业为取得债权性投资而提供的抵押品情况及条件。

（八）担保人状况及担保条件。

（九）同类同期贷款的利率情况及融资条件。

（十）可转换公司债券的转换条件。

（十一）其他能够证明符合独立交易原则的资料。

十八、企业执行预约定价安排的,可以不准备预约定价安排涉及关联交易的本地文档和特殊事项文档,且关联交易金额不计入本公告第十三条规定的关联交易金额范围。

企业仅与境内关联方发生关联交易的,可以不准备主体文档、本地文档和特殊事项文档。

十九、主体文档应当在企业集团最终控股企业会计年度终了之日起 12 个月内准备完毕;本地文档和特殊事项文档应当在关联交易发生年度次年 6 月 30 日之前准备完毕。同期资料应当自税务机关要求之日起 30 日内提供。

二十、企业因不可抗力无法按期提供同期资料的,应当在不可抗力消除后 30 日内提供同期资料。

二十一、同期资料应当使用中文,并标明引用信息资料的出处来源。

二十二、同期资料应当加盖企业印章，并由法定代表人或者法定代表人授权的代表签章。

二十三、企业合并、分立的，应当由合并、分立后的企业保存同期资料。

二十四、同期资料应当自税务机关要求的准备完毕之日起保存10年。

二十五、企业依照有关规定进行关联申报、提供同期资料及有关资料的，税务机关实施特别纳税调查补征税款时，可以依据企业所得税法实施条例第一百二十二条的规定，按照税款所属纳税年度中国人民银行公布的与补税期间同期的人民币贷款基准利率加收利息。

二十六、涉及港澳台地区的，参照本公告相关规定处理。

二十七、本公告适用于2016年及以后的会计年度。《特别纳税调整实施办法（试行）》（国税发〔2009〕2号文件印发）第二章、第三章、第七十四条和第八十九条、《中华人民共和国企业年度关联业务往来报告表》（国税发〔2008〕114号文件印发）同时废止。

特此公告。

附件：1. 中华人民共和国企业年度关联业务往来报告表（2016年版）

2. 《中华人民共和国企业年度关联业务往来报告表（2016年版）》填报说明

国家税务总局

2016年6月29日

附录 4

国家税务总局关于明确同期资料主体文档
提供及管理有关事项的公告

（2018 年 4 月 4 日 国家税务总局公告 2018 年第 14 号）

为进一步深化"放管服"改革，优化税收环境，简化办税程序，减轻纳税人负担，现就落实《国家税务总局关于完善关联申报和同期资料管理有关事项的公告》（国家税务总局公告 2016 年第 42 号）关于同期资料准备及提供要求的有关事项公告如下：

一、依照规定需要准备主体文档的企业集团，如果集团内企业分属两个以上税务机关管辖，可以选择任一企业主管税务机关主动提供主体文档。集团内其他企业被主管税务机关要求提供主体文档时，在向主管税务机关书面报告集团主动提供主体文档情况后，可免于提供。

本公告所称"主动提供"是指在税务机关实施特别纳税调查前企业提供主体文档的情形。如果集团内一家企业被税务机关实施特别纳税调查并已按主管税务机关要求提供主体文档，集团内其他企业不能免于提供主体文档，但集团仍然可以选择其他任一企业适用前款规定。

二、收到企业主动提供主体文档的主管税务机关应区分以下情况进行处理：

（一）企业集团内各企业均属一个省、自治区、直辖市、计划单列市税务机关管辖的，收到主体文档的主管税务机关需层报至省税务机关，由省税务机关负责主体文档管理，统一组织协调，按需求提供给集团内各企业主管税务机关使用。

（二）企业集团内各企业分属两个或者两个以上省、自治区、直辖市、计划单列市税务机关管辖的，收到主体文档的主管税务机关需层报至国家税务总局，由国家税务总局负责主体文档管理，统一组织协调，按需求提供给集团内各企业主管税务机关使用。

三、本公告自 2018 年 5 月 20 日起施行。

附录 5

OECD: Transfer Pricing Documentation and Country-by-Country Reporting[①]

Abbreviations and acronyms

APA	Advance pricing agreement
BEPS	Base erosion and profit shifting
CAA	Competent authority agreement
CbC	Country-by-Country
DTC	Double tax convention
FTE	Full-time equivalent
G20	Group of twenty
MAP	Mutual agreement procedure
MCAA	Multilateral competent authority agreement
MNE	Multinational enterprise
OECD	Organisation for Economic Co-operation and Development
PE	Permanent establishment
R & D	Research and development
SME	Small and medium-sized enterprise
TIEA	Tax information exchange agreement
XML	Extensible markup language

---

① OECD Transfer pricing documentation and country by country reporting action 13 2015 final report[M/OL] Paris: OECD Publishing, 2015[2020-10-05]. https://read.oecd-ilibrary.org/taxation/transfer-pricing-documentation-and-country-by-country-reporting-action-13-2015-final-report_9789264241480-en#page4.

Executive summary

This report contains revised standards for transfer pricing documentation and a template for Country-by-Country Reporting of income，taxes paid and certain measures of economic activity.

Action 13 of the *Action Plan on Base Erosion and Profit Shifting*（BEPS Action Plan，OECD，2013）requires the development of "*rules regarding transfer pricing documentation to enhance transparency for tax administration，taking into consideration the compliance costs for business. The rules to be developed will include a requirement that MNEs provide all relevant governments with needed information on their global allocation of the income，economic activity and taxes paid among countries according to a common template*".

In response to this requirement，a three-tiered standardised approach to transfer pricing documentation has been developed.

First，the guidance on transfer pricing documentation requires multinational enterprises（MNEs）to provide tax administrations with high-level information regarding their global business operations and transfer pricing policies in a "master file" that is to be available to all relevant tax administrations.

Second，it requires that detailed transactional transfer pricing documentation be provided in a "local file" specific to each country，identifying material related party transactions，the amounts involved in those transactions，and the company's analysis of the transfer pricing determinations they have made with regard to those transactions.

Third，large MNEs are required to file a Country-by-Country Report that will provide annually and for each tax jurisdiction in which they do business the amount of revenue，profit before income tax and income tax paid and accrued. It also requires MNEs to report their number of employees，stated capital，retained earnings and tangible assets in each tax jurisdiction. Finally, it requires MNEs to identify each entity within the group doing business in a particular tax jurisdiction and to provide an indication of the business activities each entity engages in.

Taken together, these three documents (master file, local file and Country-by-Country Report) will require taxpayers to articulate consistent transfer pricing positions and will provide tax administrations with useful information to assess transfer pricing risks, make determinations about where audit resources can most effectively be deployed, and, in the event audits are called for, provide information to commence and target audit enquiries. This information should make it easier for tax administrations to identify whether companies have engaged in transfer pricing and other practices that have the effect of artificially shifting substantial amounts of income into tax-advantaged environments. The countries participating in the BEPS project agree that these new reporting provisions, and the transparency they will encourage, will contribute to the objective of understanding, controlling, and tackling BEPS behaviours.

The specific content of the various documents reflects an effort to balance tax administration information needs, concerns about inappropriate use of the information, and the compliance costs and burdens imposed on business. Some countries would strike that balance in a different way by requiring reporting in the Country-by-Country Report of additional transactional data (beyond that available in the master file and local file for transactions of entities operating in their jurisdictions) regarding related party interest payments, royalty payments and especially related party service fees. Countries expressing this view are primarily those from emerging markets (Argentina, Brazil, People's Republic of China, Colombia, India, Mexico, South Africa, and Turkey) who state they need such information to perform risk assessment and who find it challenging to obtain information on the global operations of an MNE group headquartered elsewhere. Other countries expressed support for the way in which the balance has been struck in this document. Taking all these views into account，it is mandated that countries participating in the BEPS project will carefully review the implementation of these new standards and will reassess no later than the end of 2020 whether modifications to the content of these reports should be made to require reporting of additional or different data.

Consistent and effective implementation of the transfer pricing documentation standards and in particular of the Country-by-Country Report is essential. Therefore，countries participating in the OECD/G20 BEPS Project agreed on the core elements of the implementation of transfer pricing documentation and Country-by-Country Reporting. This agreement calls for the master file and the local file to be delivered by MNEs directly to local tax administrations. Country-by-Country Reports should be filed in the jurisdiction of tax residence of the ultimate parent entity and shared between jurisdictions through automatic exchange of information，pursuant to government-to-government mechanisms such as the multilateral Convention on Mutual Administrative Assistance in Tax Matters，bilateral tax treaties or tax information exchange agreements （TIEAs）. In limited circumstances，secondary mechanisms，including local filing can be used as a backup.

These new Country-by-Country Reporting requirements are to be implemented for fiscal years beginning on or after 1 January 2016 and apply，subject to the 2020 review，to MNEs with annual consolidated group revenue equal to or exceeding EUR 750 million. It is acknowledged that some jurisdictions may need time to follow their particular domestic legislative process in order to make necessary adjustments to the law.

In order to facilitate the implementation of the new reporting standards，an implementation package has been developed consisting of model legislation which could be used by countries to require MNE groups to file the Country-by-Country Report and competent authority agreements that are to be used to facilitate implementation of the exchange of those reports among tax administrations. As a next step，it is intended that an XML Schema and a related User Guide will be developed with a view to accommodating the electronic exchange of Country-by-Country Reports.

It is recognised that the need for more effective dispute resolution may increase as a result of the enhanced risk assessment capability following the adoption and implementation of a Country-by-Country Reporting requirement. This need has been addressed when designing government-to -government mechanisms to be used to facilitate the automatic exchange of Country-by-Country Reports.

Jurisdictions endeavour to introduce，as necessary，domestic legislation in a timely manner. They are also encouraged to expand the coverage of their international agreements for exchange of information. Mechanisms will be developed to monitor jurisdictions' compliance with their commitments and to monitor the effectiveness of the filing and dissemination mechanisms. The outcomes of this monitoring will be taken into consideration in the 2020 review.

Chapter V of the Transfer Pricing Guidelines on Documentation

The text of Chapter V of the Transfer Pricing Guidelines is deleted in its entirety and replaced with the following language and annexes.

A. Introduction

1. This chapter provides guidance for tax administrations to take into account in developing rules and/or procedures on documentation to be obtained from taxpayers in connection with a transfer pricing enquiry or risk assessment. It also provides guidance to assist taxpayers in identifying documentation that would be most helpful in showing that their transactions satisfy the arm's length principle and hence in resolving transfer pricing issues and facilitating tax examinations.

2. When Chapter V of these Guidelines was adopted in 1995，tax administrations and taxpayers had less experience in creating and using transfer pricing documentation. The previous language in Chapter V of the Guidelines put an emphasis on the need for reasonableness in the documentation process from the perspective of both taxpayers and tax administrations，as well as on the desire for a greater level of cooperation between tax administrations and taxpayers in addressing documentation issues in order to avoid excessive documentation compliance burdens while at the same time providing for adequate information to apply the arm's length principle reliably. The previous language of Chapter V did not provide for a list of documents to be included in a transfer pricing documentation package nor did it provide clear guidance with respect to the link between the process for documenting transfer pricing，the administration of penalties and the burden of proof.

3. Since then，many countries have adopted transfer pricing documentation rules and the proliferation of these requirements，combined with a dramatic increase in the volume and complexity of international intra-group trade and the heightened scrutiny of transfer pricing issues by tax administrations，has resulted in a significant increase in compliance costs for taxpayers. Nevertheless tax administrations often find transfer pricing

documentation to be less than fully informative and not adequate for their tax enforcement and risk assessment needs.

4. The following discussion identifies three objectives of transfer pricing documentation rules. The discussion also provides guidance for the development of such rules so that transfer pricing compliance is more straightforward and more consistent among countries, while at the same time providing tax administrations with more focused and useful information for transfer pricing risk assessments and audits. An important overarching consideration in developing such rules is to balance the usefulness of the data to tax administrations for transfer pricing risk assessment and other purposes with any increased compliance burdens placed on taxpayers. In this respect it is noted that clear and widely adopted documentation rules can reduce compliance costs which could otherwise arise in a transfer pricing dispute.

B. Objectives of transfer pricing documentation requirements

5. Three objectives of transfer pricing documentation are:

1. to ensure that taxpayers give appropriate consideration to transfer pricing requirements in establishing prices and other conditions for transactions between associated enterprises and in reporting the income derived from such transactions in their tax returns;

2. to provide tax administrations with the information necessary to conduct an informed transfer pricing risk assessment; and

3. to provide tax administrations with useful information to employ in conducting an appropriately thorough audit of the transfer pricing practices of entities subject to tax in their

jurisdiction, although it may be necessary to supplement the documentation with additional information as the audit progresses.

6. Each of these objectives should be considered in designing appropriate domestic transfer pricing documentation requirements. It is important that taxpayers be required to carefully evaluate, at or before the time of filing a tax return, their own compliance with the applicable transfer pricing rules. It is also important that tax administrations be able to access the information they need to conduct a transfer pricing risk assessment to make an informed decision about whether to perform an audit. In addition, it is important that tax administrations be able to access or demand, on a timely basis, all additional information necessary to conduct a comprehensive audit once the decision to conduct such an audit is made.

B. 1. Taxpayer's assessment of its compliance with the arm's length principle

7. By requiring taxpayers to articulate convincing, consistent and cogent transfer pricing positions, transfer pricing documentation can help to ensure that a culture of compliance is created. Well-prepared documentation will give tax administrations some assurance that the taxpayer has analysed the positions it reports on tax returns, has considered the available comparable data, and has reached consistent transfer pricing positions. Moreover, contemporaneous documentation requirements will help to ensure the integrity of the taxpayers' positions and restrain taxpayers from developing justifications for their positions after the fact.

8. This compliance objective may be supported in two important ways. First, tax administrations can require that transfer pricing documentation

requirements be satisfied on a contemporaneous basis. This would mean that the documentation would be prepared at the time of the transaction, or in any event, no later than the time of completing and filing the tax return for the fiscal year in which the transaction takes place. The second way to encourage compliance is to establish transfer pricing penalty regimes in a manner intended to reward timely and accurate preparation of transfer pricing documentation and to create incentives for timely, careful consideration of the taxpayer's transfer pricing positions. Filing requirements and penalty provisions related to documentation are discussed in greater detail in Section D, below.

9. While ideally taxpayers will use transfer pricing documentation as an opportunity to articulate a well thought-out basis for their transfer pricing policies, thereby meeting an important objective of such requirements, issues such as costs, time constraints, and competing demands for the attention of relevant personnel can sometimes undermine these objectives. It is therefore important for countries to keep documentation requirements reasonable and focused on material transactions in order to ensure mindful attention to the most important matters.

B.2. Transfer pricing risk assessment

10. Effective risk identification and assessment constitute an essential early stage in the process of selecting appropriate cases for transfer pricing audits or enquiries and in focusing such audits on the most important issues. Because tax administrations operate with limited resources, it is important for them to accurately evaluate, at the very outset of a possible audit, whether a taxpayer's transfer pricing arrangements warrant in-depth review and a commitment of significant tax enforcement resources. Particularly with regard to transfer pricing issues (which generally are

complex and fact-intensive）, effective risk assessment becomes an essential prerequisite for a focused and resource-efficient audit. The OECD Handbook on Transfer Pricing Risk Assessment is a useful tool to consider in conducting such risk assessments.

11. Proper assessment of transfer pricing risk by the tax administration requires access to sufficient, relevant and reliable information at an early stage. While there are many sources of relevant information, transfer pricing documentation is one critical source of such information.

12. There is a variety of tools and sources of information used for identifying and evaluating transfer pricing risks of taxpayers and transactions, including transfer pricing forms（to be filed with the annual tax return）, transfer pricing mandatory questionnaires focusing on particular areas of risk, general transfer pricing documentation requirements identifying the supporting evidence necessary to demonstrate the taxpayer's compliance with the arm's length principle, and cooperative discussions between tax administrations and taxpayers. Each of the tools and sources of information appears to respond to the same fundamental observation: there is a need for the tax administration to have ready access to relevant information at an early stage to enable an accurate and informed transfer pricing risk assessment. Assuring that a high quality transfer pricing risk assessment can be carried out efficiently and with the right kinds of reliable information should be one important consideration in designing transfer pricing documentation rules.

B.3. Transfer pricing audit

13. A third objective for transfer pricing documentation is to provide tax administrations with useful information to employ in conducting a thorough transfer pricing audit. Transfer pricing audit cases tend to be

fact-intensive. They often involve difficult evaluations of the comparability of several transactions and markets. They can require detailed consideration of financial, factual and other industry information. The availability of adequate information from a variety of sources during the audit is critical to facilitating a tax administration's orderly examination of the taxpayer's controlled transactions with associated enterprises and enforcement of the applicable transfer pricing rules.

14. In situations where a proper transfer pricing risk assessment suggests that a thorough transfer pricing audit is warranted with regard to one or more issues, it is clearly the case that the tax administration must have the ability to obtain, within a reasonable period, all of the relevant documents and information in the taxpayer's possession. This includes information regarding the taxpayer's operations and functions, relevant information on the operations, functions and financial results of associated enterprises with which the taxpayer has entered into controlled transactions, information regarding potential comparables, including internal comparables, and documents regarding the operations and financial results of potentially comparable uncontrolled transactions and unrelated parties. To the extent such information is included in the transfer pricing documentation, special information and document production procedures can potentially be avoided. It must be recognised, however, that it would be unduly burdensome and inefficient for transfer pricing documentation to attempt to anticipate all of the information that might possibly be required for a full audit. Accordingly, situations will inevitably arise when tax administrations wish to obtain information not included in the documentation package. Thus, a tax administration's access to information should not be limited to, or by, the documentation

package relied on in a transfer pricing risk assessment. Where a jurisdiction requires particular information to be kept for transfer pricing audit purposes, such requirements should balance the tax administration's need for information and the compliance burdens on taxpayers.

15. It may often be the case that the documents and other information required for a transfer pricing audit will be in the possession of members of the MNE group other than the local affiliate under examination. Often the necessary documents will be located outside the country whose tax administration is conducting the audit. It is therefore important that the tax administration is able to obtain directly or through information sharing, such as exchange of information mechanisms, information that extends beyond the country's borders.

C. A three-tiered approach to transfer pricing documentation

16. In order to achieve the objectives described in Section B, countries should adopt a standardised approach to transfer pricing documentation. This section describes a three-tiered structure consisting of (i) a master file containing standardised information relevant for all MNE group members; (ii) a local file referring specifically to material transactions of the local taxpayer; and (iii) a Country-by-Country Report containing certain information relating to the global allocation of the MNE's income and taxes paid together with certain indicators of the location of economic activity within the MNE group.

17. This approach to transfer pricing documentation will provide tax administrations with relevant and reliable information to perform an efficient and robust transfer pricing risk assessment analysis. It will also provide a platform on which the information necessary for an audit can be developed and provide taxpayers with a means and an incentive to

meaningfully consider and describe their compliance with the arm's length principle in material transactions.

C.1. Master file

18. The master file should provide an overview of the MNE group business, including the nature of its global business operations, its overall transfer pricing policies, and its global allocation of income and economic activity in order to assist tax administrations in evaluating the presence of significant transfer pricing risk. In general, the master file is intended to provide a high-level overview in order to place the MNE group's transfer pricing practices in their global economic, legal, financial and tax context. It is not intended to require exhaustive listings of minutiae (e.g. a listing of every patent owned by members of the MNE group) as this would be both unnecessarily burdensome and inconsistent with the objectives of the master file. In producing the master file, including lists of important agreements, intangibles and transactions, taxpayers should use prudent business judgment in determining the appropriate level of detail for the information supplied, keeping in mind the objective of the master file to provide tax administrations a high-level overview of the MNE's global operations and policies. When the requirements of the master file can be fully satisfied by specific cross-references to other existing documents, such cross-references, together with copies of the relevant documents, should be deemed to satisfy the relevant requirement. For purposes of producing the master file, information is considered important if its omission would affect the reliability of the transfer pricing outcomes.

19. The information required in the master file provides a "blueprint" of the MNE group and contains relevant information that can be grouped in five categories: a) the MNE group's organisational structure; b) a description of the MNE's business or businesses; c) the MNE's

intangibles；d) the MNE's intercompany financial activities；and（e）the MNE's financial and tax positions.

20. Taxpayers should present the information in the master file for the MNE as a whole. However，organisation of the information presented by line of business is permitted where well justified by the facts，e.g. where the structure of the MNE group is such that some significant business lines operate largely independently or are recently acquired. Where line of business presentation is used，care should be taken to assure that centralised group functions and transactions between business lines are properly described in the master file. Even where line of business presentation is selected，the entire master file consisting of all business lines should be available to each country in order to assure that an appropriate overview of the MNE group's global business is provided.

21. Annex I to Chapter V of these Guidelines sets out the information to be included in the master file.

C.2. Local file

22. In contrast to the master file，which provides a high -level overview as described in paragraph 18，the local file provides more detailed information relating to specific intercompany transactions. The information required in the local file supplements the master file and helps to meet the objective of assuring that the taxpayer has complied with the arm's length principle in its material transfer pricing positions affecting a specific jurisdiction. The local file focuses on information relevant to the transfer pricing analysis related to transactions taking place between a local country affiliate and associated enterprises in different countries and which are material in the context of the local country's tax system. Such information would include relevant financial information regarding those specific transactions，a comparability analysis，and the selection and

application of the most appropriate transfer pricing method. Where a requirement of the local file can be fully satisfied by a specific cross-reference to information contained in the master file, such a cross-reference should suffice.

23. Annex II to Chapter V of these Guidelines sets out the items of information to be included in the local file.

C.3. Country-by-Country Report

24. The Country-by-Country Report requires aggregate tax jurisdiction-wide information relating to the global allocation of the income, the taxes paid, and certain indicators of the location of economic activity among tax jurisdictions in which the MNE group operates. The report also requires a listing of all the Constituent Entities for which financial information is reported, including the tax jurisdiction of incorporation, where different from the tax jurisdiction of residence, as well as the nature of the main business activities carried out by that Constituent Entity.

25. The Country-by-Country Report will be helpful for high-level transfer pricing risk assessment purposes. It may also be used by tax administrations in evaluating other BEPS related risks and where appropriate for economic and statistical analysis. However, the information in the Country-by-Country Report should not be used as a substitute for a detailed transfer pricing analysis of individual transactions and prices based on a full functional analysis and a full comparability analysis. The information in the Country-by-Country Report on its own does not constitute conclusive evidence that transfer prices are or are not appropriate. It should not be used by tax administrations to propose transfer pricing adjustments based on a global formulary apportionment of income.

26. Annex III to Chapter V of these Guidelines contains a model template for the Country-by-Country Report together with its accompanying instructions.

D. Compliance issues

D.1. Contemporaneous documentation

27. Each taxpayer should endeavour to determine transfer prices for tax purposes in accordance with the arm's length principle，based upon information reasonably available at the time of the transaction. Thus，a taxpayer ordinarily should give consideration to whether its transfer pricing is appropriate for tax purposes before the pricing is established and should confirm the arm's length nature of its financial results at the time of filing its tax return.

28. Taxpayers should not be expected to incur disproportionately high costs and burdens in producing documentation. Therefore，tax administrations should balance requests for documentation against the expected cost and administrative burden to the taxpayer of creating it. Where a taxpayer reasonably demonstrates，having regard to the principles of these Guidelines，that either no comparable data exists or that the cost of locating the comparable data would be disproportionately high relative to the amounts at issue，the taxpayer should not be required to incur costs in searching for such data.

D.2. Time frame

29. Practices regarding the timing of the preparation of the documentation differ among countries. Some countries require information to be finalised by the time the tax return is filed. Others require documentation to be in place by the time the audit commences. There is also a variety in practice regarding the amount of time given to taxpayers

to respond to specific tax administration requests for documentation and other audit related information requests. These differences in the time requirements for providing information can add to taxpayers' difficulties in setting priorities and in providing the right information to the tax administrations at the right time.

30. The best practice is to require that the local file be finalised no later than the due date for the filing of the tax return for the fiscal year in question. The master file should be reviewed and, if necessary, updated by the tax return due date for the ultimate parent of the MNE group. In countries pursuing policies of auditing transactions as they occur under co-operative compliance programmes, it may be necessary for certain information to be provided in advance of the filing of the tax return.

31. With regard to the Country-by-Country Report, it is recognised that in some instances final statutory financial statements and other financial information that may be relevant for the country-by-country data described in Annex III may not be finalised until after the due date for tax returns in some countries for a given fiscal year. Under the given circumstances, the date for completion of the Country-by-Country Report described in Annex III to Chapter V of these Guidelines may be extended to one year following the last day of the fiscal year of the ultimate parent of the MNE group.

D.3. Materiality

32. Not all transactions that occur between associated enterprises are sufficiently material to require full documentation in the local file. Tax administrations have an interest in seeing the most important information while at the same time they also have an interest in seeing that MNEs are not so overwhelmed with compliance demands that they fail to consider and document the most important items. Thus, individual country transfer

pricing documentation requirements based on Annex II to Chapter V of these Guidelines should include specific materiality thresholds that take into account the size and the nature of the local economy, the importance of the MNE group in that economy, and the size and nature of local operating entities, in addition to the overall size and nature of the MNE group. Measures of materiality may be considered in relative terms (e.g. transactions not exceeding a percentage of revenue or a percentage of cost measure) or in absolute amount terms (e.g. transactions not exceeding a certain fixed amount). Individual countries should establish their own materiality standards for local file purposes, based on local conditions. The materiality standards should be objective standards that are commonly understood and accepted in commercial practice. See paragraph 18 for the materiality standards applicable in completing the master file.

33. A number of countries have introduced in their transfer pricing documentation rules simplification measures which exempt small and medium-sized enterprises (SMEs) from transfer pricing documentation requirements or limit the information required to be provided by such enterprises. In order not to impose on taxpayers costs and burdens disproportionate to the circumstances, it is recommended to not require SMEs to produce the amount of documentation that might be expected from larger enterprises. However, SMEs should be obliged to provide information and documents about their material cross-border transactions upon a specific request of the tax administration in the course of a tax examination or for transfer pricing risk assessment purposes.

34. For purposes of Annex III to Chapter V of these Guidelines, the Country-by-Country Report should include all tax jurisdictions in which the MNE group has an entity resident for tax purposes, regardless of the size of business operations in that tax jurisdiction.

D.4. Retention of documents

35. Taxpayers should not be obliged to retain documents beyond a reasonable period consistent with the requirements of domestic law at either the parent company or local entity level. However, at times materials and information required in the documentation package (master file, local file and Country-by-Country Report) may be relevant to a transfer pricing enquiry for a subsequent year that is not time barred, for example where taxpayers voluntarily keep such records in relation to long-term contracts, or to determine whether comparability standards relating to the application of a transfer pricing method in that subsequent year are satisfied. Tax administrations should bear in mind the difficulties in locating documents for prior years and should restrict such requests to instances where they have good reason in connection with the transaction under examination for reviewing the documents in question.

36. Because the tax administration's ultimate interest would be satisfied if the necessary documents were submitted in a timely manner when requested by the tax administration in the course of an examination, the way that documentation is stored-whether in paper, electronic form, or in any other system-should be at the discretion of the taxpayer provided that relevant information can promptly be made available to the tax administration in the form specified by the local country rules and practices.

D.5. Frequency of documentation updates

37. It is recommended that transfer pricing documentation be periodically reviewed in order to determine whether functional and economic analyses are still accurate and relevant and to confirm the validity of the applied transfer pricing methodology. In general, the master file, the local file and the Country-by-Country Report should be

reviewed and updated annually. It is recognised, however, that in many situations business descriptions, functional analyses, and descriptions of comparables may not change significantly from year to year.

38. In order to simplify compliance burdens on taxpayers, tax administrations may determine, as long as the operating conditions remain unchanged, that the searches in databases for comparables supporting part of the local file be updated every three years rather than annually. Financial data for the comparables should nonetheless be updated every year in order to apply the arm's length principle reliably.

D.6. Language

39. The necessity of providing documentation in local language may constitute a complicating factor with respect to transfer pricing compliance to the extent that substantial time and cost may be involved in translating documents. The language in which transfer pricing documentation should be submitted should be established under local laws. Countries are encouraged to permit filing of transfer pricing documentation in commonly used languages where it will not compromise the usefulness of the documents. Where tax administrations believe that translation of documents is necessary, they should make specific requests for translation and provide sufficient time to make such translation as comfortable a burden as possible.

D.7. Penalties

40. Many countries have adopted documentation-related penalties to ensure efficient operation of transfer pricing documentation requirements. They are designed to make non-compliance more costly than compliance. Penalty regimes are governed by the laws of each individual country. Country practices with regard to transfer pricing documentation-related penalties vary widely. The existence of different local country penalty

regimes may influence the quality of taxpayers' compliance so that taxpayers could be driven to favour one country over another in their compliance practices.

41. Documentation-related penalties imposed for failure to comply with transfer pricing documentation requirements or failure to timely submit required information are usually civil (or administrative) monetary penalties. These documentation-related penalties are based on a fixed amount that may be assessed for each document missing or for each fiscal year under review, or calculated as a percentage of the related tax understatement ultimately determined, a percentage of the related adjustment to the income, or as a percentage of the amount of the cross-border transactions not documented.

42. Care should be taken not to impose a documentation-related penalty on a taxpayer for failing to submit data to which the MNE group did not have access. However, a decision not to impose documentation-related penalties does not mean that adjustments cannot be made to income where prices are not consistent with the arm's length principle. The fact that positions are fully documented does not necessarily mean that the taxpayer's positions are correct. Moreover, an assertion by a local entity that other group members are responsible for transfer pricing compliance is not a sufficient reason for that entity to fail to provide required documentation, nor should such an assertion prevent the imposition of documentation-related penalties for failure to comply with documentation rules where the necessary information is not forthcoming.

43. Another way for countries to encourage taxpayers to fulfil transfer pricing documentation requirements is by designing compliance incentives such as penalty protection or a shift in the burden of proof. Where the documentation meets the requirements and is timely submitted,

the taxpayer could be exempted from tax penalties or subject to a lower penalty rate if a transfer pricing adjustment is made and sustained, notwithstanding the provision of documentation. In some jurisdictions where the taxpayer bears the burden of proof regarding transfer pricing matters, a shift of the burden of proof to the tax administration's side where adequate documentation is provided on a timely basis offers another measure that could be used to create an incentive for transfer pricing documentation compliance.

D.8. Confidentiality

44. Tax administrations should take all reasonable steps to ensure that there is no public disclosure of confidential information (trade secrets, scientific secrets, etc.) and other commercially sensitive information contained in the documentation package (master file, local file and Country-by-Country Report). Tax administrations should also assure taxpayers that the information presented in transfer pricing documentation will remain confidential. In cases where disclosure is required in public court proceedings or judicial decisions, every effort should be made to ensure that confidentiality is maintained and that information is disclosed only to the extent needed.

45. The OECD Guide (2012) "Keeping It Safe" on the protection of confidentiality of information exchanged for tax purposes provides guidance on the rules and practices that must be in place to ensure the confidentiality of tax information exchanged under exchange of information instruments.

D.9. Other issues

46. The requirement to use the most reliable information will usually, but not always, require the use of local comparables over the use of regional comparables where such local comparables are reasonably

available. The use of regional comparables in transfer pricing documentation prepared for countries in the same geographic region in situations where appropriate local comparables are available will not, in some cases, comport with the obligation to rely on the most reliable information. While the simplification benefits of limiting the number of comparable searches a company is required to undertake are obvious, and materiality and compliance costs are relevant factors to consider, a desire for simplifying compliance processes should not go so far as to undermine compliance with the requirement to use the most reliable available information. See paragraphs 1.57 – 1.58 on market differences and multi-country analyses for further detail of when local comparables are to be preferred.

47. It is not recommended, particularly at the stage of transfer pricing risk assessment, to require that the transfer pricing documentation should be certified by an outside auditor or other third party. Similarly, mandatory use of consulting firms to prepare transfer pricing documentation is not recommended.

E. Implementation

48. It is essential that the guidance in this chapter, and in particular the Country-by-Country Report, be implemented effectively and consistently. Therefore, countries participating in the OECD/G20 Base Erosion and Profit Shifting (BEPS) Project have developed the following guidance on implementation of transfer pricing documentation and Country-by-Country Reporting.

E.1. Master file and Local file

49. It is recommended that the master file and local file elements of the transfer pricing documentation standard be implemented through local

country legislation or administrative procedures and that the master file and local file be filed directly with the tax administrations in each relevant jurisdiction as required by those administrations. Countries participating in the OECD/G20 BEPS Project agree that with regard to the local file and the master file confidentiality and consistent use of the standards contained in Annex I and Annex II of Chapter V of these Guidelines should be taken into account when introducing these elements in local country legislation or administrative procedures.

E.2. Country-by-Country Report

E.2.1. Timing：When should the Country-by-Country Reporting requirement start?

50. It is recommended that the first Country-by-Country Reports be required to be filed for MNE fiscal years beginning on or after 1 January 2016. However, it is acknowledged that some jurisdictions may need time to follow their particular domestic legislative process in order to make necessary adjustments to the law. In order to assist countries in preparing timely legislation，model legislation requiring ultimate parent entities of MNE groups to file the Country-by-Country Report in their jurisdiction of residence has been developed（see Annex IV to Chapter V of these Guidelines）. Jurisdictions will be able to adapt this model legislation to their own legal systems. Given the recommendation in paragraph 31 that MNEs be allowed one year from the close of the fiscal year to which the Country-by-Country Report relates to prepare and file the Country-by-Country Report，this recommendation means that the first Country-by-Country Reports would be filed by 31 December 2017. For MNEs with a fiscal year ending on a date other than 31 December，the first Country-by-Country Reports would be required to be filed later in 2018，twelve months after the close of the relevant MNE fiscal year，and would report

on the MNE group's first fiscal year beginning after 1 January 2016. It follows from this recommendation that the countries participating in the OECD/G20 BEPS Project agree that they will not require filing of a Country-by-Country Report based on the new template for MNE fiscal years beginning prior to 1 January 2016. The MNE fiscal year relates to the consolidated reporting period for financial statement purposes and not to taxable years or to the financial reporting periods of individual subsidiaries.

E.2.2. Which MNE groups should be required to file the Country-by-Country Report?

51. It is recommended that all MNE groups be required to file the Country-by-Country Report each year except as follows.

52. There would be an exemption from the general filing requirement for MNE groups with annual consolidated group revenue in the immediately preceding fiscal year of less than EUR 750 million or a near equivalent amount in domestic currency as of January 2015. Thus, for example, if an MNE that keeps its financial accounts on a calendar year basis has EUR 625 million in consolidated group revenue for its 2015 calendar year, it would not be required to file the Country-by-Country Report in any country with respect to its fiscal year ending 31 December 2016.

53. It is believed that the exemption described in paragraph 52, which provides a threshold of EUR 750 million, will exclude approximately 85 to 90 percent of MNE groups from the requirement to file the Country-by-Country Report, but that the Country-by-Country Report will nevertheless be filed by MNE groups controlling approximately 90 percent of corporate revenues. The prescribed exemption threshold therefore represents an appropriate balancing of reporting burden and benefit to tax

administrations.

54. It is the intention of the countries participating in the OECD/G20 BEPS Project to reconsider the appropriateness of the applicable revenue threshold described in the preceding paragraph in connection with their 2020 review of implementation of the new standard，including whether additional or different data should be reported.

55. It is considered that no exemptions from filing the Country-by-Country Report should be adopted apart from the exemptions outlined in this section. In particular，no special industry exemptions should be provided，no general exemption for investment funds should be provided，and no exemption for non-corporate entities or non -public corporate entities should be provided. Notwithstanding this conclusion，countries participating in the OECD/G20 BEPS Project agree that MNE groups with income derived from international transportation or transportation in inland waterways that is covered by treaty provisions that are specific to such income and under which the taxing rights on such income are allocated exclusively to one jurisdiction，should include the information required by the country-by-country template with respect to such income only against the name of the jurisdiction to which the relevant treaty provisions allocate these taxing rights.

E.2.3. Necessary conditions underpinning the obtaining and the use of the Country-by-Country Report

56. Countries participating in the OECD/G20 BEPS Project agree to the following conditions underpinning the obtaining and the use of the Country-by-Country Report.

Confidentiality

57. Jurisdictions should have in place and enforce legal protections of the confidentiality of the reported information. Such protections would

preserve the confidentiality of the Country-by-Country Report to an extent at least equivalent to the protections that would apply if such information were delivered to the country under the provisions of the Multilateral Convention on Mutual Administrative Assistance in Tax Matters, a Tax Information Exchange Agreement (TIEA) or a tax treaty that meets the internationally agreed standard of information upon request as reviewed by the Global Forum on Transparency and Exchange of Information for Tax Purposes. Such protections include limitation of the use of information, rules on the persons to whom the information may be disclosed, ordre public, etc.

Consistency

58. Jurisdictions should use their best efforts to adopt a legal requirement that MNE groups' ultimate parent entities resident in their jurisdiction prepare and file the Country-by-Country Report, unless exempted as set out in paragraph 52. Jurisdictions should utilise the standard template contained in Annex III of Chapter V of these Guidelines. Stated otherwise, under this condition no jurisdiction will require that the Country-by-Country Report contain either additional information not contained in Annex III, nor will it fail to require reporting of information included in Annex III.

Appropriate Use

59. Jurisdictions should use appropriately the information in the Country-by-Country Report template in accordance with paragraph 25. In particular, jurisdictions will commit to use the Country-by-Country Report for assessing high-level transfer pricing risk. Jurisdictions may also use the Country-by-Country Report for assessing other BEPS-related risks. Jurisdictions should not propose adjustments to the income of any taxpayer on the basis of an income allocation formula based on the data from the

Country-by-Country Report. They will further commit that if such adjustments based on Country-by-Country Report data are made by the local tax administration of the jurisdiction, the jurisdiction's competent authority will promptly concede the adjustment in any relevant competent authority proceeding. This does not imply, however, that jurisdictions would be prevented from using the Country-by-Country Report data as a basis for making further enquiries into the MNE's transfer pricing arrangements or into other tax matters in the course of a tax audit.[1]

E.2.4. The framework for government-to-government mechanisms to exchange Country-by-Country Reports and implementation package

E.2.4.1. Framework

60. Jurisdictions should require in a timely manner Country-by-Country Reporting from ultimate parent entities of MNE groups resident in their country and referred to in Section E.2.2 and exchange this information on an automatic basis with the jurisdictions in which the MNE group operates and which fulfil the conditions listed in Section E.2.3. In case a jurisdiction fails to provide information to a jurisdiction fulfilling the conditions listed in Section E.2.3, because (a) it has not required Country-by-Country Reporting from the ultimate parent entity of such MNE groups, (b) no competent authority agreement has been agreed in a timely manner under the current international agreements of the jurisdiction for the exchange of the Country-by-Country Reports or (c) it has been established that there is a failure to exchange the information in practice with a jurisdiction after agreeing with that jurisdiction to do so, a secondary mechanism would be accepted as appropriate, through local filing or through filing of the Country-by-Country Reports by a designated member of the MNE group acting in place of the ultimate parent entity and automatic exchange of these reports by its country of tax residence.

E.2.4.2. Implementation Package

61. Countries participating in the OECD/G20 BEPS Project have therefore developed an implementation package for government-to - government exchange of Country-by-Country Reports contained in Annex IV to Chapter V of these Guidelines.

More specifically:

- Model legislation requiring the ultimate parent entity of an MNE group to file the Country-by-Country Report in its jurisdiction of residence has been developed. Jurisdictions will be able to adapt this model legislation to their own legal systems, where changes to current legislation are required. Key elements of secondary mechanisms have also been developed.

- Implementing arrangements for the automatic exchange of the Country-by-Country Reports under international agreements have been developed, incorporating the conditions set out in Section E.2. 3. Such implementing arrangements include competent authority agreements ("CAAs") based on existing international agreements (the Multilateral Convention on Mutual Administrative Assistance in Tax Matters, bilateral tax treaties and TIEAs) and inspired by the existing models developed by the OECD working with G20 countries for the automatic exchange of financial account information.

62. Participating jurisdictions endeavour to introduce as necessary domestic legislation in a timely manner. They are also encouraged to expand the coverage of their international agreements for exchange of information. The implementation of the package will be monitored on an ongoing basis. The outcomes of this monitoring will be taken into consideration in the 2020 review.

Note

1. Access to a mutual agreement procedure（MAP）will be available when the government-to-government exchange of the Country-by-Country Reports is based on bilateral treaties. In cases where the international agreements on which the government-to -government exchanges of the Country- by-Country Reports are based do not contain provisions providing access to MAP，countries commit to introducing in the competent authority agreement to be developed a mechanism for competent authority procedures to discuss with the aim of resolving cases of undesirable economic outcomes，including if such cases arise for individual businesses.

Annex I to Chapter V

Transfer pricing documentation — Master file

The following information should be included in the master file:

Organisational structure

- Chart illustrating the MNE's legal and ownership structure and geographical location of operating entities.

Description of MNE's business(es)

- General written description of the MNE's business including:

  —Important drivers of business profit;

  —A description of the supply chain for the group's five largest products and/or service offerings by turnover plus any other products and/or services amounting to more than 5 percent of group turnover. The required description could take the form of a chart or a diagram;

  —A list and brief description of important service arrangements between members of the MNE group, other than research and development (R & D) services, including a description of the capabilities of the principal locations providing important services and transfer pricing policies for allocating services costs and determining prices to be paid for intra-group services;

  —A description of the main geographic markets for the group's products and services that are referred to in the second bullet point above;

—A brief written functional analysis describing the principal contributions to value creation by individual entities within the group, i.e. key functions performed, important risks assumed, and important assets used;

—A description of important business restructuring transactions, acquisitions and divestitures occurring during the fiscal year.

MNE's intangibles (as defined in Chapter VI of these Guidelines)

- A general description of the MNE's overall strategy for the development, ownership and exploitation of intangibles, including location of principal R & D facilities and location of R & D management.

- A list of intangibles or groups of intangibles of the MNE group that are important for transfer pricing purposes and which entities legally own them.

- A list of important agreements among identified associated enterprises related to intangibles, including cost contribution arrangements, principal research service agreements and licence agreements.

- A general description of the group's transfer pricing policies related to R & D and intangibles.

- A general description of any important transfers of interests in intangibles among associated enterprises during the fiscal year concerned, including the entities, countries, and compensation involved.

MNE's intercompany financial activities

- A general description of how the group is financed, including important financing arrangements with unrelated lenders.
- The identification of any members of the MNE group that provide a central financing function for the group, including the country under whose laws the entity is organised and the place of effective management of such entities.
- A general description of the MNE's general transfer pricing policies related to financing arrangements between associated enterprises.

MNE's financial and tax positions

- The MNE's annual consolidated financial statement for the fiscal year concerned if otherwise prepared for financial reporting, regulatory, internal management, tax or other purposes.
- A list and brief description of the MNE group's existing unilateral advance pricing agreements (APAs) and other tax rulings relating to the allocation of income among countries.

Annex II to Chapter V

Transfer pricing documentation — Local file

The following information should be included in the local file：

Local entity

- A description of the management structure of the local entity，a local organisation chart，and a description of the individuals to whom local management reports and the country（ies）in which such individuals maintain their principal offices.

- A detailed description of the business and business strategy pursued by the local entity including an indication whether the local entity has been involved in or affected by business restructurings or intangibles transfers in the present or immediately past year and an explanation of those aspects of such transactions affecting the local entity.

- Key competitors.

Controlled transactions

For each material category of controlled transactions in which the entity is involved，provide the following information：

- A description of the material controlled transactions（e. g. procurement of manufacturing services，purchase of goods，provision of services，loans，financial and performance guarantees，licences of intangibles，etc.）and the context in which such transactions take place.

- The amount of intra-group payments and receipts for each category of controlled transactions involving the local entity (i. e. payments and receipts for products, services, royalties, interest, etc.) broken down by tax jurisdiction of the foreign payor or recipient.
- An identification of associated enterprises involved in each category of controlled transactions, and the relationship amongst them.
- Copies of all material intercompany agreements concluded by the local entity.
- A detailed comparability and functional analysis of the taxpayer and relevant associated enterprises with respect to each documented category of controlled transactions, including any changes compared to prior years.[1]
- An indication of the most appropriate transfer pricing method with regard to the category of transaction and the reasons for selecting that method.
- An indication of which associated enterprise is selected as the tested party, if applicable, and an explanation of the reasons for this selection.
- A summary of the important assumptions made in applying the transfer pricing methodology.
- If relevant, an explanation of the reasons for performing a multi-year analysis.
- A list and description of selected comparable uncontrolled transactions (internal or external), if any, and information on relevant financial indicators for independent enterprises relied on in the transfer pricing analysis, including a description of the comparable search methodology and the source of such information.

- A description of any comparability adjustments performed，and an indication of whether adjustments have been made to the results of the tested party，the comparable uncontrolled transactions，or both.
- A description of the reasons for concluding that relevant transactions were priced on an arm's length basis based on the application of the selected transfer pricing method.
- A summary of financial information used in applying the transfer pricing methodology.
- A copy of existing unilateral and bilateral/multilateral APAs and other tax rulings to which the local tax jurisdiction is not a party and which are related to controlled transactions described above.

Financial information

- Annual local entity financial accounts for the fiscal year concerned. If audited statements exist they should be supplied and if not，existing unaudited statements should be supplied.
- Information and allocation schedules showing how the financial data used in applying the transfer pricing method may be tied to the annual financial statements.
- Summary schedules of relevant financial data for comparables used in the analysis and the sources from which that data was obtained.

Note

1. To the extent this functional analysis duplicates information in the master file，a cross-reference to the master file is sufficient.

14 *Annex III to Chapter V*

Transfer pricing documentation — Country-by-Country Report

A. Model template for the Country-by-Country Report

Table 1. Overview of allocation of income, taxes and business activities by tax jurisdiction

Name of the MNE group: Fiscal year concerned: Currency used:										
Tax Jurisdiction	Revenues			Profit (Loss) before Income Tax	Income Tax Paid (on Cash Basis)	Income Tax Accrued — Current Year	Stated Capital	Accumulated Earnings	Number of Employees	Tangible Assets other than Cash and Cash Equivalents
	Unrelated Party	Related Party	Total							

Table 2. List of all the Constituent Entities of the MNE group included in each aggregation per tax jurisdiction

Name of the MNE group：
Fiscal year concerned

Tax Jurisdiction	Constituent Entities Resident in the Tax Jurisdiction	Tax Jurisdiction of Organisation or Incorporation if Different from Tax Jurisdiction of Residence	Main Business Activity(ies)												
			Research and Development	Holding or Managing Intellectual Property	Purchasing or Procurement	Manufacturing or Production	Sales' Marketing or Distribution	Administrative' Management or Support Services	Provision of Services to Unrelated Parties	Internal Group Finance	Regulated Financial Services	Insurance	Holding Shares or Other Equity instruments	Dormant	Other[1]
	1.														
	2.														
	3.														
	1.														
	2.														
	3.														

1. Please specify the nature of the activity of the Constituent Entity in the "Additional Information" section.

Table 3. Additional Information

| Name of the MNE group: |
| Fiscal year concerned: |

Please include any further brief information or explanation you consider necessary or that would facilitate the understanding of the compulsory information provided in the Country-by-Country Report.

B. Template for the Country-by-Country Report — General instructions

Purpose

This Annex III to Chapter V of these Guidelines contains a template for reporting a multinational enterprise's (MNE) group allocation of income, taxes and business activities on a tax jurisdiction-by-tax jurisdiction basis. These instructions form an integral part of the model template for the Country-by-Country Report.

Definitions

Reporting MNE

A Reporting MNE is the ultimate parent entity of an MNE group.

Constituent Entity

For purposes of completing Annex III, a Constituent Entity of the MNE group is (i) any separate business unit of an MNE group that is included in the Consolidated Financial Statements of the MNE group for financial reporting purposes, or would be so included if equity interests in such business unit of the MNE group were traded on a public securities exchange; (ii) any such business unit that is excluded from the MNE group's Consolidated Financial Statements solely on size or materiality grounds; and (iii) any permanent establishment of any separate business unit of the MNE group included in (i) or (ii) above provided the business unit prepares a separate financial statement for such permanent establishment for financial reporting, regulatory, tax reporting, or internal management control purposes.

Treatment of Branches and Permanent Establishments

The permanent establishment data should be reported by reference to the tax jurisdiction in which it is situated and not by reference to the tax jurisdiction of residence of the business unit of which the permanent establishment is a part. Residence tax jurisdiction reporting for the business unit of which the permanent establishment is a part should exclude financial data related to the permanent establishment.

Consolidated Financial Statements

The Consolidated Financial Statements are the financial statements of an MNE group in which the assets, liabilities, income, expenses and cash flows of the ultimate parent entity and the Constituent Entities are presented as those of a single economic entity.

Period covered by the annual template

The template should cover the fiscal year of the Reporting MNE. For Constituent Entities, at the discretion of the Reporting MNE, the template should reflect on a consistent basis either (i) information for the fiscal year of the relevant Constituent Entities ending on the same date as the fiscal year of the Reporting MNE, or ending within the 12 month period preceding such date, or (ii) information for all the relevant Constituent Entities reported for the fiscal year of the Reporting MNE.

Source of data

The Reporting MNE should consistently use the same sources of data from year to year in completing the template. The Reporting MNE may choose to use data from its consolidation reporting packages, from separate entity statutory financial statements, regulatory financial statements, or internal management accounts. It is not necessary to reconcile the revenue, profit and tax reporting in the template to the consolidated financial statements. If statutory financial statements are used as the basis for reporting, all amounts should be translated to the stated functional currency of the Reporting MNE at the average exchange rate for the year stated in the Additional Information section of the template. Adjustments need not be made, however, for differences in accounting principles applied from tax jurisdiction to tax jurisdiction.

The Reporting MNE should provide a brief description of the sources of data used in preparing the template in the Additional Information section of the template. If a change is made in the source of data used from year to year, the Reporting MNE should explain the reasons for the change and its consequences in the Additional Information section of the template.

C. Template for the Country-by-Country Report — Specific instructions

Overview of allocation of income, taxes and business activities by tax jurisdiction（Table1）

Tax Jurisdiction

In the first column of the template, the Reporting MNE should list all of the tax jurisdictions in which Constituent Entities of the MNE group are resident for tax purposes. A tax jurisdiction is defined as a State as well as a non-State jurisdiction which has fiscal autonomy. A separate line should be included for all Constituent Entities in the MNE group deemed by the Reporting MNE not to be resident in any tax jurisdiction for tax purposes. Where a Constituent Entity is resident in more than one tax jurisdiction, the applicable tax treaty tie breaker should be applied to determine the tax jurisdiction of residence. Where no applicable tax treaty exists, the

Constituent Entity should be reported in the tax jurisdiction of the Constituent Entity's place of effective management. The place of effective management should be determined in accordance with the provisions of Article 4 of the OECD Model Tax Convention and its accompanying Commentary.

Revenues

In the three columns of the template under the heading Revenues, the Reporting MNE should report the following information: (i) the sum of revenues of all the Constituent Entities of the MNE group in the relevant tax jurisdiction generated from transactions with associated enterprises; (ii) the sum of revenues of all the Constituent Entities of the MNE group in the relevant tax jurisdiction generated from transactions with independent parties; and (iii) the total of (i) and (ii). Revenues should include revenues from sales of inventory and properties, services, royalties, interest, premiums and any other amounts. Revenues should exclude payments received from other Constituent Entities that are treated as dividends in the payor's tax jurisdiction.

Profit (Loss) before Income Tax

In the fifth column of the template, the Reporting MNE should report the sum of the profit (loss) before income tax for all the Constituent Entities resident for tax purposes in the relevant tax jurisdiction. The profit (loss) before income tax should include all extraordinary income and expense items.

Income Tax Paid (on Cash Basis)

In the sixth column of the template, the Reporting MNE should report the total amount of income tax actually paid during the relevant fiscal year by all the Constituent Entities resident for tax purposes in the relevant tax jurisdiction. Taxes paid should include cash taxes paid by the

Constituent Entity to the residence tax jurisdiction and to all other tax jurisdictions. Taxes paid should include withholding taxes paid by other entities (associated enterprises and independent enterprises) with respect to payments to the Constituent Entity. Thus, if company A resident in tax jurisdiction A earns interest in tax jurisdiction B, the tax withheld in tax jurisdiction B should be reported by company A.

Income Tax Accrued (Current Year)

In the seventh column of the template, the Reporting MNE should report the sum of the accrued current tax expense recorded on taxable profits or losses of the year of reporting of all the Constituent Entities resident for tax purposes in the relevant tax jurisdiction. The current tax expense should reflect only operations in the current year and should not include deferred taxes or provisions for uncertain tax liabilities.

Stated Capital

In the eighth column of the template, the Reporting MNE should report the sum of the stated capital of all the Constituent Entities resident for tax purposes in the relevant tax jurisdiction. With regard to permanent establishments, the stated capital should be reported by the legal entity of which it is a permanent establishment unless there is a defined capital requirement in the permanent establishment tax jurisdiction for regulatory purposes.

Accumulated Earnings

In the ninth column of the template, the Reporting MNE should report the sum of the total accumulated earnings of all the Constituent Entities resident for tax purposes in the relevant tax jurisdiction as of the end of the year. With regard to permanent establishments, accumulated earnings should be reported by the legal entity of which it is a permanent establishment.

Number of Employees

In the tenth column of the template，the Reporting MNE should report the total number of employees on a full-time equivalent（FTE）basis of all the Constituent Entities resident for tax purposes in the relevant tax jurisdiction. The number of employees may be reported as of the year-end，on the basis of average employment levels for the year，or on any other basis consistently applied across tax jurisdictions and from year to year. For this purpose，independent contractors participating in the ordinary operating activities of the Constituent Entity may be reported as employees. Reasonable rounding or approximation of the number of employees is permissible，providing that such rounding or approximation does not materially distort the relative distribution of employees across the various tax jurisdictions. Consistent approaches should be applied from year to year and across entities.

Tangible Assets other than Cash and Cash Equivalents

In the eleventh column of the template，the Reporting MNE should report the sum of the net book values of tangible assets of all the Constituent Entities resident for tax purposes in the relevant tax jurisdiction. With regard to permanent establishments，assets should be reported by reference to the tax jurisdiction in which the permanent establishment is situated. Tangible assets for this purpose do not include cash or cash equivalents，intangibles，or financial assets.

List of all the Constituent Entities of the MNE group included in each aggregation per tax jurisdiction（Table 2）

Constituent Entities Resident in the Tax Jurisdiction

The Reporting MNE should list，on a tax jurisdiction-by-tax jurisdiction basis and by legal entity name，all the Constituent Entities of the MNE group which are resident for tax purposes in the relevant tax jurisdiction. As stated above with regard to permanent establishments, however, the permanent establishment should be listed by reference to the tax jurisdiction in which it is situated. The legal entity of which it is a permanent establishment should be noted (e. g. XYZ Corp — Tax Jurisdiction A PE).

Tax Jurisdiction of Organisation or Incorporation if Different from Tax Jurisdiction of Residence

The Reporting MNE should report the name of the tax jurisdiction under whose laws the Constituent Entity of the MNE is organised or incorporated if it is different from the tax jurisdiction of residence.

Main Business Activity(ies)

The Reporting MNE should determine the nature of the main business activity(ies) carried out by the Constituent Entity in the relevant tax jurisdiction, by ticking one or more of the appropriate boxes.

Business Activities
Research and Development
Holding or Managing Intellectual Property
Purchasing or Procurement
Manufacturing or Production
Sales, Marketing or Distribution
Administrative, Management or Support Services
Provision of Services to Unrelated Parties
Internal Group Finance
Regulated Financial Services
Insurance
Holding Shares or Other Equity Instruments
Dormant
Other[1]

1. Please specify the nature of the activity of the Constituent Entity in the "Additional Information" section.

Annex Ⅳ to Chapter V

Country-by-Country Report Implementation Package

这一部分是帮助各国落实本报告的各种工具，包括国别报告立法范本、国别报告交换多边协定范本、基于双边税收协定的国别报告交换协定范本、基于双边情报交换协定的国别报告交换协定范本，相关内容此处省略。